普通高等教育应用创新系列规划教材·经管基础课程系列

国际经济学

李　清　任志新　编著

科学出版社

北　京

内 容 简 介

　　本书分为国际贸易理论与政策、国际金融理论与政策两部分，概括和总结了主流国际贸易理论，以及当代国际经济学理论的发展和演变，透彻分析了当代国际经济领域的重大问题。第一部分国际贸易理论与政策共有8章，依次论述了古典贸易理论、新古典国际贸易理论、新贸易理论、国际贸易政策和地区经济一体化等内容。第二部分国际金融理论与政策共有3章，依次介绍了国际收支、国际收支调整理论、开放经济下的国民收入均衡。本书难易适中，内容丰富，案例新颖实用。

　　本书的读者既可以是经济专业本科生与研究生，也可以是非经济专业读者群，本书还可为企业中高层管理者自学之用。

图书在版编目（CIP）数据

国际经济学 / 李清，任志新编著 .—北京：科学出版社，2015.5

普通高等教育应用创新系列规划教材·经管基础课程系列

ISBN 978-7-03-044341-0

Ⅰ.①国… Ⅱ.①李… ②任… Ⅲ.①国际经济学－高等学校－教材 Ⅳ.①F11-0

中国版本图书馆 CIP 数据核字（2015）第 105808 号

责任编辑：方小丽 / 责任校对：冯红彩
责任印制：徐晓晨 / 封面设计：蓝正设计

科 学 出 版 社 出版
北京东黄城根北街16号
邮政编码：100717
http://www.sciencep.com

北京虎彩文化传播有限公司 印刷
科学出版社发行 各地新华书店经销

*

2015年 6月第 一 版 　开本：787×1092 1/16
2018年 7月第三次印刷 　印张：12 3/4
字数：302 000

定价：32.00元

（如有印装质量问题，我社负责调换）

前　言

国际经济学作为经济类核心课程之一，对于理解全球经济一体化背景下的市场经济运行规律具有重要意义。了解国际经济学相关内容，能够使我们以一种开放性的思维看待、理解我国在对外开放方面的有关问题。国际经济学是构建经济类专业学生专业知识的理论基石之一。

当前国际经济学教材十分丰富，本教材在借鉴国内外优秀教材的基础上，结合河北经贸大学范式教学改革的需要，全面、系统地介绍国际经济学的基本理论。本教材强调基础，通俗易懂，内容简洁，突出重点。

国际经济学涉猎内容非常广泛，新理论、新材料、新热点不断涌现。本教材在相关章节突出凝练内容，以便在有限的篇幅内包含更大的信息量和知识点。本教材包含国际贸易理论与政策、开放条件下的宏观经济政策的有效性等部分。每章前面均设有导入案例，便于学生将理论和实践相结合。

本教材由河北经贸大学商学院国际贸易系李清教授、任志新教授任主编。本教材各章的分工为：李清（第一章）、任志新（第六章、第八章）、焦莉莉（第九至十一章）、邓丽娜（第五章、第七章、第八章）、孟萍莉（第二章、第四章）、谭立群（第三章、第五章）、孙东升（第六章）。

在此，对所有对本教材提供帮助的人敬致谢忱。在出版之余，我们惶恐于本教材的不足之处，敬请各位同仁批评指正！

编者
2015 年 5 月

目　录

第一章

绪　论

教学目的

认识国际经济学这门课的研究对象、特点及其与一般经济学的关系，同时还要了解国际经济学理论发展的过程。

教学难点和重点

国际经济学的研究对象。

导入案例

现行统计方法致中国贸易顺差严重夸大[①]

据海关统计，2011 年前 3 个季度，我国对外贸易出口 13 922.7 亿美元，进口 12 851.7 亿美元，贸易顺差达 1 071 亿美元。在一般人看来，贸易顺差有多少，就意味着我们从对外贸易中"赚"到了多少。然而，事实究竟是不是如此呢？日前，在商务部与世贸组织联合举办的研讨会上，不少业内人士指出，传统的国际贸易统计方法严重扭曲了当前贸易实质，造成了"统计在中国，利润在外国"的奇怪现状。我国庞大的贸易顺差不能真实反映国际贸易的现状。

统计在中国，利润在外国

组装一部苹果手机，中国厂商仅获得 6.5 美元分成，出口额 178.96 美元却全记在了中国的账上。

在经济全球化的背景下，以信息技术产品为代表的工业制成品的生产分工日益细化，越来越多的产品被多个国家共同生产出来。在世界分工的过程中，中国以相对低廉的制造成本，逐渐成为手机、电脑、播放器等电子产品的集中组装地。然而，中国组装厂商在最终分成中所得的比例是很低的。

神舟电脑董事长吴海军曾向媒体提供过这样一组数据：在中国代工组装的戴尔、惠普等美国品牌笔记本电脑，出厂单价一般为 300～400 美元。其中，英特尔公司提供

[①] 节选自《人民日报》，2011 年 11 月 21 日。

CPU 和芯片组，收益约占 30%；线路板、液晶屏、硬盘等零部件成本约占 60%；而代工的中国工厂仅能获得约占出厂价 5% 的收益。

这样看来，在国际加工贸易的生产链条中，我国实际获得的利润并不多。然而，国际贸易统计的结果却呈现出另一幅图景。

媒体曾登载亚洲开发银行研究人员邢予青和迪特的一项研究：一部苹果手机批发价是 178.96 美元，其中日本、德国、韩国分别能取得 34%、17%、13% 的分成，中国只能拿到 3.6% 的分成，约 6.5 美元。然而，在现行的贸易统计方式下，整部手机 178.96 美元的批发价都被记在了中国出口的账上。

基于美国 2009 年售出 1 130 万部 iPhone 来计算，研究人员估计中国的 iPhone 出口价值为 20.2 亿美元。在减去中国进口的由美国公司生产的零部件 1.215 亿美元后，他们得出中国在 iPhone 上的贸易顺差（即美国的贸易逆差）为 19 亿美元。但如果仅考虑中国创造的那部分价值，中国对美国的 iPhone 出口额约为 7 350 万美元。

当前，加工贸易在我国对外贸易中所占的比例很大，很多产品都是在我国组装工厂的流水线上最终完成，销往国外。传统的统计方法让我国对外贸易面临尴尬：中国仅能获得一小部分的利益分成，但是最终的出口额，却全部记在了中国的账上。

随着全球经济一体化进程的不断加快，世界各国和地区之间的经济往来与交流越来越频繁，彼此之间的经济联系也日益紧密，在我们的日常生活中人们越来越感觉到国际贸易的重要性。在中国各城市道路上行驶的汽车，既有中国生产的，也有美国、德国、法国、意大利、英国、日本、韩国和其他国家生产的。同样的情形在我们吃的食物、穿的衣服、用的手机，甚至各种服务中都可以看到。而且，一些国产品经常要用到由其他国家生产的零部件，一些进口产品也会使用到中国生产的零部件。

国际贸易就像一条无形的纽带把国与国紧密地联系起来，随之而来的是世界各国经济生活的国际化。很多国家的公司部分或全部地被他人拥有，一个国家的投资人购买其他国家的政府债券和公司股票，或者一个国家的公司到其他国家发行债券或股票，这些都已经不再是新闻。在这样的历史背景下，我们有必要对经济学的一个分支学科——国际经济学进行学习，以便我们能够对各个国家或地区之间经济联系的内在决定机制进行研究和探讨。

一、国际经济学的研究对象及其内容

国际经济学是西方经济学的一个重要的分支学科，它的产生与发展是当代国际经济关系不断向纵深发展的必然结果，特别是第二次世界大战以后，经济全球化、世界经济一体化的发展为国际经济学学科的发展提供了强大的动力。随着经济一体化进程的加快，国际经济学已成为经济学领域中一个发展最快、影响最大的分支学科，它的重要性正日益被更多的人认识。

国际经济学的研究对象是什么？这是我们在学习和了解这门学科时首先要弄清的一个问题。实际上，国际经济学是以国际经济关系为研究对象的。它的研究目的是通过对国家之间的经济关系、经济活动及经济现象的分析，揭示各个国家或地区之间经济联系的传导机制及其发展规律。所谓国际经济关系，是指世界国与国之间的经济联系，是世界范围内超越于国家界限的国家间经济关系的总和。在国际经济关系中从事经济活动的行为主体是国家。进入 21 世纪后，国与国之间的经济活动主要是通过相互之间的贸易、投资、劳务与资金的转移等来实现的。

我们可以把国家之间的这些经济活动分为两种形式。一种是以国家（或地区）之间商品、劳务等交换形式存在的国际贸易，它主要包括国与国之间的商品交易与劳务交换，以及这些商业活动对世界经济及其有关国家的影响，这部分涉及与国际贸易密切相关的国际分工、国际商品流通、国际劳动力流动、对外贸易利益、贸易条件、贸易结构、各国生产专业化、关税及限额等贸易保护主义措施与政策。另一种是以国际金融形式存在的经济活动，它主要包括国与国之间的直接投资与证券投资所引起的资本流动，以及与国际贸易和国际融资活动有关的国际结算、国际汇兑、国际收支、汇率制度、国际货币体系、外汇管制及金融限制等政策。因此，国际经济学所要研究的是由各国间的国际贸易与国际金融这两种形式的经济活动所引起的国际经济关系。这种经济关系有其特定的含义和质的规定性，有它自己特殊的矛盾和规律。

从抽象角度讲，经济学研究的问题可以划分为两个层次：一是稀缺资源的配置问题，二是资源的利用及积累问题。前者属于微观经济学研究的问题，后者则属于宏观经济学研究范畴。由于国际贸易理论研究的是世界资源如何合理配置的问题，因此国际贸易理论部分就成为国际经济学的微观部分，属于实务面研究；而国际金融理论的研究重点较多地放在促进国际经济稳定和国际经济增长上，所以这部分被视为国际经济学的宏观部分，属于货币面研究。

二、国际经济学的特点

国际经济学是在微观和宏观经济学基础上发展起来的，因此其与经济学存在很多相似之处。但是之所以把它当做一个独立的分支学科来看，是因为其自身有一些特殊性。

首先，在生产要素的流动性方面，国际生产要素的流动要比国内生产要素的流动面临更多、更严重的障碍，从经济、政治、文化、法律和社会各方面来看都是如此。例如，商品的跨国界流动要受到关税和非关税壁垒的限制；劳动力的国际迁徙要受到各国间工资差别及语言、文化、社会习俗等的影响；资本的流动则要受到各国利率政策、外汇政策、法律法规及经济环境的约束。因此，生产要素的国际流动要比它们在国内流动更困难并且有限得多。

其次，在经济运行环境和条件方面，国际经济关系是发生在各自独立的经济体之间的，因而其没有一个统一的经济和政治中心，各独立经济体的经济环境和运行状况，以及由此而提出的经济政策要求也不同，这就使得国际经济关系远比封闭经济关系复杂得多。总体而言，国家间经济的均衡、稳定、协调和传递方式及其过程都大大区别于封闭经济。另外，在货币制度方面，不同国家之间存在不同的货币金融体系，这就给国际经济交流带来许多复杂的问题，如货币的兑换，汇率的调整，国际收支的平衡、失衡及其补偿等。这些问题都是封闭经济不会遇到的。

三、国际经济学的发展

(一)国际贸易理论的发展

国际贸易理论的发展经历了不同的阶段。一般来讲，主流的国际贸易理论阶段大致可以划分为古典贸易理论、新古典贸易理论、新贸易理论三个发展阶段。国际贸易理论的研究始于亚当·斯密和大卫·李嘉图关于贸易起源解释的绝对和比较优势理论，这一理论也成了国际贸易理论的基石。后来的经济学家们就一直将国际贸易的研究重心放在比较优势原则上，试图从不同层面诠释比较优势产生的原因，以增强其解释现实的能力。这些对比较优势理论的扩展也推动了贸易理论的不断前行，它的演进成了国际贸易理论发展的主线和核心，贯穿整个贸易理论的发展过程。

1766 年，亚当·斯密在其著作《国富论》中提出国际贸易的绝对优势理论，指出由于各国在不同产品生产上的劳动生产率不同，从而形成了不同产品的绝对优势。在对外贸易中，一国应该出口其具有绝对优势的产品，进口其处于绝对劣势的产品，通过这种分工，在自由贸易的前提下，这种贸易能够给参加国带来福利的增加，但绝对优势原理不能解释各种产品都处于绝对劣势的国家应如何参与对外贸易的问题。1817 年，大卫·李嘉图在其代表性著作《政治经济学及赋税原理》一书中，进一步发展了亚当·斯密的理论，提出了国际贸易的比较优势原理。比较优势原理把生产投入要素归结为单一的劳动，从劳动生产率角度分析比较优势的成因。但经济的均衡需要由供给与需求双方决定，比较优势原理只从供给角度分析比较优势的产生原因，而需求的不同也会对产品的比较优势产生影响。1848 年，英国古典经济学家约翰·穆勒在其著作《政治经济学原理》中提出相对需求理论，对比较优势原理做了补充，根据约翰·穆勒的国际贸易理论，两国各自对对方商品的需求强度决定了国际交换比价。

1919 年，赫克歇尔在《对外贸易对收入分配的影响》一文中，首先提出要素禀赋差异是贸易基础的观点。其后，俄林在 1933 年出版的《域际贸易与国际贸易》一书中，进一步阐述赫克歇尔的要素禀赋理论。因而，要素禀赋理论又称赫克歇尔-俄林理论。根据该理论，一国的资源禀赋是其比较优势的主要决定因素，资本相对丰富的国家在资本密集型产品上会获得比较优势，而劳动相对丰富的国家在劳动密集型产品上具有比较优势，而不同国家在要素禀赋上的差异也就成为国际分工的决定性因素。之后，哈伯勒、勒纳、里昂惕夫、米德等将一般均衡分析的新古典模型与赫克歇尔-俄林的要素禀赋理论融为一体，最终形成国际贸易理论的标准模型。以要素禀赋理论为基础的国际贸易理论在以后相当长的时间内占据着统治地位。

20 世纪 50 年代，里昂惕夫之谜的出现使许多经济学家对赫克歇尔-俄林理论产生怀疑，从而提出了不同于比较优势的新的贸易基础，如美国经济学家弗农提出的产品生命周期理论，瑞典经济学家林德提出的重叠需求理论等。

20 世纪 70 年代末，国际贸易理论的发展出现了一次重大的突破，这就是以美国经济学家保罗·克鲁格曼为代表提出的新贸易理论。新贸易理论的出现有两大渊源。一是从国际贸易的现实方面看，第二次世界大战后发达国家之间的产业内贸易日益构成国际贸易的主要方面，而传统的比较利益理论和要素禀赋理论不能对这一现象做出合理的解释。同时，在国际贸易中产业内贸易（即同一产业内部的双向贸易）成为主流。二是产业组织理论的发展为新贸易理论的出现奠定了坚实的理论基础。产业组织理论主要以不完全竞争市场结构作为考察对象，分析市场结构、厂商行为和市场绩效三者之间的关系。

　　在这样的背景下出现了以保罗·克鲁格曼、埃西尔、赫尔普曼、兰卡斯特和范尔维等为代表的新贸易理论。1978年，克鲁格曼在其博士学位论文《收益递增、垄断竞争与国际贸易》中首次将水平异质产品和内部规模经济考虑在内的垄断竞争模型（新张伯伦模型）扩展到开放经济条件下，从模型上首次证明了内部规模经济可以形成贸易基础，各国的比较优势会落在进行规模生产的那个产品品种上。生产和需求条件完全相同的两国可以通过贸易获利，获利的形式不仅表现在劳动者实际收入水平提高，还表现在消费者有更多的差别产品可供选择。克鲁格曼指出，该模型并不是对赫克歇尔-俄林模型的否定，他认为要素禀赋可以决定一国出口与进口的各大类产品，但在每大类产品中，产品差异和规模经济在促成贸易及贸易互利中发挥着关键性的作用。克鲁格曼模型通过将产品差异和规模经济引入贸易基础，丰富了比较优势的内涵。然而，新贸易理论目前尚未形成一个一般性的分析框架。究其原因是对于不完全竞争的市场结构，微观经济学迄今没有一个一般性的理论模型。具有市场力量的厂商可以合作也可以不合作，当它们不合作时，产业竞争的结果则依赖于以下几个因素，如厂商可以采取的决策变量（产量或价格）、厂商猜测变化的性质（即考虑到竞争对手对其价格或数量变化做出的反应之后，厂商所做出的假设）、产品特征和市场特征（如分割市场或一体化市场）等，因此很难给出一般性分析。

（二）国际金融理论的发展

　　国际贸易和资本流动在理论中没有考虑货币因素，但在现实的世界中，国际贸易和资本流动是以货币作为流通媒介来实现的，而且，以货币来完成的国际贸易常常出现贸易的不平衡现象，这就涉及国际间的金融问题。国际金融问题主要涉及国际收支平衡问题、汇率决定问题和国际货币体系的制度安排问题。

　　在国际收支调整理论方面，1752年，大卫·休谟在《论贸易差额》一书中基于货币数量论，建立了一个国际收支和贸易条件的动态模型以论证"物价—铸币流动机制"。他指出，在金本位制条件下，可以通过货币—贵金属的输出和输入来完全解决国际收支不平衡问题，即国际收支的不平衡可以通过市场的力量自动恢复平衡，而无须政府干预。在相当长的一个时期内，休谟的理论一直主导着国际金融领域的研究。

　　第二次世界大战后，凯恩斯主义流行，其在国际金融理论的发展中留下了深深的烙印。基于凯恩斯的乘数理论，哈罗德和马克卢普建立了国际收支的乘数分析。国际收支的乘数分析对开放经济的宏观经济理论的贡献在于建立了开放经济条件下的国际收支经常账户均衡模型，研究了国际收支的收入效应，分析了经济周期的国际传递。

这实际上是世界经济一体化的基本思想。其局限性在于，当时的跨国资本流动还很少，因此乘数分析是一种狭隘的经常账户分析方法。

20世纪60年代初期，蒙代尔在其发表的论文中更新了国际收支调整的传统观点，提出政策指派法则，根据货币和财政政策的不同作用、特点和方向，将货币政策指派为调节外部均衡，财政政策调节内部均衡。在此基础上，货币分析方法得以建立。货币分析法是国际收支理论，而不是经常账户理论。货币分析法主要是研究货币供求与国际收支的关系，其主要特点是重视资本流动在国际收支中的作用，强调国际收支由经常账户和资本账户共同组成。货币主义者认为，货币主义的国际收支理论是对正统的国际收支理论的挑战。由于国际收支是与其他宏观经济变量共同决定的，对国际收支的分析也应采用一般均衡方法，这就产生了开放条件下的宏观经济模型，即 IS-LM-BP 模型。该模型考察产品市场、资本市场均衡和国际收支平衡时，各种宏观经济变量之间的关系。一般均衡分析集中了各种国际收支理论的主要观点，这证明国际收支的各种不同分析方法是相互补充的，而非相互排斥。

20世纪70年代，货币主义的兴起产生了一些极具价值的开放经济动态模型。其中，国际收支货币分析方法强调实际平衡效果和长期的国际收支平衡；资产组合平衡模型则阐明货币与经济增长的关系，指出财富积累中资产的存量和流量之间的区别，并吸收理性预期理论的一些基本思想。

20世纪80年代，借助储蓄和投资理论中的跨时分析方法，对开放经济动态变化过程的分析已变得日益普遍。在汇率决定理论研究方面，16世纪萨拉蒙卡学派提出具有购买力平价思想的观点，研究货币供给、物价变动和汇率变动三者的关系。1861年，英国的戈森提出著名的"国际借贷说"，集中代表了英国古典经济学汇率研究的成果。"国际借贷说"成为第一次世界大战前在汇率理论中一统天下的理论。

第一次世界大战的爆发标志着金本位制全盛时期的结束和纸币本位制的开始。汇率理论的研究出现重大的突破，集中体现在卡塞尔的购买力平价理论上。该理论认为货币的购买力决定货币的汇率，这实质上是从货币所代表的真实价值的层次来分析汇率决定，抓住了问题的本质。购买力平价理论产生八十多年以来，经过经济学家不断的修正和发展，无论在理论上还是在实践上都取得了广泛的国际影响，成为20世纪最重要的汇率理论之一。大萧条之后，受凯恩斯经济学的影响，产生了"均衡汇率"理论，汇率理论和国际收支理论相互渗透，融为一体，如国际收支的弹性分析法、吸收分析法等，既研究国际收支的平衡及调节问题，也研究汇率决定问题。

20世纪30～70年代，汇率理论的一个重大进展是利息平价说的产生和发展。凯恩斯提出了利息平价说的基本思想，后经过英国经济学家艾因齐格和其他经济学家的发展，在20世纪50年代形成了现代利息平价理论，在70年代又吸收了预期理论的分析方法，建立了噪声模型，使利息平价理论既填补了30年代以来购买力平价说衰落后汇率理论发展的空白，又成为70年代后汇率理论的一个重要分支。

在国际货币体系的沿革方面，1914年之前，国际货币体系实行金本位制度，各国都规定了其货币的黄金含量，人们能够把纸币兑换为一定数量的内在价值，如黄金、白银。金本位制不仅能固定各国之间的汇率，还能够自动调整一国货币的供给，调节一国的国际收支平衡。第一次世界大战结束了金本位制为基础的国际货币体系,在第一次世界大战结束和大萧条期间,各国曾试图恢复金本位制,但最终归于失败。不过,各国政府仍有建立某种形式的国际货币体系的强烈愿望。1944年7月,布雷顿森林会议确定了国际货币的"布雷顿森林体系",这种体系更准确地说是金汇兑本位制。在这种制度下,美元与黄金挂钩,而其他货币与美元挂钩。布雷顿森林体系国际货币制度的确立和发展,对国际金融理论的发展产生了深远影响,但布雷顿森林体系不是完美的。1960年,"特里芬难题"被提出,使得布雷顿森林体系逐渐趋于瓦解。1973年,布雷顿森林体系崩溃后,一大批经济学家主张实行浮动汇率制,其基本论点是浮动汇率可以使政府免受国际收支的限制,并允许政府不需要运用货币政策去被动地稳定汇率,从而获得利用货币政策工具的主动权,同时浮动汇率也像一堵防火墙,把国内经济与外界隔离开,使国内经济免受外来冲击。

四、国际经济学的主要内容

国际经济学的内容繁杂,但概括起来可以分为国际贸易理论与政策、国际金融理论与政策两大组成部分。

国际贸易理论与政策主要包括以下三方面内容:一是国际贸易纯理论(第二至五章),主要研究国际贸易产生的原因、贸易模式和数量,国际贸易的利益、世界经济中商品相对价格的决定和贸易利益如何分配,国际贸易对国内生产结构和消费结构的影响,国内经济增长对国际贸易的影响及国际贸易对经济增长的影响等;二是国际贸易政策(第六至八章),围绕自由贸易和保护贸易之间的争论,着重讨论各种贸易政策的产生及其对一国福利的影响,阐述关税与非关税措施的经济效应与性质,并从实践的角度叙述历史上特别是第二次世界大战后国际贸易政策的演变。

国际金融理论与政策主要包括以下三方面内容:一是国际收支的基本知识(第九章),主要介绍国际收支的基础知识;二是国际收支理论(第十章),主要讨论国际收支调整理论,阐述国际收支的自动调节机制和国际收支的调整政策,主要内容包括国际收支调节的弹性理论、吸收理论、乘数理论和货币理论;三是开放经济条件下的宏观经济政策(第十一章),主要研究如何实现宏观经济的内外均衡问题,结合汇率制度和资本流动性,分别考察在不同汇率制度下内部平衡(充分就业和物价稳定)与国际收支平衡的关系,并基于蒙代尔-弗莱明模型分析财政政策和货币政策的效果。

五、国际经济学的研究方法

(一)实证分析与规范分析

实证分析是在观察事实的基础上,运用科学的抽象法,通过分析推理,对经济现象的因果关系进行客观的揭示,分析经济体系运行机制,得出理论命题。其研究目的在于揭示经济过程本身,主要回答经济过程"是怎样的"的问题,而不过问其结果的可取性和不可取性。

实证分析并没有试图设立一些标准来决定什么好或什么坏，什么应该或什么不应该，避开了伦理和价值判断。实证分析只涉及一些客观或正面的陈述，这些陈述可以被事实证实。国际贸易的纯理论分析基本上属于实证分析。

规范分析是在实证基础上，根据一定的价值判断，提出评价体系运行的标准，以研究怎样才能符合这些标准，它力图说明"应该是什么"的问题。当经济学家说什么应该或什么不应该时，他说出的是一些主观意见，而这些意见常常被称为规范的说明或"价值的判断"。在当代西方国际经济学者中，许多人致力于"政策探讨"，偏重于政策分析和评价，这就具有较强的规范研究特色。国际经济学的各种理论本身大多具有很强的政策含义，构成许多国际经济政策的理论基础。例如，对国际贸易理论的研究，始终结合着对贸易政策的分析来进行；对国际收支理论的研究，则伴随着解决国际收支失衡的政策分析；等等。

实证分析独立于规范分析，而规范基于实证和社会价值判断之上。因而，在国际经济关系的实际研究中，这两者往往是无法分清的。这是因为，在对国际经济关系的研究中，往往既要说明某些事物是怎样的，也要说明应该怎样。实证分析说明某种理论，规范分析则是用已叙述的理论来为其提出的政策提供理论依据。例如，李嘉图的比较利益学说，既可以说是在客观地阐述国际贸易的基础和过程，当属于实证研究之列，也可以说是在论证自由贸易的好处，为当时英国的自由贸易政策提供理论依据，从而又有规范研究的色彩。

(二)定量分析与定性分析

定量分析侧重于对数量关系的变化进行考察，需要运用数学原理与公式，形成一定的数学模型，来说明研究的经济现象中所有的有关经济变量之间的依存关系。定性分析则旨在揭示事物和过程的质的、结构性的联系，强调用逻辑推理方法阐述事物性质与发展趋势。在国际经济分析中，学者们常常把二者结合起来使用。

在传统的国际经济学研究中，定量分析多是描述性的，即对数据资料进行简单的图、表处理，并根据数据资料中呈现出的趋势性规律解释理论假设。现代国际经济学的研究则越来越注重建立复杂的数学模型提出命题、验证理论假设。例如，由里昂惕夫等提出的将技术、要素禀赋和偏好集于一体的一般均衡分析模型，与要素禀赋论的理论假设结合起来，形成了国际贸易理论的标准模型。

(三)静态分析、动态分析与比较静态分析

静态分析是指在研究某一因素对过程的影响时，假定其他变量固定不变的一种分析方法。静态分析总是与均衡分析联系在一起的，它致力于说明经济均衡要求的条件，而舍弃掉达到均衡状态的过程或取得均衡所需要的时间。例如，比较利益理论和要素禀赋理论就属于静态分析。

动态分析则要求对事物变化的过程以及变动中的各个变量对过程的影响加以分析。

它的着眼点不是探讨决定均衡的因素，而是考察经济活动的变化过程，即从旧的均衡过渡到新的均衡的变化、调整过程。例如，技术差距理论和产品生命周期理论就属于动态分析。

　　然而，大多数国际经济学者经常采用的一种分析方法是介于静态分析与动态分析之间的比较静态分析方法。它既不假定影响研究对象的诸条件是稳定不变的，也不对变量与过程的变动和调整本身加以研究，而是对变化的不同阶段的一些既定结果加以比较分析。例如，国际贸易理论中的罗伯津斯基定理就属于比较静态分析。比较静态分析的理论基础就是萨缪尔森在《经济分析基础》中提出的对应原理。萨缪尔森认为，一方面，我们可以用经济模型来表述一个经济系统的动态过程，从中了解该经济系统对非均衡做出何种反应，或者说，该动态过程是否具有稳定性（即是否收敛于均衡）。从这种动态分析中，我们不但能够掌握经济系统的动态性质，而且能够推导出经济系统的比较静态性质，从而得出比较静态定理。另一方面，只要确定了一个经济系统的比较静态性质，即变量的均衡数值因参数变化而变化的性质，我们便可知该经济系统的动态性质，即当该经济系统处于非均衡状态时，它是否趋向于均衡状态。这也就是说，对一个经济体系所进行的动态分析，能够得出有关该系统的比较静态定理，而一个经济系统的比较静态性质则在一定程度上表明该经济系统的动态性质。动态分析和比较静态分析两者之间存在的这种对应性质，就是对应原理。

第二章

国际贸易理论基础

教学目的

1. 解释国际贸易理论的研究对象与研究方法。
2. 推导出生产可能性曲线和社会无差异曲线。
3. 运用生产可能性曲线和社会无差异曲线找到生产均衡点和消费均衡点。
4. 描述机会成本递增时的孤立均衡。
5. 画图说明机会成本递增时的贸易基础和贸易所得。
6. 理解贸易条件的含义。

教学难点和重点

1. 理解相对商品价格的含义。
2. 运用生产可能性曲线和社会无差异曲线分析不同条件下的均衡。
3. 理解机会成本与相对价格的关系。

导入案例

蜡烛工的请愿[①]

在重商主义盛行时期，人们认为进口会威胁本国的同类产业，于是各国试图通过贸易保护来限制进口，使得贸易保护主义不断蔓延。法国经济学家 Frédéric Bastiat (1801～1850年)在1845年虚构了法国蜡烛工人请愿的故事来打击贸易保护主义。内容摘录如下。

我们正在经受着无法容忍的外来竞争，看起来它在生产光线上比我们任何生产商都具有优越得多的优势，因此它可以用一个荒谬的低价占领我们整个国内市场。当它出现时，我们的顾客全部涌向它，贸易不再跟我们有关了，许多与此相关的国内工业停滞不前了。这个竞争对手就是太阳。

我们请求政府通过一条法令，命令关上所有的窗户、天窗、屋顶窗、帘子、百叶

[①] Bastiat F. Economic Sophisms. Edinburgh：Oliver and Boyd，1873

窗和船上的舷窗等，也就是，所有使光线进入房屋的开口、边沿、裂缝和缝隙，都应该为了受损害的工业而关闭。我们认为，这些值得称赞的工厂已经使我们的国家获益了，作为感激，我们的国家不应当将我们置于一个如此不平等的竞争中……仅仅因为或部分因为进口的煤、钢铁、奶酪和外国的制成品的价格低廉，你们对这些商品的进口就设置了很多限制措施，但为什么当太阳光的价格整天都处于零时，你们却不加任何限制，任由它蔓延呢？

如果你们尽可能减少自然光，从而创造对人造光的需求，法国制造商会欢欣鼓舞的。如果我们制造更多的蜡烛，那就需要更多的动物脂，这样就会有更多的牛羊，相应，我们会见到更多的人造草场、肉、毛、皮和作为植物生产基础的肥料。

贸易保护主认为进口产品会威胁本国国内产业，而限制进口可以保护国家利益，因此政府应当鼓励出口，而限制商品进口。在本案例中，根据贸易保护主义，太阳光威胁到了国内人造光生产商的利益，应该禁止使用太阳光，但是现实中没有一个国家会禁止使用太阳光，而自己生产"太阳光"。一国的资源是有限的，该国停止生产"太阳光"会节约资源来生产具有比较优势的其他商品，从而提高整个国家的福利。因此，在国际贸易中我们应该推行自由贸易政策，进口我们具有劣势的产品，用节省的资源生产我们具有优势的产品，以此来提高国家的整体福利水平。

第一节　国际贸易理论的研究对象与研究方法

一、国际贸易理论的研究对象

国际贸易理论属于国际经济学的微观理论部分，它以微观经济学为理论基础，解释国际贸易的起因及影响。在研究内容上，国际贸易理论分为国际贸易纯理论和国际贸易政策理论两部分。国际贸易纯理论主要揭示国际贸易产生的原因、贸易主体从事国际贸易所获取的利益及贸易利益的分配等问题。国际贸易政策理论则主要分析贸易政策对贸易主体经济活动及福利的影响，以及在不同条件下各国政府的贸易政策选择问题。

由于商品、资本、劳动力及服务等跨国界的流动，把国内市场扩展为国际市场，使各个经济体联结在一起，彼此相互影响。通常从狭义上讲，国际贸易指的是商品（或货物）的跨国界流动；而从广义上讲，国际贸易不仅包括商品的跨国界流动，还包括资本、劳动力及服务的跨国界流动。在国际贸易理论分析中，主要以商品贸易作为研究对象，但也涉及一些国际要素流动的问题。

国际贸易理论与微观经济学有着内在的联系。微观经济学主要研究通过市场的价格机制实现单个经济体的资源最佳配置问题，而国际贸易理论研究的是两个或两个以上经济体之间的资源配置问题，其同样要通过市场的运行来实现，不过是由各个经济体供求共同决定的国际市场价格机制来进行世界范围的资源配置。因此，微观经济学是研究国际贸易问题的理论基础，但是国际贸易理论与微观经济学的基本原理存在差异。

第一，生产要素在国际上的流动程度要比其在国内的流动程度低得多。在微观经济学分析中，一般假定生产要素在一国内各部门之间可以自由流动，如果部门间要素价格存在差异，要素就会从低报酬的部门流向高报酬的部门，最终导致各部门同种要素价格均等。但是，在国际上，由于存在一些自然的原因，如语言、文化、宗教等，还有一些人为设置的障碍，如制度、法律等，都导致要素的国际流动性受到限制，即要素在国际上不能自由流动。因此，不能完全照搬微观经济学的资源配置理论，需要一种不同于国内贸易的理论来解释国际贸易问题。

第二，国际贸易会受到关税和非关税壁垒的影响，而这些人为设置的贸易壁垒在国内贸易中很少见。对于贸易政策的经济影响和福利效应的分析，是国际贸易理论的一个重要的问题，但微观经济学不分析此类问题。因此这也是国际贸易理论不同于微观经济学理论的一个重要方面。

国际贸易理论要回答的基本问题主要包括以下内容。

(1)什么是贸易基础(basis for trade)，即什么原因导致国际贸易的发生，是劳动生产率的差异、要素禀赋的差异、产品差异或是规模经济等？

(2)什么是贸易所得(gains from trade)，即贸易所得是如何产生的、贸易所得有多大、在国家间如何分配贸易所得、贸易所得指的是一国整体还是一国内各利益集团获利等？

(3)什么是贸易模式(pattern of trade)，即哪些商品在国际上被用来进行交易，每个贸易主体进口、出口哪些产品？

二、国际贸易理论的研究方法

国际贸易理论的研究方法分为实证分析和规范分析。解释国际贸易发生的原因、贸易模式的决定、贸易政策对一国经济的影响等属于实证分析；而针对一国贸易政策的制定进行分析，涉及价值判断的属于规范分析。

国际贸易理论在研究方法上主要以微观经济学原理为基本工具，以国家为分析单位，同时考虑微观个体的行为，因此，国际贸易理论在研究方法上，具有以下几个基本特征。

第一，国际贸易理论分析不涉及货币因素，不考虑各国货币的差异及货币制度的差异等的影响，假定这是一个物物交易的世界。为了更好地理解这一问题，下面列举两个例子。

第一个例子。假定一个消费者可以消费两种商品，如苹果和梨，相同数量的这两种商品给该消费者带来的效用一样，并且消费者的收入是既定的。初期，假定这两种商品的市场价格相同，对于该消费者来说，消费哪种商品或任意比例的商品组合，消费者的满足程度都相同，不妨假定消费者只选择苹果这一种商品消费。过了一段时间，消费者发现市场上苹果价格下降了50%，消费者是否要增加苹果的消费量呢？答案是不一定。如果梨的价格也下降了 50%，那消费者消费任意一种商品或任意比例的商品组合都会获得相同的效用，所以消费者可以改变苹果的消费量，也可以不改变苹果的消费量。但是，如果梨的价格下降幅度超过 50%，消费者会改为消费梨而不消费苹果；如果梨的价格没有下降或下降幅度小于 50%，那消费者消费苹果会比消费梨获取更大的效用，即消费者会增加苹果的消费量。

第二个例子。假定美国和中国的厂商可以生产同一种产品，产品无差别，美国厂商生产该产品的价格是 1 美元，中国厂商生产该产品的价格是 6.5 元，试问哪国在该产品上具有价格优势？如果现行汇率是 1 美元＝6.5 元，则两国厂商在该产品上的价格相同。如果美国厂商生产该产品的价格上涨 1 倍，则一定是中国厂商在该产品生产上具有价格优势？答案是不一定的。这要取决于中国厂商生产该产品的价格及美元与人民币之间的汇率变动情况。

以上两个举例可以说明，理性的经济人的决策取决于所有价格，而不是仅仅依靠部分价格信息，而且国际上的价格分析往往还要涉及汇率的问题，因此要在国际贸易理论分析中引入相对商品价格的概念。假设 P_X 和 P_Y 分别表示商品 X 和商品 Y 的货币价格，又称为名义价格，那么 P_X/P_Y 就称为商品 X 的货币价格。它的含义是用商品 Y 代替货币，它表示 1 单位的商品 X 与商品 Y 进行交换时所能得到的商品 Y 的数量，即用商品 Y 的数量来衡量商品 X 的价格。同理，商品 Y 的相对价格是 P_Y/P_X，即用商品 X 的数量来衡量商品 Y 的价格。因此，相对商品价格表达的是一个物物交换关系，与货币因素无关。而且，若两种商品的货币价格同比例变化，则相对价格不改变，经济行为主体的决策取决于相对商品价格，而与名义价格无关。

第二，各种贸易理论模型大都假定世界上只有两个国家、两种商品，以及只有一种或两种生产要素。因为，此种理论模型可以用二维坐标图进行几何或图示分析，这种方法直观明了，而且论证过程也较为严谨，但缺点也较为突出，与实际情况明显不符。

第三，国际贸易理论多采用一般均衡分析，在世界价格体系下，分析世界范围内的资源的最佳配置问题。

第四，大多数国际贸易理论采用静态或比较静态分析，很少考虑事件因素在国际贸易理论中的影响。

▌第二节　标准贸易模型

人们从事国际贸易的动机，与其从事国内贸易的动机一样，都是为了实现自身利益最大化，即消费者追求个人效用的最大化，厂商追求利润的最大化。因此，微观经济学中的厂商理论和消费者行为理论的分析，对于我们分析国际贸易的相关问题十分有益。在这里，首先对国际贸易理论部分使用的主要的分析工具作简要介绍(熟悉微观经济学的读者可以跳过这部分内容)，在此基础上建立国际贸易的标准理论模型。

一、主要分析工具

(一)生产可能性曲线与供给

1. 生产可能性曲线

生产可能性曲线(production possibility frontier,PPF)是指在一定的生产技术条件下,一国充分利用其全部资源所能生产的各种商品的最优产量组合。在推导生产可能性曲线之前,首先对经济社会进行简化处理:假设该经济社会只生产两种商品,X 和 Y,并且只使用两种生产要素,资本(K)和劳动(L),其他的基本假设条件如下。

(1)所有商品市场和要素市场都是完全竞争的市场。

(2)所有商品的生产技术条件都是既定的,并且规模收益不变。

(3)所有要素的总供给都是固定不变的。

(4)生产要素在各部门之间可以自由流动。

(5)所有生产要素都已得到充分利用。

(6)经济活动中不存在外部性。

根据假设条件,商品 X 和 Y 的生产函数可以表示为

$$X = F_X(K_X, L_X) \tag{2.1}$$

$$Y = F_Y(K_Y, L_Y) \tag{2.2}$$

式中,K_X、L_X、K_Y、L_Y 分别代表 X 和 Y 两种商品生产过程中所使用的资本和劳动的投入量;F_X 和 F_Y 分别代表 X 和 Y 的生产技术水平。由于假设规模收益不变,所以 F_X 和 F_Y 为线性齐次函数,而且生产技术条件都是既定的,故商品 X 和 Y 的产量由其部门要素投入量决定,要素投入量越大,商品产量越大。

(7)假定资本和劳动的总供给量分别为 $\overline{K}$ 和 $\overline{L}$,根据假设条件(5),X、Y 两个部门所使用的资本和劳动之和分别等于资本和劳动的总供给量,即

$$\overline{K} = K_X + K_Y \tag{2.3}$$

$$\overline{L} = L_X + L_Y \tag{2.4}$$

由于生产要素在各部门之间可以自由流动,当两个部门同种要素报酬相等时,生产要素的分配达到均衡,即生产要素在两个部门的投入量便确定下来,两部门的产量也就确定下来,此过程可通过埃奇沃斯盒状图(Edgeworth box)来描述。

在图 2.1 中,方框的长度表示劳动的总量,宽度表示资本的总量,图中 X_0、X_1 表示以 O_X 为原点的坐标系中商品 X 的任意两条等产量线,Y_0、Y_1 和 Y_3 表示以 O_Y 为原点的坐标系中商品 Y 的任意三条等产量线。在要素市场上,生产者要实现利润最大化,需满足等产量线与等成本线相切,也就是要素边际替代率等于要素价格之比,即

$$\text{MRTS} = \frac{w}{r} \tag{2.5}$$

式中,MRTS 表示某商品的要素边际技术替代率;w、r 分别表示 L 和 K 的价格。要

素市场均衡时，两部门同种要素的价格相等，所以，两部门所使用的要素组合点对应的要素边际技术替代率相等。在图2.1中看到，假定商品 X 的产量选定为 X_0，只有 Y_0 与 X_0 相切于 E_0 点，在 E_0 点满足两部门要素的边际替代率相等，生产要素的使用满足式(2.3)和式(2.4)，生产要素得到充分利用，同时在商品 X 产量既定的前提下，商品 Y 实现了最大产量，因此 E_0 点是生产要素配置的一个均衡点。

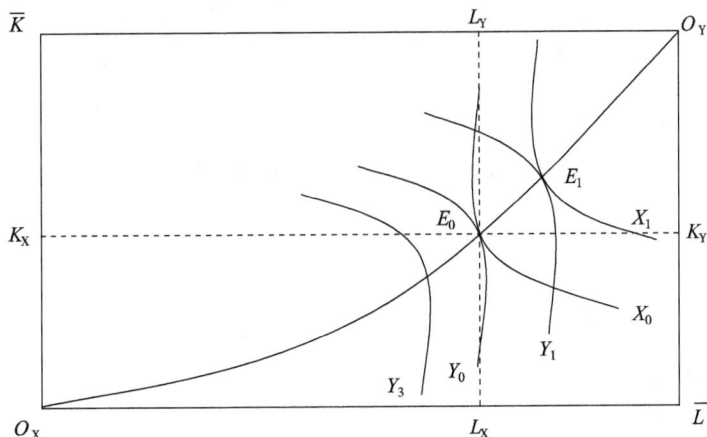

图 2.1　埃奇沃斯盒状图

如果商品 X 的产量定为 X_1，则商品 Y 的最佳产量是 Y_1，生产要素配置的均衡点是 E_1，相较于 E_0 点的产量组合，可以看到商品 X 产量增加的同时商品 Y 的产量在减少，两种商品的产量是反方向变化的。类似 E_0、E_1 的均衡点有无数个，所有这样的点可连成一条曲线，称为契约线。根据契约线上各点对应的商品 X、Y 的产量组合，可得到图2.2中绘制的表示商品 X 和 Y 各种产量组合的一条曲线，即生产可能性曲线，如图2.2所示，生产可能性曲线的形状有三种可能。

2. 机会成本

生产可能性曲线上，所有的点都表示资源得到充分利用的两部门的最大生产量的组合，如果要增加某一商品的产量，必须降低另一种商品的产量(图2.2)。在这里，引入机会成本[①]这一概念，机会成本是指增加1单位某一商品的数量必须放弃的其他商品的数量。

在图2.2(a)中，假定当前该国的生产点是 E_0 点，要增加商品 X 的产量，就需要资源从 Y 部门流向 X 部门，这样 X 部门的产量会增加，Y 部门的产量会减少。假如生产点移动到 E_1 点，X 部门产量增加了 ΔX_1，Y 部门产量减少了 ΔY_1，则商品 X 的机会成本为 $-\Delta X_1/\Delta Y_1$。如果 X 的增加值非常小，那么商品 X 的机会成本就可以用生产可能性曲线的切线斜率的绝对值表示。

图2.2(a)中，该国生产点从 E_0 点移动到 E_1 点，增加 ΔX_1 单位的商品 X，需要减

---

① 机会成本是用一种商品的数量代替货币来衡量另一种商品的边际成本。X 对 Y 边际转换率(marginal rate of transformation，MRT)指的是一国每多生产1单位 X 必须放弃的商品 Y 的数量，因此，边际转换率是边际成本的另一种说法，它由生产可能性曲线上点的斜率的绝对值给定。

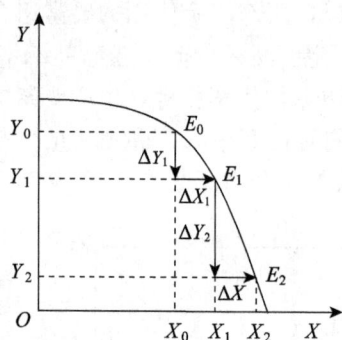

（a）机会成本递增的生产可能性曲线   （b）机会成本不变的生产可能性曲线

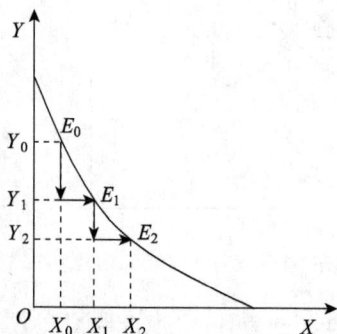

（c）机会成本递减的生产可能性曲线

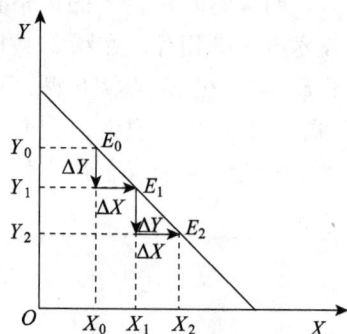

图 2.2   生产可能性曲线

少 ΔY_1 单位的商品 Y；而生产点从 E_1 点移动到 E_2 点时，增加同样多的商品 X，需要减少 ΔY_2 单位的商品 Y（$\Delta Y_2 > \Delta Y_1$），即随着商品 X 产量的增加，其机会成本是递增的（通过生产可能性曲线上点的切线斜率绝对值的递增也可看出）。同理，图 2.2(b) 中机会成本是不变的，图 2.2(c) 中机会成本是递减的。在本章以后的内容里，均以机会成本递增为例进行分析。

3. 均衡供给

生产可能性曲线上的任何一点都表示在既定的生产技术条件下实现了资源的充分利用，但生产均衡的条件为边际收益等于边际成本。以商品 X 为例，商品的价格和成本都用另外一种商品的数量来衡量。假设商品市场是完全竞争的市场，商品 X 的边际收益等于商品 X 的价格，这里的价格是相对价格（P_X/P_Y），而商品 X 的边际成本就是 X 的机会成本，故均衡的条件为相对价格等于边际成本。用图形表示就是相对价格线与生产可能性曲线相切，在切点满足均衡的条件。

以机会成本递增的生产可能性曲线为例进行分析，如图 2.3 所示，当商品 X 的相对价格是 $p_0 \left(p_0 = \dfrac{P_X^0}{P_Y^0} \right)$，相对价格线 p_0 与生产可能性曲线相切与 E_0 点，切点 E_0 点就是生产均衡点，由此可以确定商品 X 和商品 Y 的供给分别是 X_0 和 Y_0。如果商品 X 的相对价格上升到 p_1，则生产均衡点移动到 E_1 点，商品 X 和商品 Y 的供给调整为 X_1

和 Y_1。由此可见，商品的相对价格变化后，产量也随之调整，而且该商品相对价格提高后，其产量会增加。

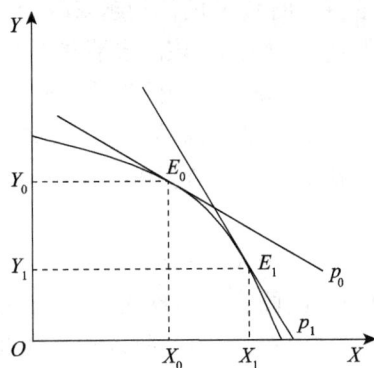

图 2.3　生产均衡

(二)社会无差异曲线与需求

生产可能性曲线反映一国的商品生产或供给情况，现在引入社会无差异曲线来反映一国的偏好或需求情况及社会福利水平。

社会无差异曲线(community indifference curve)是指一国或社会获得同等满足程度的两种商品的不同组合。假定一国国内所有消费者的消费偏好相同，即社会偏好与个体消费者偏好相同，社会无差异曲线与个体无差异曲线形状相同，把所有个体无差异曲线加总，得到社会无差异曲线，而且社会无差异曲线与个体无差异曲线的形状相同。

图 2.4 是国家 1 和国家 2 的任意三条社会无差异曲线。假定两国需求偏好不同，故两国的社会无差异曲线形状不同。以国家 1 为例，在图 2.4(a)中，不同的消费组合 A 点与 B 点在社会无差异曲线 I 上，代表实现相同的满足程度。社会无差异曲线 II 比社会无差异曲线 I 离原点更远，代表更高的福利水平，而社会无差异曲线 III 代表比社会无差异曲线 I 的更低的福利水平。

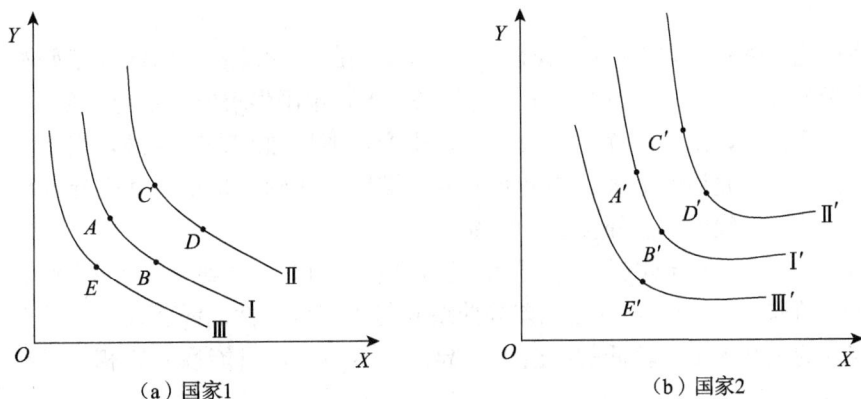

(a) 国家1　　(b) 国家2

图 2.4　国家 1 和国家 2 的社会无差异曲线

社会无差异曲线斜率均为负，表示一国要维持相同的满足程度，它增加一种商品的消费，就必须减少另一种商品的消费。社会无差异曲线斜率的绝对值①是递减的，它反映随着商品 X 的消费越来越多，商品 Y 的消费越来越少，相对于 1 单位商品 X 的效用，1 单位商品 Y 的效用越来越大。因此，该国多消费 1 单位商品 X，所放弃的商品 Y 越来越少。社会无差异曲线可以用来确定一国的消费均衡点。

假定国家 1 的国民收入 M 是既定的；商品 X 和 Y 的货币价格分别为 P_X、P_Y，也是既定的；X 和 Y 代表国家 1 在商品 X 和 Y 上的消费量，国家 1 在两种商品上的消费量组合满足的公式如下：

$$M = P_X \cdot X + P_Y \cdot Y \tag{2.6}$$

由式(2.6)得到图 2.5 中一条国民收入预算线 AB。在图 2.5 中有国家 1 的三条社会无差异曲线，只有当社会无差异曲线与国民收入预算线相切时，才能实现既定条件下的国家福利最大化，即满足边际替代率与相对价格相等，切点为消费均衡点。

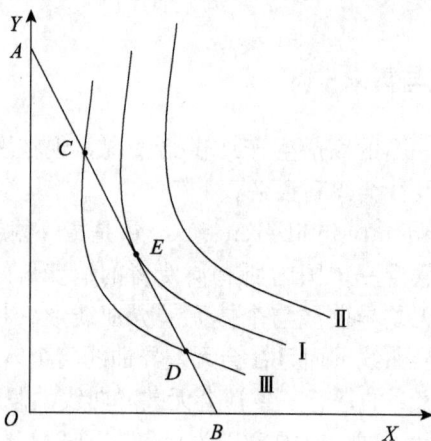

图 2.5　消费均衡

二、孤立均衡

前面讨论了表示一国生产或供给的生产可能性曲线和反映一国需求偏好和福利水平的社会无差异曲线，现在研究一国在封闭条件下，本国供求所决定的均衡。

在封闭条件下，由于前面的假设条件，生产可能性曲线是既定的，当一国达到其生产可能性曲线所允许的最大的福利水平时，该国就达到了均衡，即在社会无差异曲线与生产可能性曲线的切点处实现了均衡。

以国家 1 为例进行分析，将图 2.2(a)和图 2.4(a)放到一个坐标系中，得到图 2.6(a)。在图 2.6(a)中，社会无差异曲线Ⅱ与生产可能性曲线相离，即现有的生产不可能实现的福利水平；较低的社会无差异曲线Ⅲ与生产可能性曲线相交，在交点是

---

①　边际替代率(marginal rate of substitution, MRS)是指一国为保持不变的满足程度，多消费 1 单位的某一产品而必须放弃的另外一种商品的数量。社会无差异曲线的点的斜率的绝对值，表示消费中商品 X 对 Y 的边际替代率。

可行的，但没有实现福利水平最大；只有社会无差异曲线 I 与生产可能性曲线相切时，在切点 E 点进行生产和消费实现了福利最大，达到均衡，而且均衡点是唯一的。

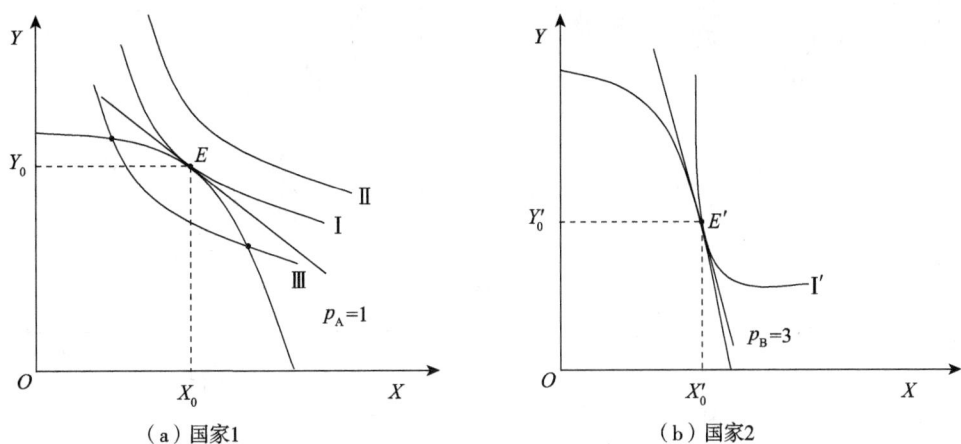

图 2.6　国家 1 和国家 2 的孤立均衡

国家 1 的生产可能性曲线与社会无差异曲线在均衡点 E 点的公切线为该国孤立均衡时的相对价格线，由此确定该国孤立均衡时商品 X 相对价格 $p_A=1$。同理，国家 2 在孤立条件下均衡的图形如图 2.6(b) 所示，均衡的生产点和消费点为 E' 点，商品 X 均衡的相对价格为 $p_B=3$。

在封闭条件下，两国同种商品 X 的相对价格不同，$p_A < p_B$，因此国家 1 在商品 X 上具有比较优势，同理，国家 2 在商品 Y 上具有比较优势。如果放开市场，则国家 1 专业化生产商品 X 并出口商品 X，国家 2 专业化生产商品 Y 并出口商品 Y。由此可见，国际贸易是建立在相对价格差异的基础上的。

三、开放条件下的均衡及贸易所得

如图 2.6 所示，国家 1 在商品 X 上具有比较优势，市场开放后，该国专业化生产商品 X，生产点从 E 点开始向下移动，商品 X 的产量增加，商品 Y 的产量减少，生产商品 X 的机会成本递增，商品 X 的相对价格在提高。国家 2 专业化生产商品 Y，生产点从 E' 点向上移动，商品 Y 的产量增加，商品 X 产量减少，商品 Y 的机会成本递增，商品 X 的相对价格在下降。这一过程一直持续到两国商品 X 的相对价格相等为止，这一价格处于两国封闭条件下相对价格之间某一点，在该点实现贸易均衡，即国际均衡价格(在本章后的附录中详细说明国际均衡相对价格的推导过程)。在图 2.7 中，假定国际均衡价格为 $P_W=2$。

在图 2.7(a) 中，相对价格线 p_W 与生产可能性曲线相切于 Q 点，国家 1 的生产均衡点从 E 点调整到 Q 点；社会无差异曲线 II 与相对价格线 p_W 相切于 C 点，消费均衡点为 C 点，福利水平从社会无差异曲线 I 提高到社会无差异曲线 II，因此国家 1 从专业化生产和贸易中获益。国家 1 在商品 Y 上的出口量是 DQ，商品 Y 的进口量是 DC，

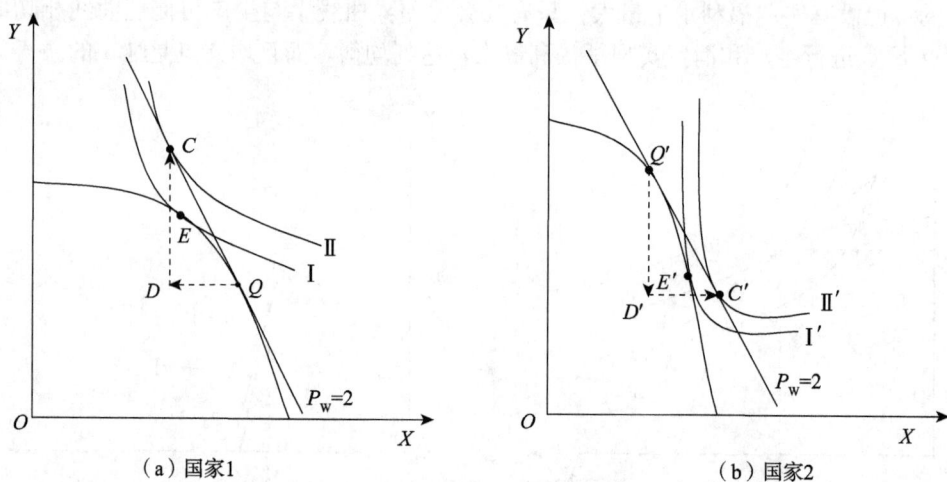

（a）国家1   （b）国家2

图 2.7   国家 1 和国家 2 在开放条件下的均衡

△DQC 称为贸易三角形。

同理，在图 2.7(b)中，国家 2 在开放条件下，生产均衡点从 E′点调整到 Q′点，消费均衡点为社会无差异曲线Ⅱ′上的 C′点，实现比在 E′点更高的福利水平，因此国家 2 从专业化生产和贸易中获益。国家 2 的贸易三角形是△D′Q′C′，商品 Y 的出口量是 D′Q′，商品 Y 的进口量是 D′C′。

图 2.7 中，国际均衡价格为 $P_w=2$ 时，国家 1 商品 X 的出口量 DQ 等于国家 2 商品 X 的进口量 D′C′；国家 2 商品 Y 的出口量 D′Q′等于国家 1 商品 Y 的进口量 DC。

注意，在机会成本递增的情况下（与机会成本不变相比），存在不完全分工(incomplete specialization)。在贸易中，国家 1 生产更多的商品 X，但仍然继续生产一部分商品 Y；同样，国家 2 在扩大商品 Y 的生产时，仍继续生产商品 X。参见案例研究 2.1。

案例研究 2.1

部分国家出口商品集中度

在现实世界中没有任何一个国家完全专业化生产一种商品，表 2.1 列出了 2009 年部分国家和地区出口最多的商品占总出口的比重，即出口集中度。如表 2.1 所示，最接近完全专业化生产和贸易的国家是科威特，该国 2009 年石油出口额占总出口额的比例达到 92.7%；阿根廷是另一个出口集中度较高的国家，主要出口自然资源类产品，其食品的出口集中度达到 50.0%；韩国、中国和日本的出口集中度分别是 31.2%、32.9%和 34.2%；而美国及有 27 个成员国的欧盟出口最多的产品占出口总额的比重还不到 15%。

表 2.1   2009 年部分国家和地区出口商品集中度（单位：%）

国家和地区	出口商品	集中度
美国	化工产品	13.8

续表

国家和地区	出口商品	集中度
欧盟	化工产品	14.8
韩国	办公及通信设备	31.2
中国	办公及通信设备	32.9
日本	自动化产品	34.2
阿根廷	食品	50.0
科威特	燃料	92.7

资料来源：World Trade Organization(WTO). International Trade Statistics，2010

从表 2.2 中可以看到，从 2008 年国际金融危机爆发到 2012 年年末，中国初级产品占出口商品总额的比重呈现下降趋势，食品及活动物在出口总额中的比例变化不大，2008 年为 2.30%，2009～2012 年一直在 2.60% 左右波动；饮料及烟类变化很小，一直在 0.12% 左右波动；非食用原料一直在 0.68%～0.79% 波动，变化也很小；矿物燃料、润滑油及有关原料下降趋势明显，从 2008 年的 2.22% 降至 2012 年的 1.51%，这是促使初级产品占比下降的主要因素。同期间，工业制成品占出口商品总额的比重呈现上升趋势，从 2008 年的 94.42% 增至 2012 年的 95.02%，增加了 0.6 百分点。化学品及有关产品从 2008 年起保持在 5.50% 左右，无明显变化；按原料分类的制成品从 2008 年的 18.34% 降至 2009 年的 15.38%，然后又呈现上升趋势，2012 年为 16.26%；机械及运输设备占比从 2008 年的 47.06% 升至 2010 年的 49.45%，之后开始下降，2012 年为 47.07%，回落至 2008 年的水平；2008～2012 年杂项制品一直在 24.00% 左右波动，2012 年为 26.15%，较 2011 年增加了将近 2 百分点，变动较为明显。2008～2012 年未分类的其他商品在 0.07%～0.14% 波动，其出口额较小，对我国出口商品结构影响不大。

表 2.2　2008～2012 年中国的出口商品集中度（单位：%）

	类别	2008 年	2009 年	2010 年	2011 年	2012 年
初级产品	食品及活动物	2.30	2.71	2.61	2.66	2.54
	饮料及烟类	0.10	0.13	0.12	0.12	0.13
	非食用原料	0.79	0.68	0.74	0.79	0.70
	矿物燃料、润滑油及有关原料	2.22	1.69	1.69	1.70	1.51
	动、植物油脂及蜡	0.04	0.03	0.02	0.03	0.03
工业制成品	化学品及有关产品	5.54	5.16	5.55	6.05	5.54
	按原料分类的制成品	18.34	15.38	15.79	16.83	16.26
	机械及运输设备	47.06	49.12	49.45	47.50	47.07
	杂项制品	23.48	24.94	23.94	24.20	26.15
未分类的商品		0.12	0.14	0.09	0.12	0.07

资料来源：《中国统计年鉴》

四、贸易条件

一国的贸易条件(terms of trade)是指该国出口商品价格(指数)与进口商品价格(指数)之比。一国贸易条件的提高或改善通常被视为对该国有利。

国家 1 在封闭条件下商品 X 的相对价格 p_A 为 1,开放条件下商品 X 的国际均衡相对价格 P_W 为 2,该国的贸易条件为 P_X/P_Y,从封闭条件下的 1 提高到 2,贸易条件改善,国家 1 从贸易中获利。同理,国家 2 的贸易条件为 P_Y/P_X,从封闭条件下的 1/3 提高到 1/2,国家 2 从贸易中获利。

因此,国际贸易是一种互利的行为,参与国都能从中获利,而获利的多少取决于贸易条件改善的程度。而且贸易后的国家均衡价格与贸易前的相对价格差距越大,贸易条件改善的程度越大,该国获利越多。贸易虽然能提高一国整体福利水平,但并不意味着国内所有个体都能从中获益。

随着供给与需求的变化,一国的贸易规模和贸易条件会发生变化,一国的贸易条件改善使得该国福利水平提高。在两国世界里,如果一国的贸易条件改善,则其贸易伙伴国的贸易条件会恶化,贸易伙伴国的福利水平会下降。案例研究 2.2 展示了七国集团的贸易条件,案例研究 2.3 展示了中国对美国的总体价格贸易条件。

案例研究 2.2

七国集团

表 2.3 给出了 1990～2009 年七国集团(G-7)的贸易条件,以 2000 年的贸易条件为基期,其数值为 100.0。如表 2.3 所示,1990～2009 年,美国、日本的贸易条件均在不断下降;而加拿大、法国、英国和意大利的贸易条件则在改善,尤其是加拿大和意大利,其贸易条件的改善幅度比较大。加拿大是主要的石油出口国,故其贸易条件的改善主要是因为石油价格的上升;而意大利贸易条件的改善主要是因为其奢侈品出口价格的上升。

表 2.3　1990～2009 年七国集团的贸易条件

国别	1990 年	1995 年	2000 年	2005 年	2009 年
美国	101.1	103.2	100.0	97.2	98.8
加拿大	97.2	97.2	100.0	111.3	114.8
日本	83.9	114.9	100.0	83.3	74.2
德国	109.3	107.5	100.0	105.3	105.8
法国	100.1	106.5	100.0	110.6	103.9
英国	101.1	101.1	100.0	104.9	104.5
意大利	94.0	96.0	100.0	101.1	103.3

资料来源:International Monetary Fund. International Financial Statistics. Washington DC,2011.

案例研究 2.3

中国对美国的总体价格贸易条件

以 1993 年中国对美国的贸易条件为基期,根据出口价格指数和进口价格指数,计算出 1993~2008 年中国对美国的总体价格贸易条件,见表 2.4。把中美之间的贸易品分成两大类,即初级产品和工业制成品,由此得到中美初级产品价格贸易条件和工业制成品价格贸易条件,如表 2.5 和表 2.6 所示。

表 2.4 1993~2008 年中美总体价格贸易条件

年份	出口价格指数	进口价格指数	价格贸易条件	年份	出口价格指数	进口价格指数	价格贸易条件
1993	1.00	1.00	100.0	2001	1.02	1.23	82.9
1994	1.02	1.03	99.5	2002	1.06	1.29	82.1
1995	1.00	1.05	94.4	2003	1.08	1.30	83.0
1996	1.02	1.11	91.6	2004	1.12	1.32	85.1
1997	1.01	1.03	98.1	2005	1.15	1.36	84.2
1998	1.01	1.12	90.2	2006	1.17	1.42	82.4
1999	0.99	1.20	81.9	2007	1.19	1.50	79.5
2000	1.03	1.17	87.4	2008	1.18	1.51	78.4

资料来源:根据联合国(United Nations,UN)Comtrade 数据库中 1993~2008 年中国对美国出口商品的原始数据整理所得

表 2.5 1993~2008 年中美初级产品价格贸易条件

年份	出口价格指数	进口价格指数	价格贸易条件	年份	出口价格指数	进口价格指数	价格贸易条件
1993	1.00	1.00	100.0	2001	1.12	1.23	91.1
1994	1.02	1.01	101.0	2002	1.10	1.30	84.6
1995	1.02	1.04	98.1	2003	1.12	1.31	85.5
1996	0.96	1.08	88.9	2004	1.15	1.31	87.8
1997	0.99	1.02	99.0	2005	1.20	1.35	88.9
1998	0.96	1.08	92.1	2006	1.26	1.41	89.4
1999	0.94	1.18	79.7	2007	1.29	1.46	88.4
2000	1.02	1.19	85.7	2008	1.28	1.47	87.1

资料来源:根据 UN Comtrade 数据库中 1993~2008 年中国对美国出口商品的原始数据整理所得

表 2.6 1993~2008 年中美工业制成品价格贸易条件

年份	出口价格指数	进口价格指数	价格贸易条件	年份	出口价格指数	进口价格指数	价格贸易条件
1993	1.00	1.00	100.0	2001	0.92	1.22	75.4
1994	1.02	1.12	91.1	2002	0.96	1.24	77.4
1995	1.06	1.20	88.3	2003	1.02	1.30	78.5
1996	1.12	1.16	96.6	2004	1.08	1.36	79.4

续表

年份	出口价格指数	进口价格指数	价格贸易条件	年份	出口价格指数	进口价格指数	价格贸易条件
1997	1.04	1.23	84.6	2005	1.12	1.44	77.8
1998	1.08	1.27	85.0	2006	1.18	1.54	76.6
1999	1.10	1.16	94.8	2007	1.16	1.67	69.5
2000	1.07	1.10	97.3	2008	1.17	1.7	68.8

资料来源：根据 UN Comtrade 数据库中 1993～2008 年中国对美国出口商品的原始数据整理所得

从表 2.4 中可以看出，从 1993 年以来，中国对美国总体的价格贸易条件指数呈现下降态势，2008 年比 1993 年下降了 21.6%。1993～2000 年，中国对美国总体价格贸易条件指数的变化波动比较大，总体上呈现明显的下降态势；2001～2008 年，价格贸易条件指数曲线走势比较平缓。1993～2008 年，中国对美国的进出口价格指数都呈上升态势，但进口价格指数的上升速度明显高于出口价格指数。与 1993 年相比，2008 年时出口价格指数上升了 0.18%，而进口价格指数上升了 0.51%。

如表 2.5 所示，1993～2008 年，中国对美国初级产品的出口价格指数与进口价格指数都呈上升态势，但由于进口价格指数的上升速度快于出口价格指数的上升速度，中国对美国的初级产品价格贸易条件指数呈下降态势，2008 年这一数据比 1993 年下降了 12.9%。1993～2003 年，初级产品价格贸易条件在波动中呈现下降态势，2003～2007 年初级产品价格贸易条件指数基本上处于相对稳定状态。如表 2.6 所示，1993～2008 年，中美工业制成品的价格贸易条件指数呈下降态势，2008 年这一数据比 1993 年下降了 31.2%，下降速度最快。

➤ 本章小结

1. 国际贸易理论以微观经济学理论为基础，讨论世界范围内的资源配置问题，采用经济学常用的研究方法，其最典型的特点是在理论分析中不考虑货币因素，引入相对价格这一概念。

2. 生产可能性曲线反映一国在两种商品的供给，生产可能性曲线上点的斜率的绝对值等于机会成本。相对价格线与生产可能性曲线相切时，该切点为给定相对价格下的生产均衡点。

3. 社会无差异曲线反映一国的消费偏好，离圆点较远的曲线反映较大的满足程度（福利水平）。同一条社会无差异曲线上各点代表一国达到相同的满足程度的两种商品的不同组合，曲线上各点的斜率就是该点的边际替代率，即一国要保持不变的满足程度，增加 1 单位某一商品的消费就要减少一定数量的另外一种商品的消费。社会无差异曲线与国民收入预算线的切点为该国的消费均衡点。

4. 标准贸易模型为两个国家、两种商品和两种生产要素，且假定机会成本递增。

5. 在孤立条件下，当一国的生产可能性曲线与所允许的最高的社会无差异曲线相切时，在切点处生产和消费达到均衡，市场出清。两条曲线在切点的公切线的斜率的绝对值，即该国在封闭条件下均衡的相对价格，其反映该国的比较优势。相对价格的差异是国际贸易产生的基础。

6. 在开放条件下，各国都专业化生产并出口其具有比较优势的产品，当一国的出口等于另一国的进口时，贸易达到均衡，两国面对相同的相对价格，即国际均衡相对价格。新的国际均衡相对价格线与生产可能性曲线的切点为该国的生产均衡点，与新的社会无差异曲线的切点为该国的消费均衡点，两国都实现了比封闭条件下更高的社会无差异曲线，两国都从中获利。机会成本递增时，专业化生产是不完全的。

7. 国际均衡相对价格由两国的供求共同决定，其一定介于贸易前两国相对价格水平之间。

8. 一国的贸易条件是该国的出口商品价格（指数）与进口商品价格（指数）之比。贸易条件的改善通常被认为该国从中获利。随着供给和需求的变化，一国的贸易条件也会随之变化。

➤ 思考题

1. 生产可能性曲线的形状是由什么决定的？

2. 试解释机会成本递增的原因。

3. 如果生产可能性曲线是直线，试推导过剩供给（需求）曲线。

4. 假定两国的生产可能性曲线完全相同，而消费偏好不同，画图说明两国在封闭条件下的均衡，并表示出两国专业化生产和互惠贸易的过程。

5. 在机会成本递增的条件下，为什么会有不完全专业化分工（甚至在较小的国家）？

6. 如果贸易发生在一个大国和一个小国之间，那么贸易后，国际相对价格更接近哪一个国家在封闭条件下的相对价格水平？哪一个国家在国际贸易中的获利更多？

7. 日本原本出口制造产品，进口原材料，如粮食、石油。分析下列情况下日本贸易条件的变化。

(1) 中东战争使石油供应紧张。

(2) 韩国扩展了汽车的生产能力，并在加拿大和美国销售。

(3) 美国的工程师建立了核反应堆以代替石油燃料发电厂。

(4) 日本降低牛肉和柑橘的进口关税。

8. 假定一国的贸易条件在某一特定时间段内从100上升到110。

(1) 该国贸易伙伴国的贸易条件有多大程度的恶化？

(2) 该国的贸易伙伴国的贸易状况在这个变化中是否也发生了恶化？

(3) 这是否意味着贸易伙伴国的社会福利水平一定下降了？

9. 20世纪90年代初，在由美国、加拿大和墨西哥缔结的北美自由贸易区协定的谈判过程中，反对者认为，美国的很多就业机会会转移到墨西哥，因为墨西哥的工资水平比美国低得多。这一推理有什么问题吗？

附　　录

国际均衡相对价格的推导

本附录我们将用国家 1 和国家 2 的国民供给曲线(national supply curve)和国民需求曲线(national demand curve)推导开放条件下国际均衡的相对价格。国民供给曲线和国民需求曲线是指一国某一商品对应于其相对价格的供给与需求。

用图 2.8(a)推导国家 1 商品 X 的国民供给曲线。假定商品 X 的三个不同的相对价格为 1/4、1 和 2,三条相对价格线与生产可能性曲线的切点分别决定了三个生产均衡点 A、B 和 C,对应于三个生产均衡点的商品 X 的产量分别是 S_1、S_2 和 S_3。在图 2.8(b)坐标系中把商品 X 的相对价格与商品 X 的产量的组合点连线,得到一条国民供给曲线(NS_X)。

用图 2.9(a)推导国家 1 商品 X 的国民需求曲线。社会无差异曲线与国民收入预算线的切点为一国的消费均衡点。相对价格为 1/4、1 和 2 的三条相对价格线与三条不同的社会无差异曲线相切于三点 D、B 和 E,对应于三个消费均衡点的商品 X 的需求量分别是 D_3、D_2 和 D_1。在图 2.9(b)坐标系中把商品 X 的相对价格与商品 X 的需求量的组合点连线,得到一条国民需求曲线(ND_X)。

国民供给曲线和国民需求曲线反映一国在不同相对价格下的供给与需求,那均衡的供给与需求是哪一个? 把图 2.8(b)和图 2.9(b)的两条曲线放到一个坐标系中,得到图 2.10(a)。在图 2.10(a)中,两条曲线相交于 E 点,在 E 点供给与需求相等,由此得到均衡的供给与需求(S_1/D_1)、均衡的相对价格 $p_A = 1$。同理,可以推导出国家 2 的国民供给曲线和国民需求曲线,如图 2.11(a)所示。在交点 E' 可以得到国家 2 的均衡的供给与需求,均衡的相对价格 $p_B = 3$。

从以上分析可以发现,国家 1 商品 X 的相对价格低于国家 2,国家 1 在商品 X 上具有比较优势,同理,国家 2 在商品 Y 上具有比较优势。如果两国放开市场,国家 1 会出口商品 X,国家 2 会进口商品 X。一国的出口为该国的过剩供给,一国的进口为该国的过剩需求,因此当一国的过剩供给等于另一国的过剩需求时,贸易达到均衡,对应的相对价格就是国际均衡相对价格。国家 1 在商品 X 上有过剩供给,国家 2 在商品 X 上有过剩需求。

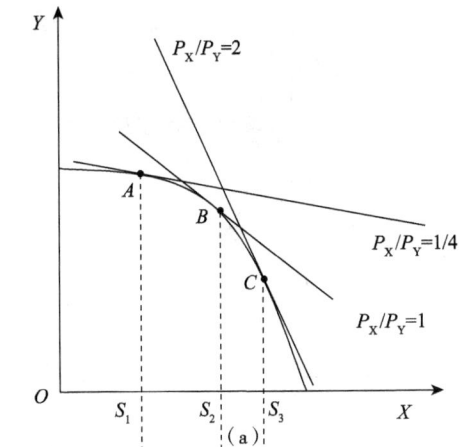

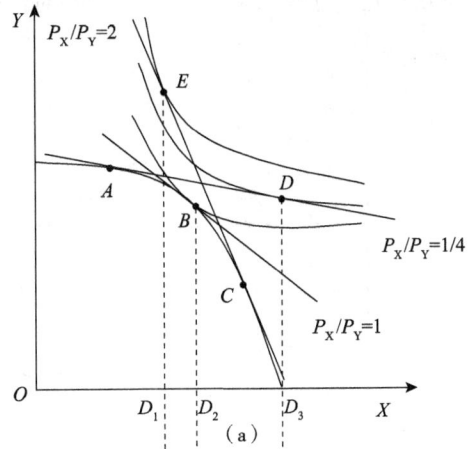

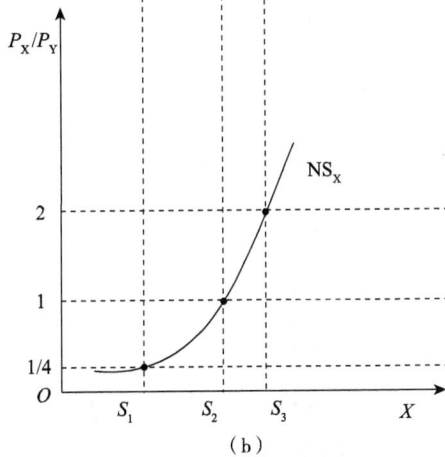

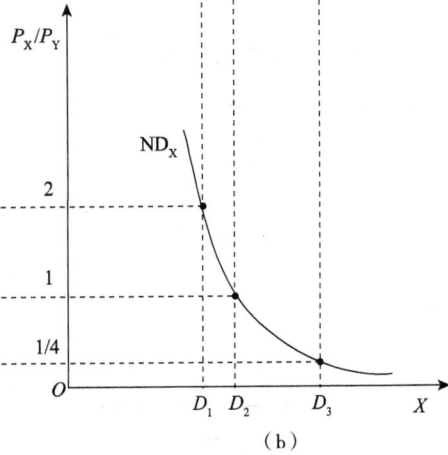

图 2.8 国民供给曲线

图 2.9 国民需求曲线

由图 2.10(a)和图 2.11(a)推导出两国的商品 X 的过剩供给曲线和过剩需求曲线。图 2.10(b)和图 2.11(b)中的横坐标表示商品 X 的过剩供给或过剩需求,纵坐标表示商品 X 的相对价格。从图 2.10(a)中的可以看出,当相对价格等于 1 时,供给和需求相等,国家 1 在商品 X 的过剩供给为零;当相对价格大于 1 时,假定等于 2,国家 1 在商品 X 上的过剩供给为 AB;当相对价格小于 1 时,该国的过剩供给为负,不足的供给需要靠进口来满足,假定相对价格等于 1/2,过剩供给为 $-CD$。把相对价格与过剩供给的组合画到图 2.10(b)中的坐标系中,得到国家 1 的过剩供给曲线。同理,由图 2.11(a)得到国家 2 的过剩需求曲线,如图 2.11(b)。

把图 2.10(b)和图 2.11(b)中两国的过剩供给曲线和过剩需求曲线放到一个坐标系中,如图 2.12 所示,则可以说明国际均衡相对价格的决定。在图 2.12 中,两条曲线的交点满足过剩供给与过剩需求相等,对应的相对价格 $p_W\left(\dfrac{P_X^W}{P_Y^W}\right)$ 为国际均衡相对价格,$1 \leqslant p_W \leqslant 3$。由此可见,国际均衡相对价格由两国的供求共同决定,而且国际均衡相对价格一定处于两国封闭条件下的相对价格水平之间。

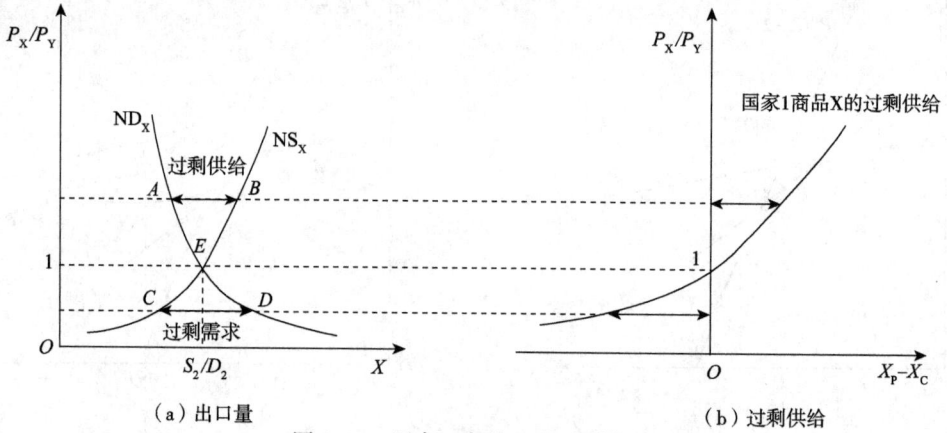

（a）出口量　　　　　　　　　　　（b）过剩供给

图 2.10　国家 1 商品 X 的过剩供给

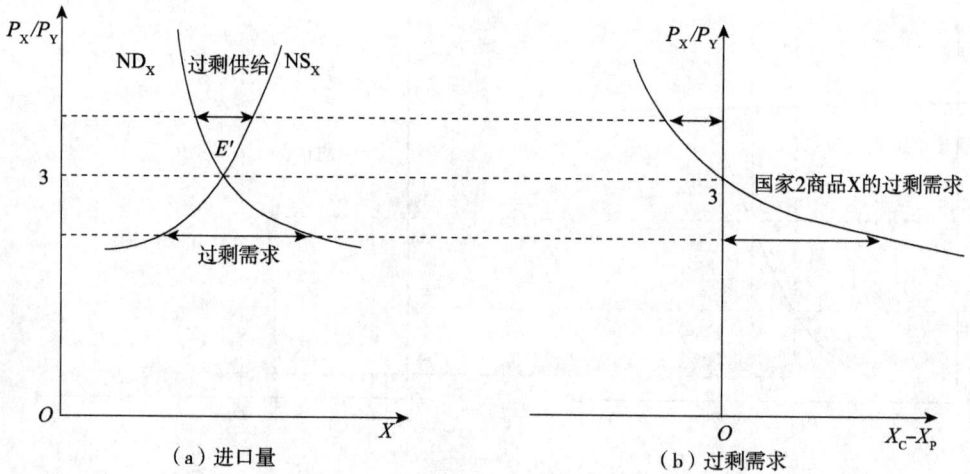

（a）进口量　　　　　　　　　　　（b）过剩需求

图 2.11　国家 2 商品 X 的过剩需求

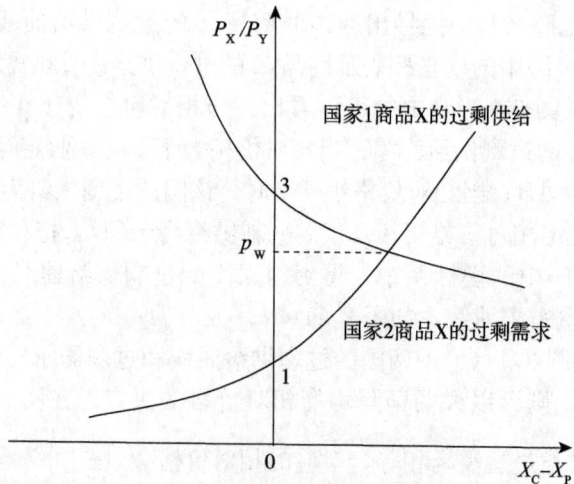

图 2.12　商品 X 均衡的相对价格

第三章

古典的国际贸易理论

教学目的

1. 了解重商主义的贸易思想。

2. 掌握亚当·斯密的绝对优势贸易理论。

3. 理解和掌握大卫·李嘉图的比较优势贸易理论。

教学难点和重点

1. 重点掌握大卫·李嘉图的比较优势贸易理论。

2. 通过李嘉图模型理解贸易理论所要回答的三个基本问题，即贸易的原因、贸易的模式、贸易利益的来源与分配。

3. 通过数学模型清楚地表述比较优势贸易理论。

导入案例

优质咖啡产地——哥斯达黎加

2013 年，星巴克卖出了它有史来最贵的一杯咖啡，定价为 7 美元，并引起了广泛好评，这款名为 Finca Palmilera 的咖啡来自哥斯达黎加。一年后，星巴克在哥斯达黎加建造了咖啡农场。

这个咖啡农场建造在蒙特维德，直译为绿山，它拥有全世界最珍贵的云林。云林常年云雾缭绕，空气湿度几乎保持在 100%，特别适合品种优良的咖啡生长，再加上火山土壤的高营养价值，哥斯达黎加最好的咖啡就产在这里。除了哥斯达黎加，牙买加、危地马拉等中美洲国家也出产世界上等级较高的咖啡，这些国家地理位置优越，接近赤道、亚热带气候及肥沃的土壤构成了最适合咖啡生长的生态系统。

关于国际贸易发生的原因与影响，最早是以亚当·斯密和大卫·李嘉图为代表的古典经济学派经济学家在劳动价值学说的基础上提出的。在亚当·斯密等之前，英国重商主义盛行，重商主义认为对外贸易是一种"零和博弈"，你之所得即我之所失，而这种观点受到了古典经济学派的批判。大卫·李嘉图的研究对重商主义的挑战达到顶峰，其理论在国际贸易理论中占据核心地位。为了了解国际贸易理论的历史发展过程，本章简要介绍重商主义的一些主要观点，重点利用新古典经济学派的分析工具，如生产可能性曲线、社会无差异曲线，对古典贸易理论进行一般均衡分析，同时辅以局部均衡分析，探讨古典贸易理论揭示的国际贸易动因。

■第一节　重商主义的贸易思想

一、早期的重商主义

早期的重商主义又被称为"货币差额论"。他们强调绝对的贸易顺差，主张多卖少买或不买，并主张采取行政手段来控制商品进口，禁止货币输出，以积累货币财富。正如恩格斯指出的那样，这个时期的重商主义者"就像守财奴一样，双手抱住他心爱的钱袋，用嫉妒和猜疑的目光打量着自己的邻居"。

为增加货币和限制货币输出，当时西欧各国都采取了极为严格的行政限制措施。例如，英国将输出金银定为大罪，政府通过法令，规定外国商人必须将出售货物所得的全部货币，用来购买当地的商品。英国还规定本国和外国商人在指定的市场进行交易，其目的是控制进出口贸易，进而保证能积累货币财富。通过各种行政手段，早期重商主义者力图在国内把货币以贮藏货币的形式保存起来，以达到积累财富的目的。

二、晚期的重商主义

晚期的重商主义被称为"贸易差额论"。他们强调总体和长远的贸易顺差，为此，开展对外贸易应遵守这样一个原则，即购买外国商品的货币总额必须少于出售本国商品所取得的货币总额。为了获得贸易顺差，国家应该允许将货币输出国外，以便扩大对国外商品的购买。

为了实现贸易顺差，晚期重商主义者支持一些西欧国家采取扶植和鼓励工场手工业发展的政策。

托马斯·孟是英国晚期重商主义的杰出代表人物之一，他在 1664 年出版的著作《英国得自对外贸易的财富》中，全面系统地阐述了重商主义思想。他认为对外贸易是国家的致富之道，但其基本原则是保持贸易的长期顺差。他认为，"对外贸易是增加我们的财富和现金的通常手段，在这一点上我们必须时时遵守这一原则：在价值上，每年卖给外国人的货物，必须比我们消费他们的为多"。这样，因为遵守这一原则，就能使对外贸易中的顺差以货币的形式输回本国。

托马斯·孟提出并论证了为使贸易保持顺差应采取的途径和手段。

第一，主张缩减外国货物的进口、扩大本国商品的出口。他建议充分利用荒地，借以保证原来向外国购买的原材料及其他商品的供应，制止这类外国商品的进口；

他主张厉行节约，在食品和服饰方面减少外国货的消费；在扩大本国商品出口的措施方面，他不但强调输出多余的东西，而且强调要生产在国外市场上容易推销的商品，为了保证本国商品能在国外市场站稳脚跟，必须降低商品价格并提高产品质量。

第二，坚决要求取消限制货币输出及使用等法令，主张在输出商品的同时输出货币。他批评了早期重商主义者严禁货币出口的主张，并以西班牙为例指出该种做法的严重后果，即断送贸易及利润。他提出"货币产生贸易，贸易增多货币"的论断，并论证了货币的意义不在于保存，而是为了将其投入具有"生殖力"的流转中，换回比以前更多的货币。

第三，主张取消限制和妨碍贸易的禁令和措施，提倡转运贸易。他批判了早期重商主义者的种种贸易限制的做法，认为那些做法是增加现金的绊脚石，而出超是获得现金的唯一途径。他鼓励商人到世界各地去进行贸易，主张大力发展远处贸易和转运贸易。他认为远处贸易可以带动航运业的发展，获得运费和保险费等收入，另外还可获得工资、食料、地区差价、利息关税征得及其他收入。他指出国家应设贸易货栈以利转运，这样便可以增加航运、贸易、现金和国王的关税收入。

第二节 斯密的绝对优势贸易理论

一、绝对优势贸易理论的基本内容

(一)绝对优势贸易理论的假设前提与基本内容

1. 绝对优势贸易理论的假设前提

亚当·斯密的绝对优势贸易理论是建立在以下假设前提基础之上的。

(1)假设现实世界由两个国家构成，即 A、B 两国，这两个国家都生产 X、Y 两种产品，劳动是唯一的生产要素(2×2×1 模型)。

(2)劳动在一国之内是同质的。

(3)劳动在一国之内可自由流动，但在国际间不能流动。

(4)规模报酬不变。

(5)完全竞争市场。各国生产的产品价格都等于产品的平均成本，无经济利润。

(6)无运输成本。

(7)两国之间的贸易是平衡的。

2. 绝对优势贸易理论的基本内容

亚当·斯密的绝对优势是指某两个国家之间生产某种产品的劳动成本的绝对差异，即一个国家生产某种产品所耗费的劳动成本绝对低于另一个国家。亚当·斯密在其 1776 年出版的《国民财富的性质和原因的研究》一书中阐述了绝对优势的基本思想。

亚当·斯密认为,如果"某一国(在某种产品或某个行业中)占有那么大的自然优势,以致全世界都认为,跟这种优势做斗争是枉然的",那么,该国就应该集中资源专门生产这种产品,其他国家根据自身行业具有的优势专门生产其他产品,然后各国相互交换。由于各国都集中资源专门生产自己具有绝对优势的产品,生产效率就会提高,产量就会增加,社会财富就会随之增加。各国通过国际贸易,充分利用了资源,提高了各自国内的消费水平,增进了本国的福利。

为了阐述绝对优势贸易理论,亚当·斯密举了种植葡萄酿造葡萄酒的例子:"通过嵌玻璃、设温床、建温壁,苏格兰也能栽种极好的葡萄,并酿造极好的葡萄酒,其费用大约 30 倍于能由外国购买的至少是同样好品质的葡萄酒。单单为了奖励苏格兰酿造波尔多和布冈迪红葡萄酒,便以法律禁止一切外国葡萄酒输入,这难道是合理的吗?但是,如果苏格兰不向外国购买它所需要的一定数量的葡萄酒,而竟使用比购买所需的多 30 倍的资本和劳动来自己制造,显然是不合理的,不合理的程度虽没那么惊人,但却完全同样不合理。"在斯密看来,贸易保护破坏了自然形成的分工,使"国家的劳动由较有利的用途改到较不利的用途",从而"减少社会的收入,凡是减少社会收入的措施,一定不会迅速地增加社会资本"。国家应该"听任资本和劳动寻找自然的用途",这样劳动生产率会提高,资本积累加速,从而社会财富也会增加。

(二)绝对优势贸易理论的数学解释

在前面所提及的 2×2×1 的模型中,A 国和 B 国在进行专业化分工之前的劳动分配、产品产量的情况,如表 3.1 和表 3.2 所示。

表 3.1　两国的单位产出所需的劳动量

国家	X 产品的劳动投入量	Y 产品的劳动投入量
A	3	6
B	12	4

表 3.2　两国的劳动生产率

国家	X 产品的劳动生产率	Y 产品的劳动生产率
A	1/3	1/6
B	1/12	1/4

在表 3.1 中,A 国生产 1 单位 X 产品需要投入 3 单位的劳动,生产 1 单位 Y 产品需要 6 单位的劳动;B 国生产 1 单位 X 产品需要 12 单位的劳动,生产 1 单位 Y 产品需要 4 单位的劳动。在表 3.2 中,A 国在 X 产品上的劳动生产率要高于 B 国;B 国在 Y 产品上的劳动生产率要高于 A 国。因此,可以说 A 国在 X 产品上具有绝对优势,而 B 国在 Y 产品上具有绝对优势。

按照斯密的绝对优势原则，A 国应专门生产劳动生产率绝对高（生产成本绝对低）的 X 产品，B 国应专门生产劳动生产率绝对高（生产成本绝对低）的 Y 产品。按照这样的原则进行分工，A、B 两国生产变化的净效果，如表 3.3 所示。

表 3.3　分工后生产变化的净效果

国别	X 产品	Y 产品
A 国	+2	−1
B 国	−1	+3
世界生产的净变化	+1	+2

由表 3.3 可以看出，A 国放弃 Y 产品的生产将全部劳动投入 X 产品生产，多生产出 2 单位的 X 产品；B 国放弃 X 产品的生产将全部劳动投入 Y 产品生产，多生产出 3 单位的 Y 产品；与分工前相比较，世界总产量中 X 产品增加了 1 单位，Y 产品增加了 2 单位，而这是在总的劳动投入不变的情况下发生的。

(三)绝对优势贸易理论的图形解释

亚当·斯密的绝对优势贸易理论可以用图形和曲线直观地加以说明。

假设条件如前，世界由 A、B 两国构成，都生产产品 X 和 Y。图 3.1 为 A、B 两国情况。在图 3.1(a)中，在封闭经济条件下，A 国如果将资源都投入 X 产品的生产中，产量为 OX_0，如果将资源都投入 Y 产品的生产中，产量则为 OY_0。图 3.1(b)中，B 国如果将资源都投入 X 产品的生产上，产量为 OX_0'，如果将资源都投入 Y 产品的生产中，产量则为 OY_0'。由于 A 国在生产 X 产品中有绝对优势，A 国生产并出口 X 产品，因此 A 国放弃 Y 产品的生产，将所有的资源投入 X 产品的生产上，并按照国际交换比率 T_W（假设交换比率为 1：1）交换 Y 产品进行消费。在图 3.1(c)中，A 国出口量为 CD 的 X 产品，换回 DA' 的 Y 产品进行消费，A 国参与国际分工与交换后消费点 C 在更高的无差异曲线 Ⅱ 上。

二、绝对优势贸易理论简评

亚当·斯密的绝对优势贸易理论第一次从生产领域阐述了国际贸易的基本原因，也首次论证了国际贸易是"双赢"的局面，而非"零和博弈"，有力地批驳了重商主义的基本观点，为各国之间参与自由贸易扫除了障碍。亚当·斯密提出的各国应遵循"绝对优势"的原则参与国际分工，进行自由贸易的思想，奠定了古典贸易理论的基础。

但是，亚当·斯密的绝对优势贸易理论也存在明显的不足。绝对优势贸易理论只能解释经济发展水平相近国家之间的贸易。然而在现实社会生活中，有些国家比较先进发达，有可能在各种产品的生产上都具有绝对优势，而另一些国家可能不具有任何生产上的绝对优势，但是贸易仍然在这两种国家之间发生，而斯密的理论无法解释这种绝对先进和绝对落后国家之间的贸易。

（a）

（b）

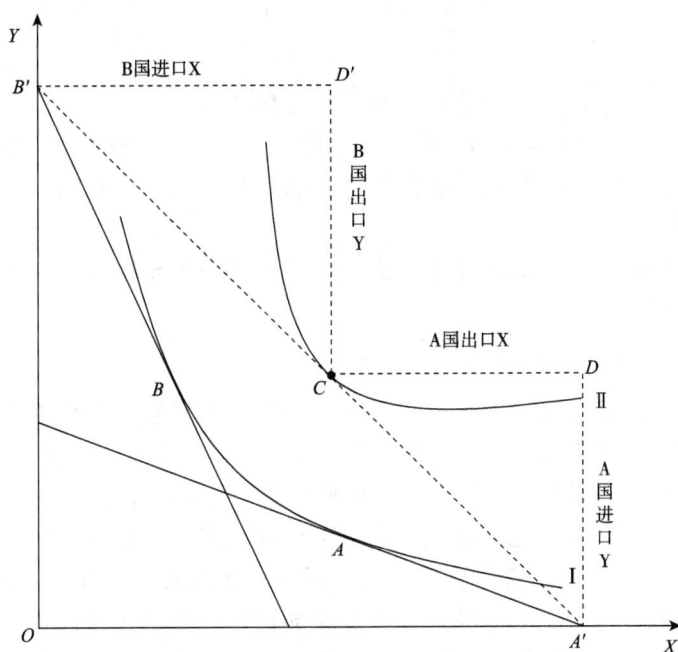

图 3.1 绝对优势理论

第三节 李嘉图的比较优势贸易理论

一、比较优势贸易理论的基本内容

(一)比较优势贸易理论的假设前提与基本内容

1. 比较优势贸易理论的假设前提

(1)采用 2×2×1 模型,即假设现实世界由 A、B 两个国家构成,每个国家都在从事 X、Y 两种产品的生产,都只使用劳动这一种生产要素。

(2)劳动在一国之内是完全同质的。

(3)劳动在一国之内可自由流动,但在国际间不能流动。

(4)要素市场与商品市场都是完全竞争的。

(5)生产成本不变,无规模收益。

(6)不考虑运输及其他交易费用。

(7)不存在技术进步、资本积累和经济发展。

根据以上假设,A 国和 B 国的 X 和 Y 两种产品的生产函数的形式如下:

$$X = a_X L_X \quad Y = a_Y L_Y$$
$$X = b_X L_X \quad Y = b_Y L_Y$$
$$L_X^A + L_Y^A = \overline{L}_A \quad L_X^B + L_Y^B = \overline{L}_B$$

上述式子中，a_X、b_X、a_Y、b_Y 均为正的常数。其中，A 国 X、Y 部门的劳动生产率分别为 a_X、a_Y；B 国 X、Y 部门的劳动生产率分别为 b_X、b_Y；L_X、L_Y 分别表示 X、Y 部门的劳动投入。

在上述假设前提下，李嘉图的比较优势学说试图说明比较优势是决定国际贸易的基础，而非绝对优势。

2. 比较优势贸易理论的基本内容

李嘉图比较优势贸易理论的核心思想是两利相权取其重，两弊相衡取其轻。生活中符合这一原则的例子比比皆是。一位经验丰富的大律师同时擅长厨艺，那么他应该集中全力当好律师，还是既当律师又当厨师呢？毫无疑问，他应该集中全力当好律师，厨师的工作完全可以交由其他能够胜任这项工作的人来做。这样，律师的行为才符合常理，这样做既可以使自己获得最高收入，还可以促进其他人就业。由此可以看出，比较优势就是相对优势，是本身各种优势之间的比较。人们在进行职业选择时，通常会先比较自身所拥有的各种优势，选择具有更大优势的工作，同时放弃劣势更为突出的工作，这样才能在工作中取得佳绩避免损失。

上述比较优势原则同样适用于国际分工和国际交换。

（二）比较优势贸易理论的数学解释

在 $2 \times 2 \times 1$ 的模型中，A 国和 B 国在专业化分工之前的劳动分配、产品产量的情况，如表 3.4 和表 3.5 所示。

表 3.4   两国的单位产出所需的劳动量

国家	X 产品的劳动投入量	Y 产品的劳动投入量
A	3	6
B	12	8

表 3.5   两国的劳动生产率

国家	X 产品的劳动生产率	Y 产品的劳动生产率
A	1/3	1/6
B	1/12	1/8

在表 3.4 和表 3.5 中，A 国生产 1 单位 X 产品需要投入 3 单位的劳动，生产 1 单位 Y 产品需要 6 单位的劳动；B 国生产 1 单位 X 产品需要 12 单位的劳动，生产 1 单位 Y 产品需要 8 单位的劳动。A 国在两种产品的生产成本上都优于 B 国，因而 A 国在两种产品生产上都处于绝对优势，但两种产品的绝对优势程度并不相同。其中，在 X 产品上 A 国的生产成本只是对方的 1/4，或劳动生产率是对方的 4 倍。相比之下，A 国 X

产品的生产成本比对方更低，或 A 国 X 产品的劳动生产率更高，即 A 国在 X 产品生产上优势更为突出。因此，可以说 A 国在 X 产品生产上具有比较优势，B 国在 Y 产品的生产上具有比较优势。

按照大卫·李嘉图的比较优势原则，A 国应专门生产劳动生产率相对更高的 X 产品，B 国应专门生产劳动生产率相对更高的 Y 产品，按照这样的原则进行分工，A、B 两国生产变化的净效果如表 3.6 所示。

表 3.6　分工后生产变化的净效果

国别	X 产品	Y 产品
A 国	+2	−1
B 国	−1	+1.5
世界生产的净变化	+1	+0.5

由表 3.6 可以看出，A 国放弃 Y 产品的生产将全部劳动投入 X 产品生产，多生产出 2 单位的 X 产品；B 国放弃 X 产品的生产将全部劳动投入 Y 产品生产，多生产出 1.5 单位的 Y 产品；与分工前相比较，世界总产量中 X 产品增加了 1 单位，Y 产品增加了 0.5 单位，而这是在总的劳动投入不变的情况下发生的。A、B 两国按照比较优势原则进行分工并交换，双方及全球的福利水平都得到了增加。

(三)比较优势贸易理论的图形解释

大卫·李嘉图的比较优势贸易理论可以用图形和曲线直观地加以说明。

对于 A 国而言，生产可能性边界可以由下列三个公式确定。

$$X = a_X L_X$$
$$Y = a_Y L_Y$$
$$\overline{L}_A = L_X^A + L_Y^A$$

根据这三个方程式，可以得出 A 国的生产可能性曲线，即

$$\frac{X}{a_X} + \frac{Y}{a_Y} = L_A$$

在图 3.2(a)中，A 国的生产可能性曲线 AA' 是一条直线，线上各点的斜率相同。方程式的斜率为 $-a_Y/a_X$，其相对价格线 p_A 与其生产可能性边界重合，因而在封闭条件下 A 国的国内相对价格可记为 $p_A = P_X^A/P_Y^A = a_Y/a_X$。

同样，B 国的生产可能性曲线 BB' 也是一条直线，直线的斜率为 $-b_Y/b_X$，因而在封闭条件下 B 国的国内相对价格可记为 $p_B = P_X^B/P_Y^B = b_Y/b_X$ [图 3.2(b)]。

在图 3.2(c)中，$a_X/a_Y > b_X/b_Y$。说明 A 国在 X 产品的生产上有比较优势，在 Y 产品的生产上有比较劣势；而 B 国在 X 产品的生产上有比较劣势，在 Y 产品的生产上有比较优势。

由于 A 国在 X 产品上有比较优势，将所有的资源投入 X 产品的生产，放弃 Y 产品的生产，并按照国际均衡价格 P_W 交换 B 国的 Y 产品。所以如图 3.2(a)所示，A 国的

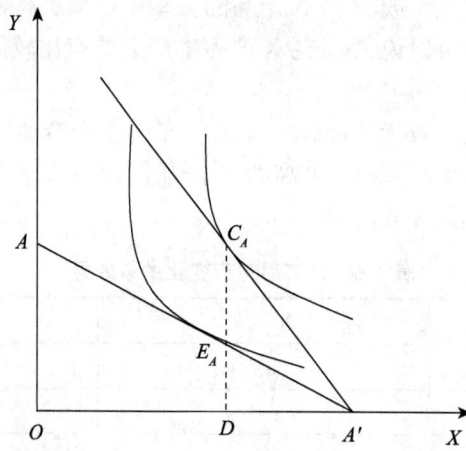

（a）

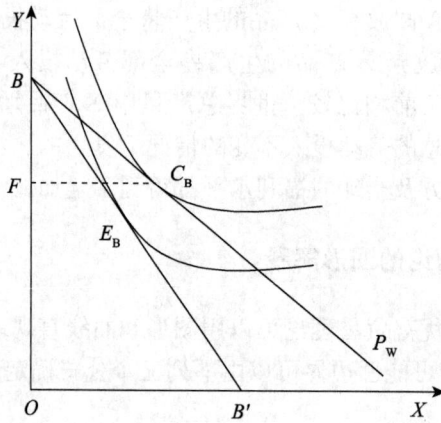

（b）

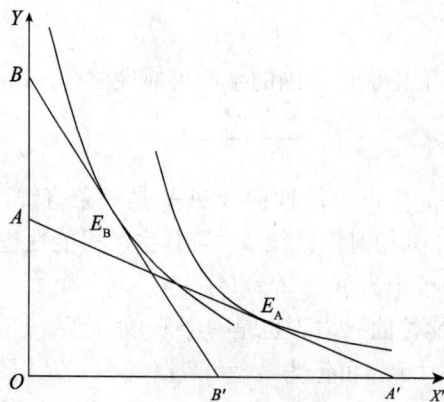

（c）

图 3.2　比较优势

生产均衡点在 A' 点，而消费均衡点则在社会无差异曲线与国际均衡价格线相切的 C_A 点。比较贸易后的生产点和消费点，我们知道 A 国出口 X 产品，进口 Y 产品，图中

$\triangle DA'C_A$ 称为贸易三角形，三角线的底边 DA' 表示 X 产品的出口量，另一边 DC_A 表示 Y 产品的进口量。

图 3.2(b)反映了 B 国贸易后的均衡。由图 3.2(b)可知，B 国完全专业化生产 Y 产品，出口 Y 产品，进口 X 产品，贸易三角形为 $\triangle FBC_B$。

(四)相互需求

李嘉图的比较成本论说明了国际贸易能够为两国带来利益，但带来的利益范围有多大？在这个范围内，双方各得多少？对此，比较成本论没有进行回答，而相互需求论回答了这个问题。

约翰·穆勒(John Stuart Mill)是大卫·李嘉图的学生，1848 年他出版了《政治经济学原理》，发展了李嘉图的思想。他用两国交换比例的上下限解释双方获利的范围，用贸易条件说明在贸易利益的分配中双方各占多少，用相互需求强度解释国际交换比例的变动。假定投入等量的劳动，A 国和 B 国分别生产 X 产品和 Y 产品的数量见表 3.7。

表 3.7 分工前两国等量劳动生产两种产品的数量

国家	产品 X	产品 Y
A	1	1.5
B	1	2

分工前，在 A 国国内，1 单位 X 产品交换 1.5 单位 Y 产品，二者投入同样的劳动；同理，在 B 国国内，1 单位 X 产品交换 2 单位 Y 产品，二者投入同样的劳动。分工后，按照比较成本论，A 国应分工生产 X 产品，B 国应分工生产 Y 产品，然后进行国际贸易。

如果两国的交换比例是 1 单位 X 产品交换 1.5 单位 Y 产品，即按 A 国国内的交换比例交换，那么对 A 国来说，与自己生产相同，不比分工前多得产品，没有获得贸易利益。但对 B 国来说，这个交换比例是有利的，因为在 B 国国内，2 单位 Y 产品只能交换 1 单位 X 产品，与 1.5 单位 Y 产品交换 1 单位 X 产品相比，B 国可以节省 0.5 单位 Y 产品，也就是 A 国没有得到贸易利益，B 国占有全部贸易利益。在这个交换比例下，A 国会退出贸易，贸易不可能发生。显然，如果两国交换比例是 1 单位 X 产品交换 1.5 单位以下的 Y 产品，如 1 单位 X 产品交换 1.4 单位 Y 产品，这个比例对 B 国更加有利，但对 A 国来说，它不会用 1 单位 X 产品交换 B 国的 1.4 单位 Y 产品。因此，两国的交换比例是 1 单位 X 产品交换 1.5 单位以上的 Y 产品，如果 1 单位 X 产品交换 1.5 单位或 1.5 单位以下的 Y 产品，A 国是不接受的。

同样的，如果两国的交换比例是 1 单位 X 产品交换 2 单位 Y 产品，即按 B 国国内的交换比例交换，那么 A 国独占了贸易利益，B 国没有获利。如果两国交换比例是 1 单位 X 产品交换 2 单位以上的 Y 产品，A 国当然愿意，但 B 国会退出贸易。显然，A 国和 B 国 X 产品与 Y 产品的交换比例只能是 1：1.5～1：2。也就是说，两国两种产品的国内交换比例决定了国际交换比例的上下限。

国际交换比例不同，A 国和 B 国的获利也不同，见表 3.8。

表 3.8　国际交换比例与两国获利

X：Y	A 国获利	B 国获利
1：1.5	0	0.5 单位 Y 产品
1：1.6	0.1 单位 X 产品	0.4 单位 Y 产品
1：1.7	0.2 单位 X 产品	0.3 单位 Y 产品
1：1.8	0.3 单位 X 产品	0.2 单位 Y 产品
1：1.9	0.4 单位 X 产品	0.1 单位 Y 产品
1：2	0.5 单位 X 产品	0

可见，国际交换比例越接近本国的国内交换比例，本国所得的利益越少；反之，越接近对方国家的国内交换比例，本国所得的利益越多。

假定在物物交换的情况下，两国进行专业化分工，然后交换两种产品，这两种产品的交换比例等于相互需求对方产品总量的比，这样两国贸易才能达到均衡。该等式就是国际需求方程式，又称相互需求方程式。

均衡贸易条件是由两国对于交易对手的相对需求强度决定的。理论上，这个价格应该处于双方正好能够完全吸收对方的出口，即对方的出口恰恰是我方的进口，而我方的出口恰恰又是对方的进口需要的那个比率上。相互需求理论表明，现实的国际贸易条件是使双方出口的总收入恰好能够支付双方的总进口时形成的价格。当我方对于对方产品的需求程度提高，在价格不变的情况下希望进口更多的产品，此时我方对于对方产品的需求强度变大，对方国贸易条件得到改善，而我方贸易条件则会恶化，反之亦然。双方的相互需求强度基本取决于双方对于产品的偏好以及双方各自收入的实际情况。

二、比较优势贸易理论简评

李嘉图的比较优势理论为国际贸易奠定了更为广泛的基础。比较优势理论认为，一个国家只要具备比较优势就能参与国际分工和贸易并获得利益，不一定具备绝对优势，而这克服了绝对优势理论的局限性。

但李嘉图的贸易理论也存在着一些不足。这些不足反映在以下两个方面：第一，尽管在李嘉图看来劳动生产率差异是国际贸易发生的原因，但他并没有解释造成各国劳动生产率差异的原因；第二，在李嘉图的模型中，各国将根据比较优势的原则进行完全的专业化生产，但在现实中很难找到一个在国际贸易中进行完全专业化生产的国家。

> **本章小结**

古典贸易理论起源于亚当·斯密，后经李嘉图和穆勒的发展和补充，日趋完善。亚当·斯密从各国生产成本的绝对差异角度解释了国际贸易的基础，李嘉图则更进一步，从更一般的意义上，论证了各国依据劳动成本的相对差异(比较优势)进行国际分工和国际贸易，可以改善各自的福利。古典贸易理论，从本质上讲，是从生产技术差异的角度来解释国际贸易的起因与影响的。只不过，在古典生产函数中，劳动是唯一的生产要素，因此，生产技术差异就具体化为劳动生产率的差异，在这种情况下，劳动生产率差异就是国际贸易的一个重要起因。

> **思考题**

1. 某国是一个劳动力没有生产效率的国家。在该国，生产 1 单位任何商品所需要的劳动量都比别的国家多。该国的领导人认为，由于劳动力如此缺乏效率，本国不会在国际贸易中获得收益。他们的想法正确吗？请解释原因。

2. 假定在短期内每个国家的劳动力不能在产业间流动，因此每个国家一定是在封闭条件下的生产点生产，在这种情形下允许进行国际贸易仍然有利可图吗？为什么？你的答案与交换所得和专业化生产所得有怎样的联系？

3. 假定 A 国和 B 国的劳动禀赋均为 400。A 国生产 1 单位的 X 商品需要 5 单位的劳动，而生产 1 单位 Y 商品需要 4 单位的劳动。B 国生产 1 单位的 X 商品需要 4 单位的劳动，而生产 1 单位的 Y 商品需要 8 单位的劳动。

(1) 画出两个国家的生产可能性边界。

(2) 哪个国家在哪种商品上有绝对优势？为什么？绝对优势理论表明了怎样的贸易方向？为什么？

(3) 根据绝对优势，如果允许自由贸易，专业化生产在多大程度上发生？为什么？每种商品各自生产多少？

(4) 不使用绝对优势定理而用相对优势定理回答 (2) 和 (3) 的问题。

(5) (2) 和 (3) 的答案和 (4) 的答案有何不同？为什么？

4. 考虑一个由两个国家组成的世界，一个大陆国，一个岛国。每个国家有 1 000 单位的劳动力，而且劳动力是唯一的投入品。在大陆国，生产一台电脑需要 10 单位劳动，生产 1 单位纺织品需要 20 单位劳动。在岛国，生产一台电脑需要 20 单位劳动，生产 1 单位纺织品需要 10 单位劳动。

(1) 画出每个国家的生产可能性边界，标出纵轴和横轴的截距及斜率。

(2) 大陆国生产一台电脑的机会成本是什么？为什么？大陆国生产 1 单位纺织品的机会成本是什么？为什么？岛国生产一台电脑的机会成本是什么？为什么？岛国生产 1 单位纺织品的机会成本是什么？为什么？

(3) 在自给自足的情况下，电脑的相对价格在大陆国和岛国各是多少？为什么？

(4) 哪个国家在哪种商品上有比较优势？为什么？

(5) 如果大陆国和岛国根据比较优势进行专业化生产，那么大陆国和岛国将各生产多少台电脑，多少单位纺织品？为什么？

(6) 经过几年的贸易，大陆国和岛国通过了新的法律，规定每个国家在每个行业中必须使用一半劳动力。换句话说，大陆国一半的劳动力必须生产电脑，一半的劳动力必须生产纺织品。在岛国同样这样要求。在新的法律下，大陆国和岛国将各生产多少台电脑，多少单位纺织品？为什么？

(7)大陆国和岛国之间限制专业化和贸易的法律的经济成本有多大？

5. A 国用它所有的资源能生产出 500 蒲式耳的玉米或者 1 000 蒲式耳的小麦。假设目前 A 国没有贸易。消费 250 蒲式耳的玉米和 500 蒲式耳的小麦(1 吨玉米=39.37 蒲式耳，1 吨小麦=38.01 蒲式耳)。

(1)画出 A 国的生产可能性边界。

(2)一个贸易伙伴国和 A 国在贸易条件为 1 的条件下进行玉米和小麦的贸易。请证明，A 国继续生产 250 蒲式耳玉米和 500 蒲式耳的小麦，如果 A 国的居民和贸易伙伴进行交换，他们的情况会更佳。A 国会出口小麦还是会出口玉米？A 国会进口小麦还是会进口玉米？

(3)如果 A 国根据比较优势专业化生产它的产品，那么贸易的数量将发生怎样的改变？A 国是专门生产小麦还是玉米？它是部分专业化分工还完全的专业化分工？

6. 下表给出了在三种假设情况下，A 国和 B 国生产 1 单位 X 商品和 1 单位 Y 商品所需要的劳动量。

商品	情况 I		情况 II		情况 III	
	A 国	B 国	A 国	B 国	A 国	B 国
X	1	3	1	2	1	2
Y	2	4	2	4	2	1

(1)在每种情况下，每个国家在哪(些)种商品上有绝对优势？

(2)在每种情况下，每个国家在哪(些)种商品上有比较优势？

(3)在哪(些)种情况下，贸易会使双方都受益？为什么？

第四章

新古典国际贸易理论

教学目的

1. 了解要素禀赋和要素密集度的含义。

2. 理解赫克歇尔-俄林理论的结论。

3. 解释长期情况下国际贸易如何影响一国的收入分配。

4. 解释在特定要素模型中，国际贸易如何影响一国的收入分配。

5. 解释里昂惕夫之谜。

教学难点和重点

1. 画图推导赫克歇尔-俄林理论。

2. 国际贸易发生后影响一国国内收入分配的内在机制。

3. 里昂惕夫之谜产生的原因是什么。

导入案例

英国《谷物法》的出台与废除

1809 年英国农业再度歉收，国内市场严重萎缩。1812 年美国正式向英国宣战，并对英国实行禁运。而且在 1789 年法国革命初期和 1815 年拿破仑滑铁卢战役的失败之前，英国几乎一直与法国处于战争状态，私掠船（战时获外国政府批准的海盗船）公然袭击英国货船，法国也企图封锁英国的货物供应。战争影响了英国的经济与贸易，由于英国出口制成品，进口农产品，经济封锁导致英国粮食的相对价格提高，制成品价格下跌。因此，英国的土地所有者在战争中获取了大量利润，而制成品厂商的利益受损。

但是英国的农业进口不仅面临着被封锁的危险，法国大量囤积的粮食以低价倾销进英国市场而导致英国农业市场崩溃的可能性同样存在，在 1814 年法国向英国倾销粮食的举动也证实了这种可能性，导致英国粮食价格大幅下跌。为了避免自身利益受损，颇具政治影响力的土地所有者设法让政府制定了向进口谷物征收费用的法律，即《谷物法》(Corn Laws)，以限制谷物的进口。而李嘉图的理论正是反对《谷物法》的。

李嘉图认为，废除《谷物法》会使资本所有者获益，而土地所有者受损。从他的角度来看这事件是好事。作为伦敦的商人，他更偏向于辛勤工作的资本家，而不是闲散的地主贵族。但是他选择了一个回避内部收入分配的模型来表明自己的观点。

这是为什么？答案无疑带有一定的政治色彩。实际上，李嘉图代表了某一利益集团的利益，但他强调的必须是整个国家的收益，而不能只强调本利益集团的收益，这是一个聪明的现代策略，他是将经济理论作为一种政治工具来使用的先驱。

《谷物法》的颁布使得英国暂时缓解了粮食危机，但是 19 世纪 30 年代末的工业萧条又一次导致粮食价格的波动和新一轮的粮食危机，加之反谷物法联盟的诱导，使得人们将矛盾的焦点集中于《谷物法》，人们认为粮食危机和工业萧条是这项法令造成的，于是在 1846 年《谷物法》遭到废除，大部分学者认为其废除是多方面原因引起的，更多的是政治方面的因素而非经济方面的。但是不容忽视的是，《谷物法》被废除之后，英国确实成功地度过了粮食危机，工业也得到了复苏。这一事实被主导废除《谷物法》的人认为是支持他们观点的有力证据之一，但是没有直接的证据表明《谷物法》的实施与英国的工业萧条有必然的联系，相应地，《谷物法》的废除对英国的工农业复苏起到了多大的影响也有待考证。但是《谷物法》的废除被认为是英国历史上具有划时代意义的事件，标志着中产阶级对土地贵族的胜利，从而使英国走上自由贸易的道路。

第一节　赫克歇尔-俄林模型

在李嘉图模型中，由于假设劳动是唯一的生产要素，那么产生比较优势的唯一原因就是各国劳动生产率的差异。然而在现实中，贸易还反映了各国之间资源的差异。用各国之间资源差异来解释国际贸易的起因，是国际经济学中最具影响力的理论之一。这一理论是由瑞典的经济学家埃利·赫克歇尔（Eli Heckscher）和 1997 年诺贝尔经济学获奖者伯尔蒂尔·俄林（Bertil Ohlin）提出的，因此通常被称为赫克歇尔-俄林理论[①]。赫克歇尔-俄林理论（也称 H-O 理论）包含两个重要的定理，即赫克歇尔-俄林定理和要素价格均等化定理。赫克歇尔-俄林定理认为各国要素禀赋的差异是国际贸易产生的决定因素，因此赫克歇尔-俄林定理又被称为要素比例或要素禀赋理论（factor-proportions or factor-endowment theory）。

为了阐明赫克歇尔-俄林理论，我们首先需要了解要素禀赋和要素密集度这两个基本概念，然后通过图形再推导该理论，进而在此基础上分析国际贸易发生后对一国收入分配的影响。

---

① 1919 年，瑞典经济学家埃利·赫克歇尔发表了《国际贸易对收入分配的影响》一文。十年后，他的学生伯尔蒂尔·俄林在这篇文章的基础上进行了进一步的研究和阐述，并在 1933 年出版了著名的《区际贸易与国际贸易》（*Interregional and International Trade*）一书，详细地阐明了该理论。

一、要素禀赋和要素密集度

(一)要素禀赋

要素禀赋是指一国所拥有的两种生产要素的相对比例。这是一个相对的概念，与一国所拥有的生产要素的绝对数量无关。例如，假定 A 国拥有的资本数量为 $\overline{K}$，劳动数量为 $\overline{L}$，那其相对要素禀赋为资本总量与劳动总量之比 $\left(\dfrac{\overline{K}}{\overline{L}}\right)$。为了简便起见，后面都用"要素禀赋"替代"相对要素禀赋"。

在要素禀赋存在差异的情况下，如果一国的要素禀赋 $\left(\dfrac{\overline{K}}{\overline{L}}\right)$ 大于他国，则称该国为资本丰富或劳动稀缺的国家，另一国为劳动丰富或资本稀缺。如图 4.1 所示，E_A、E_B 两点分别表示 A 国和 B 国拥有的资本和劳动的总量的组合，E_A、E_B 两点与原点的连线的斜率 ρ_A、ρ_B 分别表示 A、B 两国的要素禀赋。从图 4.1 中可以看出 $\rho_A > \rho_B$，故 A 国是资本丰富的国家，B 国是劳动丰富的国家[①]。

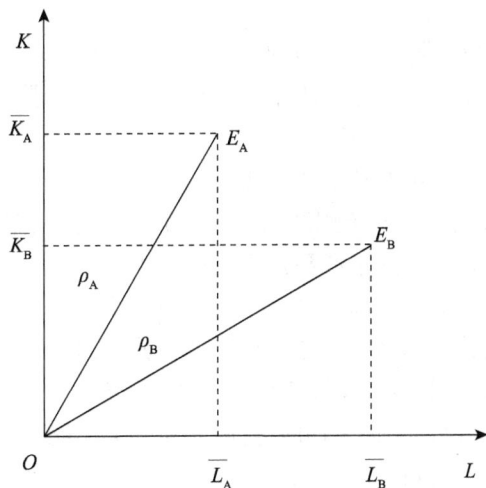

图 4.1 要素禀赋

假定生产要素只有资本和劳动，一国的要素禀赋通常用人均资本存量来估算。但是在具体测算时，会碰到很多困难。例如，各国大都没有资本存量的统计数据，需要进行复杂的计算，而且进行国际比较时，还涉及汇率的问题等。

[①] 另一种定义要素禀赋的方法是用相对要素价格定义。如果 A 国资本价格 (r) 与劳动价格 (w) 之比小于 B 国的这一比例，我们称 A 国为资本丰富的国家，B 国为劳动丰富的国家。

(二)要素密集度

要素密集度(factor intensity)是指生产某种产品所投入的两种生产要素的比例。这是一个相对的概念,与生产要素的绝对投入量无关。

影响要素投入比例的主要因素有两个,即生产技术条件和要素的相对价格。假定生产技术条件既定,影响要素使用比例的只剩下要素的价格。根据微观经济学理论,两种要素可以相互替代,假定资本的相对价格上升,则生产中会减少资本的使用量,增加劳动的使用量,故两种要素资本和劳动使用比例会随之下降;同样,当劳动的相对价格上升,各部门资本和劳动的使用比例会上升。

因此,比较两个部门的要素密集度,必须在共同的要素价格下,如果生产 X 产品所使用的资本—劳动的比率均大于生产 Y 产品所使用的资本—劳动的比例,我们称 X 是资本密集型产品,Y 是劳动密集型产品。图形分析见本章后的附录 1。

二、赫克歇尔–俄林理论的具体含义

(一)模型的假设

我们要分析的要素禀赋理论中国家有两个,即 A 国和 B 国;每个国家都生产两种产品,即 X 产品和 Y 产品;生产这些产品需要投入两种生产要素,即资本和劳动。在此基础上,我们进一步做出如下假定。

(1)两国在相同部门中的生产技术条件相同。

(2)两国的 X 产品都是资本密集型产品,Y 产品都是劳动密集型产品。

(3)两个国家的这两种产品的生产都是规模报酬不变。

(4)所有的商品市场、要素市场都是完全竞争的市场。

(5)两国的生产要素总供给是既定的,且得到充分利用。

(6)A 国是资本丰富的国家,B 国是劳动丰富的国家。

(7)生产要素在一国内两部门之间可以自由流动,但不能在国际上自由流动。

(8)两国的消费者偏好相同。

(9)没有运输成本、没有关税或影响国际贸易自由进行的其他壁垒。

假设(1)意味着两国相同部门的等产量线的形状相同,影响要素使用比例的只有要素的相对价格。假设(2)意味在相同的要素价格下,生产 X 产品的资本—劳动的比例要比生产 Y 产品的这一比例高。假设(3)表明增加生产某一产品的资本和劳动的投入量,该产品的产量会同比例地增加。假设(4)主要告诉我们市场均衡时,价格与边际成本相等,生产者得不到超额利润。假设(5)表明两部门所使用的每种要素之和分别等于各种要素的总供给。假设(7)表明一国内生产要素会从低报酬的部门流向高报酬的部门,直到两个部门同种要素报酬相等为止。同时,没有国际贸易时,两国的同种要素的收入差异会永久存在。假设(8)表明两国社会无差异曲线的形状是相同的。假设(9)表明在市场开放条件下,当两国的相对价格相等时，两国的生产分工才会停止，贸易达到均衡。

(二)要素禀赋差异与相对供给差异

两国的生产技术条件相同，而要素禀赋不同，影响到两国在两种商品供给上的差异，可通过生产可能性曲线的偏向性来直观地进行分析。

在图 4.2 中，E_A、E_B 两点分别表示两国的两种要素的总量组合点。以 A 国为例，当所有生产要素都用于 X 部门时，得到 X 部门的最大产量，等于图 4.2 中过 E_A 点的 X 的等产量线所代表的产量，假定为 $\overline{X}_A$；当所有生产要素用于 Y 部门时，得到 Y 部门的最大产量，等于图 4.2 中过 E_A 点的 Y 的等产量线所代表的产量，假定为 $\overline{Y}_A$。根据图 4.2 中 X、Y 产品的最大产量，可以在图 4.3 中，标出 A 国生产可能性曲线的两个端点，并用一条凹向原点的曲线将其连接起来，便得到 A 国生产可能性曲线的大致轮廓，如图 4.3 中 AA' 曲线。

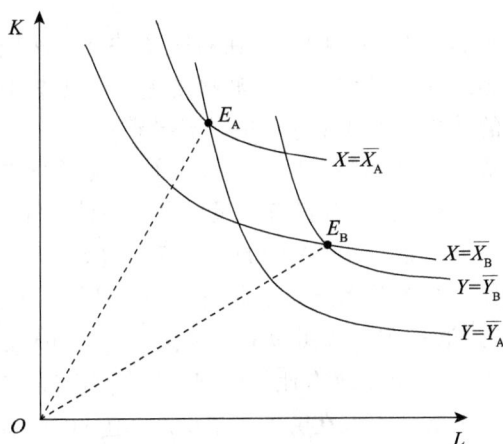

图 4.2　等产量线

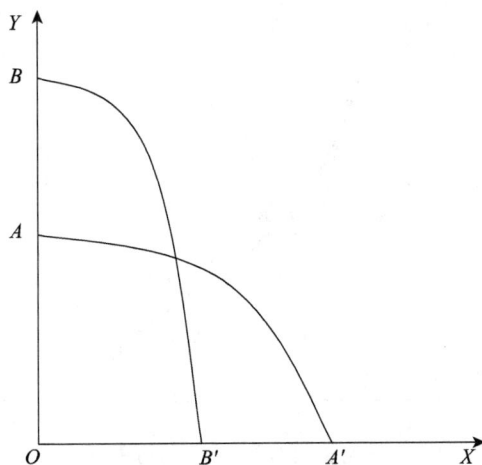

图 4.3　生产可能性曲线

同样，可以得到 B 国的 X、Y 产品的最大产量分别为 $\overline{X}_B$ 和 $\overline{Y}_B$。在图 4.2 中，可以得知 $\overline{X}_A > \overline{X}_B$，而且 $\overline{Y}_A < \overline{Y}_B$，因此在图 4.3 中，B 国生产可能性曲线在横坐标上的端点 B' 在 A' 的左边；B 国生产可能性曲线在纵坐标上的端点 B 在 A 之上，由此得到 B 国的生产可能性曲线见图 4.3 中的 BB'。

由图 4.2 和图 4.3 可以看出，两国在生产技术相同的条件下，其生产可能性曲线的差异完全是由两国要素禀赋差异导致的。A 国生产可能性曲线相对偏向于 X 产品，B 国的生产可能性曲线相对偏向于 Y 产品，这意味着 A 国在 X 产品上的相对供给能力高于 B 国，而 B 国在 Y 产品的相对供给能力高于 A 国。详细的图形分析参见本章后的附录 2。

由此可得结论：资本丰富的国家在资本密集型产品上相对供给能力较强，劳动丰富的国家则在劳动密集型产品上相对供给能力更强。

(三)封闭条件下的均衡的相对价格

前面假设两国的需求偏好相同，因此，在封闭条件下，两国供给的差异将导致两国均衡的相对价格的差异。前述已说明要素禀赋的差异导致相对供给的差异，故两国在封闭条件下相对价格的差异是由要素禀赋的差异导致的。

前面假设两国的消费者偏好相同，所以两国的社会无差异曲线的形状相同。在图 4.4 中，为了简单起见，作为特例，假设有一条社会无差异 Ⅰ 同时与两国的生产可能性曲线相切，切点 E_A、E_B 分别是 A、B 两国的均衡点。过 E_A、E_B 两点分别作两国生产可能性曲线和社会无差异曲线的共切线，由此得到 A、B 两国在封闭条件下 X 产品的均衡价格分别为 p_A、p_B。通过图 4.4 可以看出，$p_A < p_B$，因此，A 国在 X 产品上具有比较优势，同时 B 国在 Y 产品上具有比较优势，即资本丰富的国家在资本密集型产品上具有比较优势，劳动丰富的国家在劳动密集型产品上具有比较优势。

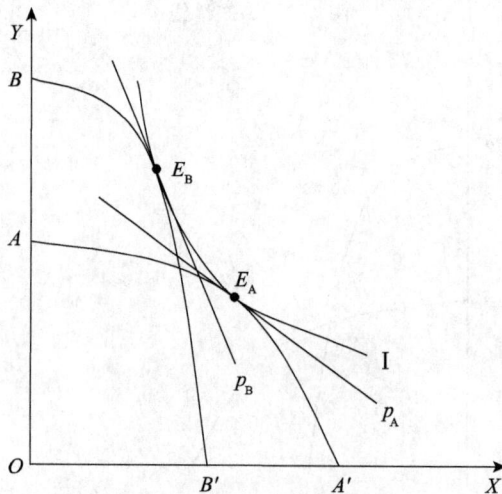

图 4.4　封闭条件下的均衡

(四)H-O 定理

市场开放后，A 国将专业化生产并出口 X 产品，B 国将专业化生产并出口 Y 产品。国际贸易发生后，将使 A 国 X 产品的相对价格上升，B 国 X 产品的相对价格下降，最终两国的同种产品的相对价格相同，即两国面对国际均衡相对价格。国际均衡相对价格 p_W 处于 A、B 两国封闭条件下相对价格之间，即 $p_A \leqslant p_W \leqslant p_B$。

在图 4.5 中，A 国面对比封闭条件下更高的 X 的相对价格 p_W，p_W 相对价格线与 A 国的生产可能性曲线相切于 Q_A 点，因此 A 国的生产均衡点从 E_A 点下移到 Q_A 点，X 产品的生产增加了，Y 产品的生产减少了。过 Q_A 点的国际均衡相对价格线 p_W 与社会无差异曲线 Ⅱ 相切于 C_A 点，为 A 国的消费均衡点。A 国的贸易三角形为 $\triangle O_A Q_A C_A$，$O_A Q_A$ 为 A 国 X 产品的出口量，$O_A C_A$ 为 A 国 Y 产品的进口量。

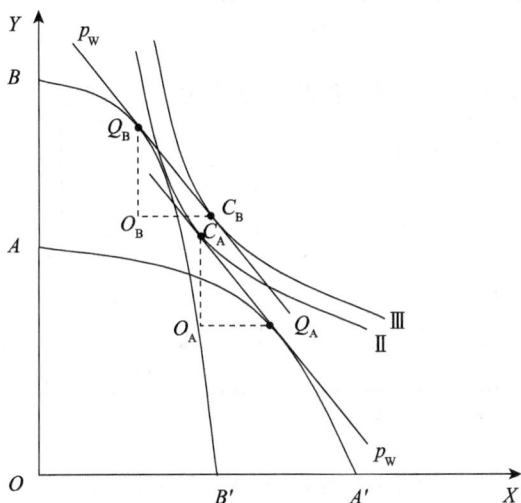

图 4.5　H-O 定理

同理，如图 4.5 所示，开放条件下 B 国的生产均衡点为 Q_B 点，消费均衡点为 C_B 点，B 国的贸易三角形为 $\triangle O_B Q_B C_B$，$O_B C_B$ 为 B 国 X 产品的进口量，$O_B Q_B$ 为 B 国 Y 产品的出口量。

综合以上分析可以得出如下结论：一国出口密集使用其丰富要素的产品，进口密集使用其稀缺要素的产品，即 H-O 定理。

案例研究 4.1 给出了中国、美国、日本、德国及韩国各自在五大类出口产品的显性比较优势指数，在此基础上对中国出口产品的比较优势进行了分析和国际比较。

案例研究 4.1

中国出口产品的比较优势分析及国际比较

一国在某产业或产品贸易上的比较优势，可以由该产业或产品在该国出口中所占的份额与世界出口中该产业或产品占总出口额的份额之比来衡量，即显性比较优势指数。表 4.1～表 4.5 分别给出了 1990～2003 年一些年份的中国、美国、日本、德国及韩国各自在五大类出口产品的显性比较优势指数，在此基础上试分析中国比较优势指数的变化，并比较中国较其他四国的比较优势。

表 4.1　中国五大类出口产品的显性比较优势指数

类别	1990 年	1995 年	2000 年	2001 年	2002 年	2003 年
农业原材料	1.167	0.654	0.611	0.529	0.444	0.316
食品	1.313	0.912	0.794	0.746	0.694	0.543
燃料	1.078	0.632	0.388	0.432	0.361	0.338
矿物和金属	0.600	0.677	0.679	0.667	0.640	0.571
制成品	0.970	1.092	1.134	1.136	1.151	1.184

资料来源：根据各期《国际统计年鉴》的数据计算得出

表 4.2　美国五大类出口产品的显性比较优势指数

类别	1990 年	1995 年	2000 年	2001 年	2002 年	2003 年
农业原材料	1.467	1.500	1.278	1.353	1.333	1.368
食品	1.167	1.165	1.088	1.113	1.139	1.074
燃料	0.416	0.333	0.238	0.257	0.250	0.284
矿物和金属	0.857	0.871	0.679	0.741	0.800	0.750
制成品	1.004	1.005	1.068	1.053	1.045	1.051

资料来源：根据各期《国际统计年鉴》的数据计算得出

表 4.3　日本五大类出口产品的显性比较优势指数

类别	1990 年	1995 年	2000 年	2001 年	2002 年	2003 年
农业原材料	0.200	0.231	0.278	0.294	0.278	0.263
食品	0.063	0.055	0.074	0.113	0.069	0.062
燃料	0.065	0.105	0.050	0.054	0.056	0.054
矿物和金属	0.257	0.355	0.464	0.519	0.560	0.500
制成品	1.299	1.238	1.207	1.191	1.192	1.217

资料来源：根据各期《国际统计年鉴》的数据计算得出

表 4.4　德国五大类出口产品的显性比较优势指数

类别	1990 年	1995 年	2000 年	2001 年	2002 年	2003 年
农业原材料	0.367	0.423	0.500	0.471	0.500	0.421
食品	0.500	0.549	0.618	0.592	0.583	0.531
燃料	0.169	0.175	0.188	0.189	0.194	0.216

续表

类别	1990 年	1995 年	2000 年	2001 年	2002 年	2003 年
矿物和金属	0.714	0.839	0.893	0.889	0.880	0.750
制成品	1.207	1.142	1.096	1.099	1.101	1.098

资料来源：根据各期《国际统计年鉴》的数据计算得出

表 4.5 韩国五大类出口产品的显性比较优势指数

类别	1990 年	1995 年	2000 年	2001 年	2002 年	2003 年
农业原材料	0.443	0.500	0.556	0.588	0.500	0.474
食品	0.344	0.253	0.253	0.239	0.208	0.173
燃料	0.130	0.351	0.351	0.716	0.566	0.473
矿物和金属	0.299	0.323	0.323	0.481	0.560	0.536
制成品	1.267	1.213	1.213	1.163	1.181	1.212

资料来源：根据各期《国际统计年鉴》的数据计算得出

三、要素价格均等化定理

由于前面的假设条件，我们知道在两国要素禀赋存在差异的情况下，如果两国不发生贸易，两国同种要素的价格存在差异。赫克歇尔-俄林模型中的要素价格均等化定理认为国际贸易发生后会影响到各国生产要素的价格，最终使贸易国的同种要素价格均等。

前面假定要素市场是完全竞争市场，生产要素在每一个部门的报酬等于其边际产品价值，即等于其边际产量与商品价格的乘积。生产要素在一国内可以自由流动，故贸易前均衡时两部门同种要素的报酬相等，如式(4.1)和式(4.2)所示。

$$w = P_X \cdot MP_{LX} = P_Y \cdot MP_{LY} \tag{4.1}$$

$$r = P_X \cdot MP_{KX} = P_Y \cdot MP_{KY} \tag{4.2}$$

以 A 国为例，发生贸易后，A 国专业化生产并出口 X 产品(资本密集型产品)，减少 Y 产品(劳动密集型产品)的产量并进口 Y 产品，X 产品的相对价格上升，导致 A 国对资本的需求增加，从而提高资本的名义报酬，同时减少对劳动需求，从而降低劳动的名义报酬，进而导致两部门所使用的资本—劳动的比例均下降。

由式(4.1)和式(4.2)得到资本和劳动的实际报酬，如式(4.3)和式(4.4)所示。

$$\frac{w}{P_X} = MP_{LX}, \quad \frac{w}{P_Y} = MP_{LY} \tag{4.3}$$

$$\frac{r}{P_X} = MP_{KX}, \quad \frac{r}{P_Y} = MP_{KY} \tag{4.4}$$

由此可见，生产要素的实际报酬等于其边际产量。根据微观经济学原理，由于规模收益是不变的，因此生产要素的边际产量只取决于生产要素的使用比例，与生产要

模收益是不变的，因此生产要素的边际产量只取决于生产要素的使用比例，与生产要素的绝对使用量无关。

前面已知当 A 国专业化生产并出口 X 产品时，X 产品的相对价格上升，两部门的资本—劳动的比例均下降，根据边际收益递减规律，资本的边际产量上升，劳动的边际产量下降。因此，劳动的实际报酬下降，资本的实际报酬上升。

同理，可以推导出 B 国专业化生产并出口 Y 产品时，Y 产品的相对价格上升，B 国两部门资本的名义报酬和实际报酬都下降，劳动的名义报酬和实际报酬都上升。

于是，得到斯托珀-萨缪尔森定理（the Stolper-Samuelson theorem）：某一商品相对价格上升时，将导致该商品密集使用的生产要素的实际报酬提高，另外一种生产要素的实际报酬下降。在此基础上可以引申出一个重要结果：国际贸易会提高该国丰富要素所有者的实际收入，降低稀缺要素所有者的实际收入。

贸易前 A 国资本的价格比 B 国资本的价格低，自由贸易将导致 A 国资本的价格上升，B 国资本的价格下降，因而使两国资本的价格的差距缩小。同样，A、B 两国劳动的价格的差距也缩小。随着贸易的开展，两国同种商品相对价格相等时，贸易达到均衡，两国同种要素的价格也达到均等。要实现要素价格均等，除了要求两国同种商品的相对价格相等这一条件外，还要求两国的生产技术条件相同。进一步的图形分析见本章后的附录 3。

由此可见，国际贸易提高一国整体福利水平时，降低了该国稀缺要素所有者的实际收入，使其福利水平下降，这也是为什么有人反对国际贸易的一个原因。按照前面理论，国际贸易会降低美国劳动者的实际收入，美国政府是不是应该限制贸易？实际上，国际贸易导致的劳动者的损失小于资本所有者的获利，所以可通过国内税收等政策使收入在资本所有者和劳动所有者之间再分配，从而使得所有要素所有者都从贸易中获利。

现实中，国际贸易发生后，各国的要素价格究竟发生什么样的变化，有没有实现均等，参见案例研究 4.2。

案例研究 4.2

各国工资率的比较

表 4.6 给出了部分发展中国家和发达国家的生产性工人的小时工资，由此我们看到所有国家的小时工资都没有实现均等。中国、美国作为世界贸易大国，2004 年美国生产性工人小时工资是中国的 27 倍之多。究其原因，主要是因为：①国际贸易中存在着运输成本等自然壁垒和关税等人为设置的壁垒，使产品的价格没有实现均等。②实践中各个国家的生产技术条件也不尽相同，这也是要素价格没有实现均等的一个原因。一般情况下，生产技术水平高的国家，其工资率和资本率都高于生产技术水平低的国家。

表 4.6 2001~2004 年部分发达国家和发展中国家的生产性工人小时工资（单位：美元/小时）

国别	2001 年	2002 年	2003 年	2004 年
中国	0.52	0.65	0.68	0.80
泰国	1.89	1.90	1.80	1.96
马来西亚	2.01	1.98	1.86	2.09
巴西	2.71	2.7	2.73	2.75
韩国	8.97	9.23	9.60	9.99
法国	17.73	17.75	17.60	17.77
英国	17.81	17.83	17.84	17.87
加拿大	18.36	18.37	18.3	18.44
日本	20.50	20.65	20.58	20.68
美国	21.75	21.7	21.73	21.86
德国	30.47	30.58	30.30	30.60

资料来源：国际劳工组织网站

第二节 特定要素模型

特定要素模型是由保罗·萨缪尔森（Paul Samuelson）和罗纳德·琼斯（Ronald Jones）在 1971 年创建发展的。与本章第一节中赫克歇尔-俄林模型一样，假定一国生产相同的两种产品，每种产品生产需要两种生产要素，即资本和劳动。所谓的特定要素是指一种要素通常仅限于某一部门使用，而不适合其他部门的需求。

研究发现，当美国某州遭遇经济困难时，该州的工人会迅速地离开该州进入其他州，在 6 年内该州的失业率会回落到全国平均水平。与一台典型的专业设备 15~20 年的寿命相比，或者与一个购物中心 50 年的寿命相比，这一时间要短得多。所以，我们假定劳动可以在一国内两部门间自由流动，而资本在各部门间不能流动，即资本在各部门的使用量是固定不变的。

一、模型的基本假设

在特定要素模型中，我们主要分析国际贸易发生后对一国国内收入分配的影响，故我们以一个资本丰富的国家为例进行分析，基本假设包括以下内容。

(1)X 是资本密集型产品，Y 是劳动密集型产品。

(2)X、Y 两种产品的生产都使用资本和劳动两种要素。

(3)X、Y 两部门的生产技术条件是既定的。

(4)劳动是同质的，可以在两部门之间自由流动。

(5)劳动总量是固定的，并且实现充分就业。

(6)资本是特定要素，两部门的资本使用量是固定的。

(7)所有商品市场和要素市场是完全竞争的市场。

　　根据假设条件（2）可以写出两部门的生产函数，见式（4.5）和式（4.6）。假设条件（3）意味着两部门的生产函数是既定不变的。假设条件（4）意味着当两部门劳动报酬相等时，生产要素劳动在两部门的分配达到均衡。假设条件（5）要求两部门的劳动使用量之和等于劳动的总供给，如式（4.7）所示，$\overline{L}$是固定的。假设条件（6）意味着两部门的资本使用量$\overline{K}_X$、$\overline{K}_Y$均为常数。因此，影响两部门的产量的因素只剩下劳动的投入量，即只要确定两部门劳动的使用量，两部门的均衡产量也就确定下来。

$$X = F_X(\overline{K}_X, L_X) \tag{4.5}$$

$$Y = F_Y(\overline{K}_Y, L_Y) \tag{4.6}$$

$$\overline{L} = L_X + L_Y \tag{4.7}$$

二、在封闭条件下模型的均衡

　　因为资本是特定要素，因此我们在这里只分析劳动在两部门的均衡分配。根据前述已知，当两部门劳动报酬相等时，两部门劳动的分配达到均衡，劳动的均衡价格也就确定了。

　　在要素市场是完全竞争的条件下，两部门的资本、劳动的报酬分别为

$$w_X = VMP_{LX} = P_X \cdot MP_{LX}, \quad r_X = VMP_{KX} = P_X \cdot MP_{KX} \tag{4.8}$$

$$w_Y = VMP_{LY} = P_Y \cdot MP_{LY}, \quad r_Y = VMP_{KY} = P_Y \cdot MP_{KY} \tag{4.9}$$

　　图4.6是一个上端开口的盒形图，盒形图的左边原点代表X部门，右边原点代表Y部门，底边的长度表示劳动的总量，其他两个纵坐标分别表示X部门、Y部门劳动的边际产品价值或报酬。由于资本是特定要素，劳动的投入量越大，劳动—资本的比例越大，根据边际收益递减规律，劳动的边际产量就越低，在商品价格既定的条件下，劳动的边际产品价值或报酬就越低，因此得到两部门递减的边际产品价值线或劳动需求曲线，如图4.6中曲线VMP_{LX}和曲线VMP_{LY}所示。

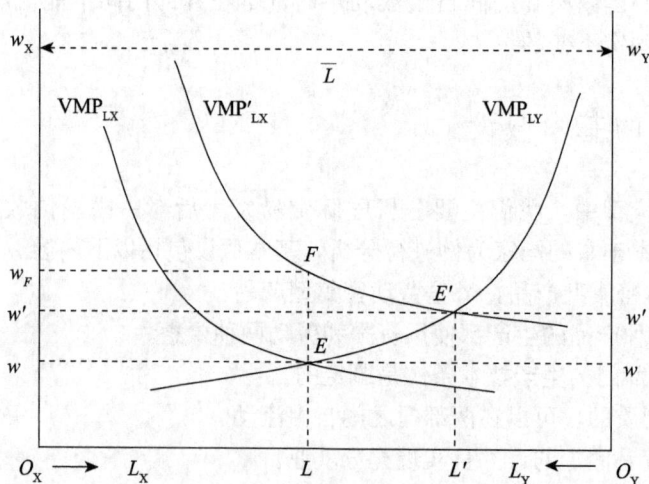

图4.6　短期均衡

两条劳动需求曲线形状取决于生产技术条件，位置取决于商品的价格。前面假定生产技术条件既定，即劳动需求曲线的形状是固定的，在均衡的商品价格下，得到的两部门的劳动需求曲线是唯一的。当两条劳动需求曲线相交时，在交点 E 点两部门的劳动报酬相等，都为 w，劳动在两部门的分配达到均衡，因此，X 部门的劳动投入量为 $O_X L$，Y 部门劳动的投入量为 $O_Y L$，而且满足充分就业。

三、国际贸易对收入分配的影响

根据 H-O 定理，资本丰富的国家，开展自由贸易时，出口 X 商品、进口 Y 商品，导致该国 X 商品的相对价格上升。为了简化分析，假设 Y 商品的价格不变，只有 X 商品的价格上升。

假设 X 商品的价格从 P_X 上升到 P_X'，使得 X 部门的边际产品价值线向上移动到 VMP_{LX}'，进而导致 X 部门的劳动报酬从 w 上升到 w_F。X 部门的劳动报酬超过了 Y 部门（$w_F > w$），这必然引起 Y 部门的劳动流向 X 部门。其结果是 X 部门的劳动投入量增加，其劳动的边际产量下降，X 部门的劳动报酬开始下降；同时，Y 部门的劳动投入量减少，其劳动的边际产量下降，Y 部门的劳动报酬开始上升。在交点 E' 点两部门的劳动报酬相等时，劳动在两部门的分配重新达到均衡。

与封闭条件下的均衡相比，在新的均衡时，两部门劳动的劳动名义报酬都从 w 上升到 w'，X 部门的劳动使用量增加了，Y 部门的劳动使用量减少了，那生产要素的实际报酬怎样变化？

(一)劳动的实际报酬

根据式(4.8)和式(4.9)，得到两部门劳动重新达到均衡时，其实际报酬的公式如下：

$$\frac{w}{P_X} = \text{MP}_{LX}, \quad \frac{w}{P_Y} = \text{MP}_{LY} \tag{4.10}$$

两部门的资本是特定要素，贸易发生后，X 部门的劳动使用量增加，使 X 部门劳动—资本的比例上升，导致 X 部门的边际产量（MP_{LX}）下降；而 Y 部门的劳动使用量减少，使 Y 部门劳动—资本的比例下降，导致 Y 部门劳动的边际产量（MP_{LY}）上升。这意味着 $\frac{w}{P_X}$ 下降、$\frac{w}{P_Y}$ 上升，也就是两部门的消费者如果偏向消费 X 商品，则其实际收入会下降；如果偏向消费 Y 商品，则其实际收入会上升。所以，如果劳动者的全部收入来自工资，其实际收入的变化取决于消费结构。

由于资本是特定要素，两部门资本的名义报酬不一定相等，因此资本的实际报酬的变化要分部门分别去分析。

(二)X 部门(出口部门)资本的实际报酬

r_X 是 X 部门资本的名义报酬，相对于 X 商品、Y 商品，X 部门的资本的实际报酬

分别可表示为

$$\frac{r_X}{P_X}=MP_{KX}, \quad \frac{r_X}{P_Y} \tag{4.11}$$

前述已知贸易发生后，X 部门劳动的使用量增加，而资本的绝对使用量固定不变，因此 X 部门资本—劳动的比例下降，导致 X 部门资本的边际产量 MP_{KX} 上升。相对于 X 商品，X 部门资本的实际报酬 $\frac{r_X}{P_X}$ 上升了，由于 X 商品的价格在发生贸易后提高了，因此可知 X 部门资本的名义报酬也提高了，而且 X 部门资本的名义报酬的上升幅度超过了 X 商品价格的上升幅度。相对于 Y 商品，由于商品 Y 的价格不变，X 部门的资本的实际报酬 $\frac{r_X}{P_Y}$ 也是上升的。因此，在自由贸易下，X 部门（出口部门）资本的实际报酬提高了。

(三)Y 部门(进口替代部门)资本的实际报酬

r_Y 是 Y 部门资本的名义报酬，相对于 X 商品、Y 商品，Y 部门资本的实际报酬分别可表示为

$$\frac{r_Y}{P_X}, \quad \frac{r_Y}{P_Y}=MP_{KY} \tag{4.12}$$

贸易发生后，Y 部门劳动的使用量减少，而资本的绝对使用量固定不变，因此 Y 部门资本—劳动的比例增加，导致 Y 部门资本的边际产量 MP_{KY} 下降。相对于 Y 商品，Y 部门资本的实际报酬 $\frac{r_Y}{P_Y}$ 下降了。由于 Y 商品的价格不变，可以推导出 Y 部门资本名义报酬 r_Y 也下降了。相对于 X 商品，Y 部门资本的实际报酬($\frac{r_Y}{P_X}$)更是下降了。因此，Y 部门资本的实际报酬会下降。

综合以上分析，我们得知：在特定要素模型中，国际贸易发生后会提高出口部门特定要素的实际收入，降低进口替代部门资本的实际收入，而对于可自由流动要素的实际收入的影响是不确定的，可自由流动要素来实际收入的变化取决于劳动所有者的消费结构。

案例研究 4.3

埃尔切事件

位于西班牙东南部阿利坎特省、人口约 20 万的埃尔切市，一直是欧洲的鞋业中心之一。这里鞋业作坊有六七百家之多，依靠发展鞋业一度富庶。中国鞋商于 1998 年才正式进入埃尔切市，由于中国生产的鞋子款式新颖、制作美观，再加上价格低廉，在欧美市场很受欢迎。截至 2003 年年底，该市由华侨华人开的鞋业公司、制鞋工厂和仓库式批发零售商店增至 60 多家。在西班牙华人鞋商的销售额占当地的销售总额的 20% 左右，很多西班牙商人也在大量进口并销售中国鞋。以温州鞋为代表的

中国鞋，2002 年才开始进入埃尔切市场，但是温州鞋进入埃尔切市后，就快速地发展起来，2003 年年底已占到埃尔切鞋类批发量的 30%，对当地的制鞋工业形成了客观威胁。一部分小的、技术落后的鞋厂由于缺乏竞争力纷纷倒闭，制鞋工人失业率急剧增加。

2004 年 9 月 17 日，西班牙东部城市埃尔切的中国鞋城，16 个货柜、价值约 800 万元的温州鞋被当地不法分子烧毁，价值十多亿元的温州鞋也遭受着被焚烧的威胁。"烧鞋事件"如果不尽快得到处理，将严重影响当地中国人的人身财产安全，甚至危及今后中国产品出口西班牙等欧洲市场。

中国鞋被焚烧事件震惊了埃尔切这座 20 万人口的小城。多数埃尔切市民对中国商人持同情态度，甚至认为烧鞋事件是愚蠢的行为，认为商业竞争不可以成为烧鞋的理由，商业竞争应该采取正当的手段。

在本案例中，埃尔切的鞋商和鞋业工人可以看做与进口产品相竞争的部门特定要素的所有者。一方面，他们在与中国鞋商的竞争中缺乏比较优势而失业；另一方面，其在贸易中的损失不能有效地从其他途径得以解决，寻找新的工作或转行都是需要时间成本的。对他们而言，在贸易中是受损的，因此他们反对中国的鞋类产品进入本国市场。而对西班牙国内的鞋类消费者而言，由于贸易的发生，进口鞋商的进入，导致竞争的加剧，价格下降，使他们可以以较低的价格消费鞋类产品，所以他们是贸易的受益者。因此，他们对烧鞋事件进行了严厉的指责。埃尔切事件的发生反映了贸易在一国国内产生的收入分配效应。

在现实世界中，国际贸易的收入分配效应使受损者和受益者并存，这也是完全贸易自由化迟迟不能实现的重要原因之一。

四、特定要素模型与贸易政策

特定要素模型揭示了国际贸易发生后对不同部门（利益集团）实际收入的影响是有差异的，从而一定程度上解释了不同部门对贸易政策的不同态度。

在特定要素模型中，国际贸易导致出口部门的资本所有者实际收入提高，进口替代部门的资本所有者实际收入下降，因此出口部门资本所有者支持自由贸易，而进口替代部门资本所有者反对自由贸易。对于两个部门的劳动所有者对国际贸易的态度是不明确的，因此政府在制定贸易政策时会受到各个利益集团的干扰，而其中进口替代部门在这一过程中比其他利益集团都要积极，因此政府最后制定的贸易政策往往背离国家福利水平最大化这一原则，而是采取了对部门利益集团有利的政策。关于利益集团对贸易政策的影响参见案例研究 4.4。

案例研究 4.4

美国对食糖进口的限制

美国政府为了保护本国的制糖业，一直以来通过配额限制食糖的进口，导致美国国内市场食糖的供给量不足，致使食糖的价格不断上升。美国国内市场食糖的价格几乎是世界市场价格的 2 倍，据估计，美国消费者为这一进口限制付出的代价约为 20 亿美元/年，也就是每一个美国人每年为此要多支付约 8 美元。而制糖业的生产者因此多获取的收益不到 20 亿美元的一半。

如果把消费者和制造商的损益同时公布，从整体利益出发，美国政府就不会实施限制糖的进口这一措施了。但实际情况如何？

每一个消费者的损失在绝对数量上只有 8 美元，而且这些损失大部分是看不见的，大多数消费者甚至感觉不到限制食糖的进口使他们的生活水平降低了。即使消费者知道了这一损失，也不会因为 8 美元的损失而组织起来反抗这一限制糖进口的措施。

但是食糖的生产者的处境就完全不同了。据估计，每个厂商每年平均可以从进口配额中获得上千万美元的收益。而且，制糖业有贸易联盟和行会组织，可以为其利益积极地活动。因此，食糖生产者反对贸易的声音总能响亮而有效地表达出来。而且政府最终采取了限制食糖进口的措施，来保护食糖制造者这一利益集团的利益。

第三节　赫克歇尔-俄林模型的检验及评价

赫克歇尔-俄林理论是国际经济学中最具影响力的理论之一，很多的学者对此理论进行实证检验，大部分集中于对 H-O 定理的检验，最具代表性的是美国经济学家瓦西里·里昂惕夫（Wassily Leontief）对赫克歇尔-俄林理论适用性进行的检验。在他的研究结果出现后，很多经济学家对要素禀赋理论进行修正与补充。因此，我们在本节中主要介绍里昂惕夫对要素禀赋理论的验证。

一、里昂惕夫之谜

对赫克歇尔-俄林模型的第一次检验是在 1951 年，里昂惕夫利用美国经济的投入产出表测算了美国在 1947 年每百万美元出口产品和进口替代品的资本和劳动的投入数量。在测算之前，里昂惕夫认为，与世界上其他国家相比，美国是资本丰裕的国家，依据 H-O 定理，美国应该出口资本密集型产品，进口劳动密集型产品。里昂惕夫的测算结果如表 4.7 所示，1947 年美国进口替代品资本/年劳动比率为 18 180 美元/人，而出口商品资本/年劳动比率为 14 010 美元/人，进口商品的要素密集度是出口商品的 1.3 倍，即说明美国进口资本密集型产品，出口劳动密集型产品。这一测算的结果与 H-O 定理的预测完全相反，故称为里昂惕夫之谜（the Leontief paradox）。

表 4.7 1947 年美国生产每百万美元的出口商品和进口替代品所需的资本与劳动

项目	出口商品	进口商品
资本/美元	2 550 780	3 091 339
劳动/年劳动人数	182	170
资本/年劳动/(美元/人)	14 010	18 180

资料来源：Leontief W. Domestic production and foreign trade：the American capital position re-examined. Economic International，1954：3-22

注意，里昂惕夫测算的是美国进口替代品的资本—劳动的比例，而不是美国进口商品资本—劳动的比例，这样一方面高估了进口商品资本—劳动的比例，另一方面在测算进口商品资本—劳动比例时，消除了像香蕉、咖啡等这些美国根本不生产的商品的影响。

里昂惕夫之谜引起了包括里昂惕夫在内的经济学家的震惊，经济学家们试图从多方面对此进行解释。里昂惕夫反思自己没有确定美国的要素禀赋，而是想当然地假定美国是资本丰富的国家。因此，他从有效劳动的角度进行解释：在 1947 年，美国工人的劳动生产率是其他国家的 3 倍，因此以其他国家的劳动生产率为标准，美国的有效劳动数量是现存劳动数量的 3 倍。由此，美国应为劳动丰富（资本稀缺）的国家，这样里昂惕夫之谜就不存在了。但他的这一解释并没有被广泛接受，因此还存在从其他方面对里昂惕夫之谜进行解释。

二、对里昂惕夫之谜的解释

经济学家主要从两大方面对里昂惕夫之谜进行解释：一方面是对里昂惕夫实证结果的分析法的讨论，另一方面是对要素禀赋理论的检讨或补充。下面针对里昂惕夫之谜，介绍几种有代表性的解释。

(一)自然资源

里昂惕夫检验的赫克歇尔-俄林模型是两要素(资本、劳动)模型，忽视了其他要素，如自然资源(土壤、矿藏、森林等)的影响。在两要素模型中，把自然资源密集型产品划分为资本密集型产品或劳动密集型产品，这样测算出来的要素密集度显然是不准确的。美国进口产品中自然资源密集型产品占比很高，而美国所进口的自然资源密集型产品多数资本使用比率较高，所以导致美国进口产品资本与劳动的比率高于出口产品这一比率，参见案例研究 4.5。

(二)人力资本

仅考虑自然资源并不能完全解释里昂惕夫之谜，而且里昂惕夫定义的资本仅仅包含实物资本，而忽视了人力资本(human capital)，因此有经济学家引入人力资本这一因素。人力资本就是工人拥有的能提高其劳动生产率的教育、培训、健康等一系列性状。把人力资本加到实物资本上，就改变了进出口商品资本—劳动比例，使得美国的出口商品资本—劳动比例高于进口产品这一比例，解释了里昂惕夫之谜，参见案例研究 4.5。但是有经济学家，如布兰森（Branson）和莫诺尤斯（Monoyios）[1]等对这一做法提出了质疑。

（三）要素密集度逆转

本章后的附录 1 解释了要素密集度逆转，如果存在要素密集度逆转的情况，赫克歇尔-俄林理论就不再成立。例如，两国生产的同一种产品 X，产品 X 在 A 国是资本密集型产品，但在 B 国却是劳动密集型产品。资本丰富的国家 A 可以比较廉价地生产资本密集型产品 X，劳动丰富的国家 B 也可以比较廉价地生产劳动密集型产品 X，在这种情况下，A、B 两国的分工与贸易可能与 H-O 理论的预测不一致了。在现实中确实存在要素密集度逆转，由于贸易产品种类远不止两种，因此即使存在某些要素密集度逆转的现状，国际贸易仍会发生。里昂惕夫是根据美国的进口替代产品的资本和劳动投入来测算进口产品的要素密集度，这就可能造成其测算的结果不能真实地反映国际贸易中商品的要素密集度，从而导致出现了里昂惕夫之谜。但是现实世界中要素密集度逆转存在的普遍性有多高是个关键问题。如果要素密集度逆转非常普遍，那么整个赫克歇尔-俄林理论就会被推翻，但是大部分经济学家（如里昂惕夫、鲍尔）认为其存在的比率比较低，所以赫克歇尔-俄林模型还是适用的。

（四）需求逆转

在赫克歇尔-俄林模型中，假设两国的需求偏好是相同的，即不考虑需求差异对国际贸易的影响。但现实中，各国的消费需求有差异，即影响国家贸易的除了供给还有需求。如果一国在某一产品的供给上具有比较优势，但是其国内的消费者特别偏好该产品，将使该国在这一产品的价格较高，从而使该国在此产品上丧失比较优势，从而改变了进出口方向，即发生了需求逆转。从这个角度解释里昂惕夫之谜，认为美国的消费者特别偏好资本密集型产品，使得美国资本密集型产品的相对价格较高，从而美国进口资本密集型产品。但是这一解释没有得到一致认同。1957 年，豪萨克（Houthakker）对许多国家的家庭消费模式进行研究，结果发现各国消费者对事物、衣物、住房及其他种类商品的收入需求弹性是很相近的。

还有一些经济学家从关税政策的角度解释里昂惕夫之谜，克拉维斯（Kravis，1954）认为美国受贸易保护最强的是劳动密集型产业，贸易保护措施的实施减少了劳动密集型产品的进口，从而降低了美国进口替代品的劳动—资本的比例，这对解释里昂惕夫之谜有一些帮助。鲍恩等对 27 个国家和 12 种生产要素的样本进行分析，结果发现只有 2/3 的生产要素在不到 70% 的情况下是以赫克歇尔-俄林理论所预测的方式进行贸易[2]，

---

① Branson W H，Monoyios N. Factor inputs in U. S. trade. International Economic，1977：111-131

② Bowen H P，Leamer E E，Sveikauskas L. Multicountry，multifactor tests of the factor abundance theory. American Economic Review，1987，77：791-809.

即赫克歇尔-俄林理论不能完全解释整个世界贸易。规模经济理论、产品周期理论、新贸易理论等作为赫克歇尔-俄林理论的补充，有助于更好地解释国际贸易。

案例研究 4.5

美国进出口贸易中资本和劳动的比例

考虑到里昂惕夫之谜中测算的数据是 1947 年的，距离第二次世界大战太近，认为其没有代表性。因此，里昂惕夫在 1956 年重新对赫克歇尔-俄林理论进行检验，但这次所使用的 1947 年的投入产出表和 1951 年的贸易数据(1951 年被认为是第二次世界大战后各国重建全面完成的一年)。在表 4.8 中，可以看到美国进口/出口的资本/年劳动比率为 1.06，比里昂惕夫之谜中的 1.3 下降了很多，但依然没有改变里昂惕夫之谜的结果。但是如果除去自然资源的影响，这一数据下降到 0.88，即进口产品为劳动密集型产品，出口产品是资本密集型产品。鲍德温使用 1958 年的投入产出表和 1962 年的数据对美国的进出口资本—劳动比例进行测算，得出进口/出口的资本/年劳动比率为 1.27；除去自然资源产业的影响，这一比率下降到 1.04；再把人力资本从劳动数量中扣除，加入资本中，这一比率降至 0.92，这才彻底消除里昂惕夫之谜。

表 4.8　美国每百万美元出口产品和进口替代品的资本和劳动需求

项目	出口	进口替代品	进口/出口[1]
里昂惕夫(1947 年投入需求，1951 年贸易)			
资本/美元	2 256 800	2 303 400	
年劳动/人	174	168	
资本/年劳动/(美元/人)	12 977	13 726	1.06
资本/年劳动(除去自然资源)/(美元/人)			0.88
鲍德温(1958 年投入需求，1962 年贸易)			
资本/美元	1 876 000	2 132 000	
年劳动/人	131	119	
资本/年劳动/(美元/人)	14 200	18 000	1.27
鲍德温(1958 年投入需求，1962 年贸易)			
资本/年劳动(除去自然资源)/(美元/人)			1.04
资本/年劳动(除去自然资源，包括人力资本)/(美元/人)			0.92

1)进口/出口指的是进口产品资本/劳动的比率与出口产品资本/劳动的比率之比

资料来源：Leontief W. Factor proportions and the structure of American trade: further theoretical and empirical analysis. Review of Economics and Statistics，1956：386-407；Baldwin R E. Determinants of the commodity structure of U. S. trade. American Economic Review，1971：126-146

➢ 本章小结

1. 要素禀赋是指一国所拥有的两种生产要素的相对比例。这是一个相对的概念，与一国所拥有的生产要素的绝对数量无关。如果一国的要素禀赋 $\left(\dfrac{\overline{K}}{\overline{L}}\right)$ 大于他国，则称该国为资本丰富或劳动稀缺的国家，另一国为劳动丰富或资本稀缺。

2. 要素密集度是指生产某种产品所投入的两种生产要素的比例。这是一个相对的概念，与生产要素的绝对投入量无关。在任何共同的要素价格下，如果生产 X 产品所使用的资本—劳动的比例均大于生产 Y 产品所使用的资本—劳动的比例，我们称 X 是资本密集型产品，Y 是劳动密集型产品。

3. 资本丰富的国家在资本密集型产品上相对供给能力较强，劳动丰富的国家则在劳动密集型产品上相对供给能力更强。

4. 资本丰富的国家在资本密集型产品上具有比较优势，劳动丰富的国家在劳动密集型产品上具有比较优势。

5. 根据 H-O 定理，一国出口密集使用其丰富要素的产品，进口密集使用其稀缺要素的产品。

6. 根据斯托珀-萨缪尔森定理，如果某一商品相对价格上升时，将导致该商品密集使用的生产要素的实际报酬提高，另外一种生产要素的实际报酬下降。在此基础上可以引申出一个重要结果：国际贸易会提高该国丰富要素所有者的实际收入，降低稀缺要素所有者的实际收入。

7. 根据要素将价格均等化定理，国际贸易会使贸易国同种要素的价格实现均等，最终使贸易国同种产品的要素密集度实现均等。但前提条件是各国生产技术条件相同，各国同种商品价格均等。

8. 里昂惕夫用美国 1947 年的投入产出表和贸易数据测算了进出口商品资本和劳动的投入量，结果发现美国进口商品资本—劳动比例比出口商品资本—劳动比例高出 30%，美国进口的是资本密集型产品，出口的是劳动密集型产品。美国作为资本丰富的国家，这一测算结果与赫克歇尔-俄林理论所预测的完全相反，这就是里昂惕夫之谜。

9. 经济学家试着从自然资源、人力资本、要素密集度逆转、需求逆转和关税保护等角度对里昂惕夫之谜进行解释。

➢ 思考题

1. "世界上一些最贫穷的国家找不到什么产品来出口。在这些国家里，没有一种资源是充裕的。资本、土地、甚至劳动也不充裕。"试分析上面这段话。

2. 根据下表试判断以下情况。

要素禀赋	A国	B国
资本	20	10
劳动	50	20

(1)哪个国家是资本相对丰富的国家，哪个国家是劳动相对丰富的国家？

（2）如果 X 是资本密集型产品，Y 是劳动密集型产品，那么两国具有比较优势的产品各是什么？

3. 根据第 2 题，试确定两国生产可能性曲线的位置关系。假定两国的消费者偏好相同，画出两国在封闭和开放条件下的一般均衡图形。

4. 如果两国的要素禀赋相同，而需求偏好不同，画图分析这样的两个国家有没有贸易的可能？如果有，请画出贸易三角形。

5. 美国劳工运动（基本上代表蓝领工人，而不是专业人才和受过高等教育的工人）传统上支持政府限制从发展中国家进口产品。从工会成员利益的角度看，这个政策是否合理？如何用相关贸易模型的理论来回答？

6. 讨论里昂惕夫之谜的含义和重要意义，并试着对里昂惕夫之谜进行解释。

7. 如果要素密集度逆转发生，要素价格均等化理论是否成立？为什么？

8. 20 世纪 70 年代末到 90 年代初，发达国家与发展中国家的贸易不断增加，有一些人认为由于发达国家与发展中国家之间的贸易造成发达国家中高技术工人的工资提高了，而非技术工人的工资下降了，使发达国家内部收入差距拉大，试叙述你的观点。

9. 试评论下面这段话："使各国要素价格均等化的条件如此严格，而且现实生活中几乎不可能满足，因此我们可以认为该理论只能用来证明其反命题，即在自由贸易下，要素价格绝没有机会达到均等。"

10. 如果短期内资本和劳动都不能自由流动，那么国际贸易对要素实际报酬会产生什么影响？

11. 在特定要素模型中，国际贸易发生后会使得贸易国要素价格实现均等吗？为什么？

附　　录

附录 1　商品的要素密集度

　　微观经济学理论已说明当等成本线与等产量线相切时，切点是最佳要素组合。在图 4.7中，X、Y 是 X 商品和 Y 商品的任意两条等产量线，其中，X 商品的等产量线更偏向于 K 坐标轴，Y 商品的等产量线更偏向于 L 坐标轴，两条等产量线相交于一个点。当任意给定一组要素价格，如资本的价格为 r，劳动的价格为 w，两条斜率为 $-w/r$ 的等成本线分别与 X、Y 两条等产量线相切于 A 点和 B 点。过 A、B 两点分别画与原点的连线，两条连线的斜率分别是 k_X、k_Y，即 X 商品和 Y 商品的在给定要素价格下资本—劳动的比例。通过图 4.7 可以直观地看出 $k_X > k_Y$。同理，如果要素的价格改为 w' 和 r' 时，X 商品和 Y 商品的资本—劳动的比例分别为 k'_X、k'_Y，而且 $k'_X > k'_Y$。由图 4.7 可知，在任意要素价格下，X 商品所使用的资本—劳动的比例均大于 Y 商品的这一比例，因此，X 是资本密集型产品，Y 是劳动密集型产品。

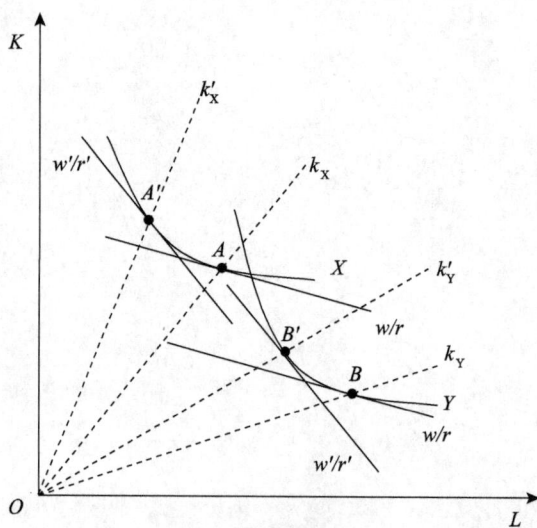

图 4.7　要素密集度

但是，如图 4.8 所示，X 商品的等产量线 XX' 比 Y 商品的等产量线 YY' 弯曲程度大，X 商品、Y 商品的等产量线相较于两点时，情况就会发生变化。当劳动与资本的价格之比为 I_1 时，X 商品和 Y 商品的要素密集度分别为 k_X 和 k_Y，而且 $k_X < k_Y$，X 是劳动密集型产品；当劳动与资本的价格之比为 I_2 时，X 商品和 Y 商品的要素密集度分别为 k_X' 和 k_Y'，而且 $k_X' > k_Y'$，X 为资本密集型产品。由此可见，当要素价格之比从 I_1 变为 I_2 时，两种商品的要素密集度发生了逆转。在现实中，由于不同国家的要素禀赋不同，要素价格存在差异，因此，要素密集度现象可能出现。

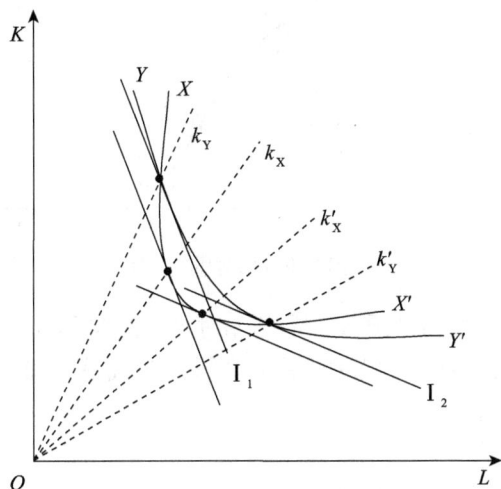

图 4.8　要素密集度逆转

附录 2　相对供给曲线及均衡价格

假定 A 国是资本丰富的国家，B 国是劳动丰富的国家，X 是资本密集型产品，Y 是劳动密集型产品，故 A、B 两国的生产可能性曲线见图 4.9。在图 4.9 中，对于任意给定的 X 商品的相对价格 p_1 时，相对价格线 p_1 与两国的生产可能性曲线的切点 E_A、E_B 两点分别是两国的生产均衡点，A 国两种产品的供给分别为 X_A^1 和 Y_A^1，B 国两种商品的供给分别为 X_B^1 和 Y_B^1，做切点与原点的联系，其斜率 $\frac{Y_A^1}{X_A^1} < \frac{Y_B^1}{X_B^1}$，即相对价格为 p_1 时，A 国 X 商品的相对供给 (X/Y) 大于 B 国 X 商品的相对供给 $\frac{X_A^1}{Y_A^1} > \frac{X_B^1}{Y_B^1}$。同理当两国面对的 X 商品的相对价格调整为 p_2 时，A 国 X 商品的 $\frac{X_A^2}{Y_A^2}$ 大于 B 国 X 商品的相对供给 $\frac{X_B^2}{Y_B^2}$。由此可见，两国面对相同的任意一个 X 商品的相对价格，A 国 X 商品的相对供给都大于 B 国。

在图 4.10 中，横坐标表示 X 商品的相对供给，纵坐标表示 X 商品的相对价格，把 A 国 X 商品的相对价格与相对供给的组合点，如 A 点、B 点连线，得到 A 国 X 商品的

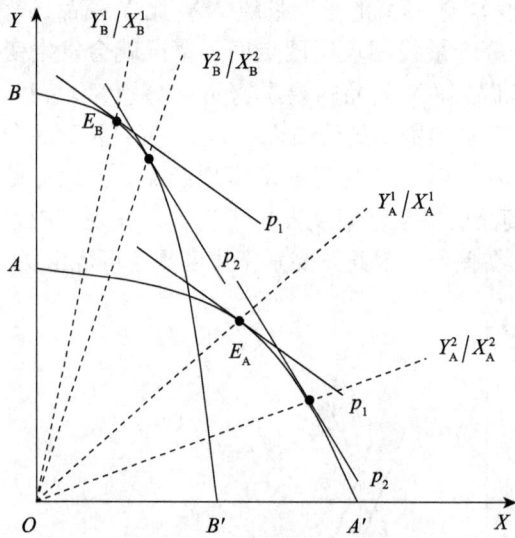

图 4.9 相对供给

相对供给曲线 RS_A。同样得到 B 国 X 商品的相对供给曲线 RS_B，它在 RS_A 曲线的左边，表明 A 国在 X 产品上的相对供给能力更强，B 国在 Y 商品上的相对供给能力更强。

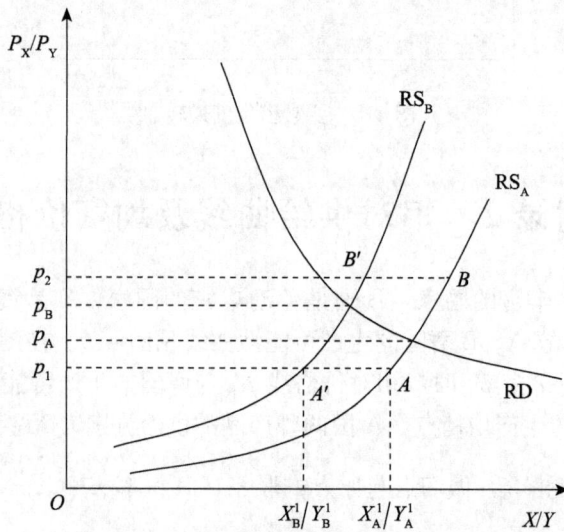

图 4.10 均衡的相对供给和相对价格

假定两国的需求偏好是相同的，而且是齐次的，即消费者的相对需求量只取决于相对价格，而与收入等因素无关，故两国的相对需求曲线是相同的。在图 4.10 中，两国面对相同的相对需求曲线 RD，相对需求曲线 RD 与两国的相对供给曲线 RS_A、RS_B 的交点，满足相对供给与相对需求相等，决定两国在封闭条件下的产品 X 均衡相对价格分别是 p_A、p_B。从图 4.10 中可以看出 $p_A < p_B$，因此，A 国在 X 商品上具有比较优势，B 国在 Y 商品上具有比较优势。

附录3　要素价格均等化定理图形推导

在图 4.11 中，XX'、YY' 是两条价值均为 1 的 X、Y 产品的等产量线，故称这样的两条等产量线为 X、Y 产品的单位价值等产量线。XX'、YY' 分别代表的 X、Y 产品的产量 X_0、Y_0 满足以下条件。

$$P_X \cdot X_0 = P_Y \cdot Y_0 = 1 \tag{4.13}$$

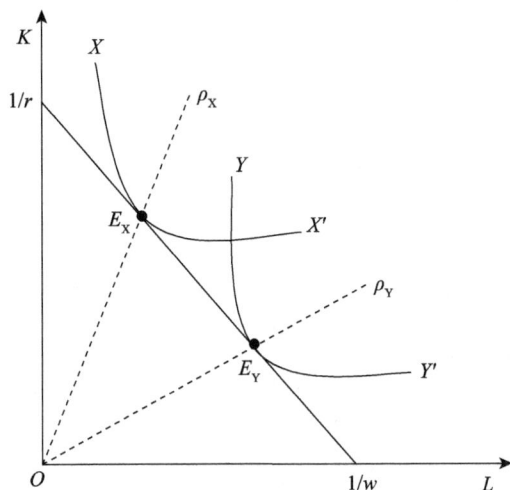

图 4.11　要素价格均等化模型

单位价值等产量线的形状取决于生产技术条件，位置取决于商品价格。例如，如果 X 产品的价格上升，X 产品的单位价值等产量线的位置将向下移动；反之，X 产品的单位价值等产量线将向上移动。

在完全竞争条件下，生产均衡的条件是等成本线与等产量线相切，切点为最佳要素组合点，厂商利润为零（生产成本等于收益），因为在图 4.11 中 X 产品和 Y 产品所实现的收益都为 1，故两种产品的生产成本也为 1，因此两部门面对的等成本线满足式 (4.14)。

$$w \cdot L + r \cdot K = 1 \tag{4.14}$$

我们称之为单位等成本线。单位等成本线与横坐标轴和纵坐标轴上截距的倒数，分别为劳动和资本的报酬。另外，把切点 E_X、E_Y 分别于原点做连线，连线的斜率 ρ_X、ρ_Y 分别为 X、Y 产品的要素密集度。

均衡时，一国内两个部门的同种要素价格相等，因此，两部门面对的单位等成本线是重合的，即有唯一的一条单位等成本线与 X 产品的单位价值等产量线和 Y 产品的单位价值等产量线同时相切，由此，可以确定资本和劳动的均衡价格。

在自由贸易条件下，不考虑运输成本及其他交易费用，A、B 两国相同产品的价格相同，而且两国相同部门的生产技术条件相同，因此两国相同部门的单位等产量线形状和位置完全相同，由此决定的两国在均衡时的单位等成本线也完全重合，最后得到两国的资本和劳动的价格是相等的。由此可见，贸易后两国相同要素的价格实现均等，并且两国相同部门的要素密集度也实现均等。

第五章

现代国际贸易理论

教学目的

1. 掌握产业内贸易的定义、特点及测度方法。
2. 掌握产品生命周期理论的内容。
3. 掌握需求偏好相似论的内容。
4. 了解规模经济理论。
5. 了解企业异质性理论。

教学难点和重点

1. 重点认识新贸易理论与比较优势理论之间的根本区别。
2. 难点是企业异质性理论。

导入案例

20世纪60年代以来，经济学家发现约2/3甚至更多的世界贸易发生在技术、资源和偏好均比较相似的发达国家之间，而发展中国家和发达国家之间的贸易，以及发展中国家之间的贸易，在世界贸易中所占的比重则不足1/3。另外，发达国家之间的贸易以产业内贸易为主，即大多集中在机械、运输设备这些制造业部门。表5.1给出了1988～1991年及1996～2000年工业国家在制成品方面发生的产业内贸易的份额。

表 5.1 部分国家制成品贸易中产业内贸易的比例（单位：%）

国家	1988～1991年	1996～2000年	国家	1988～1991年	1996～2000年
法国	75.9	77.5	丹麦	61.6	64.8
加拿大	73.5	76.2	意大利	61.6	64.7
奥地利	71.8	74.2	波兰	56.4	62.6
英国	70.1	73.7	葡萄牙	52.4	61.3
墨西哥	62.5	73.4	韩国	41.4	57.5

续表

国家	1988～1991 年	1996～2000 年	国家	1988～1991 年	1996～2000 年
匈牙利	54.9	72.1	爱尔兰	58.6	54.6
瑞士	69.8	72.0	芬兰	53.8	53.9
德国	67.1	72.0	日本	37.6	47.6
比利时/卢森堡	77.6	71.4	新西兰	37.2	40.6
西班牙	68.2	71.2	土耳其	36.7	40.0
荷兰	69.2	68.9	挪威	40.0	37.1
美国	63.5	68.5	希腊	42.8	36.9
瑞典	64.2	66.6	澳大利亚	28.6	29.8

由此可见，无论是欧洲等发达国家还是太平洋国家和发展中国家，产业内贸易占制成品贸易比例较高。产业内贸易早已成为世界贸易发展的新常态。然而，传统的古典贸易理论和新古典贸易理论主要解释发达国家和发展中国家的产业间贸易，这些理论不符合第二次世界大战以后国际贸易发展的现实。

启示

传统的贸易理论不能够解释产业内贸易，你知道哪些关于产业内的贸易理论？

古典贸易理论和新古典贸易理论都是建立在相对价格差异基础上的贸易理论。这些理论强调国家间技术与资源等供给方面的差异是导致国际贸易发生的根本因素，主要解释发生在发达国家与发展中国家的产业间贸易。然而原有理论的一些假设条件是不符合实际的，由此导致在解释当今国际贸易问题时遇到了很多困难，甚至失去说服力。因此一些学者放松了古典贸易理论与新古典贸易理论的部分假设条件，用一些新的贸易理论解释现实的国际贸易世界，于是产生了新贸易理论。

古典贸易理论认为技术差异是导致两国发生贸易的基础，但是该理论属于静态分析方法，假定在某个时点上，两国的技术水平不变，然而现实世界中随着研发投入的不断增加，两国的技术水平是不断发生变动的。产品的生命周期理论就是从技术的动态变化的角度来解释国际贸易的起因。

无论是古典贸易理论还是新古典贸易理论都是从供给的角度来解释相对价格差异以及国际贸易的成因。事实上商品的相对价格是由需求与供给两个同样重要的方面决定的，因此，上述理论假定两国的需求一样，不考虑需求因素的假设与现实差异较大。重叠需求理论就是从需求的角度来解释国际贸易的起因。

古典贸易与新古典贸易理论的另外一个重要假设就是规模经济不变，然而国际贸易也可以在规模报酬递增的基础上进行。随着规模报酬不变的假设条件被打破，产品市场和要素市场也将是不完全竞争的。新贸易理论将从规模经济以及不完全竞争的市场结构等角度来解释差异产品及同质产品的产业内贸易。

传统的贸易理论都是从宏观国家的层面解释贸易的起因的。20 世纪 90 年代以来，国际经济学界对贸易模式和贸易流量的解释已经到了企业层面的微观研究，代表性的理论就是企业异质性理论，该理论被称为新新贸易理论。

新贸易理论就是通过放松传统贸易理论的某些假设条件，从不同的角度补充和扩展原有理论，通过对原有理论的修正，解释很重要的一部分国际贸易现象。本章首先介绍产业内贸易的相关理论，然后分别介绍产品的生命周期理论、重叠需求理论、规模经济理论及企业异质性理论。

第一节 产业内贸易理论

统计资料表明，自第二次世界大战以来，国际贸易的增长速度远远超过了世界产出的增长速度，尤其是发达国家之间的贸易。一个引人注目的现象是，一个国家既出口又进口同一个产业内的产品。例如，日本向美国出口丰田汽车，从美国进口福特汽车。巴拉萨将这种贸易现象称为产业内贸易，也有人将其称为双向贸易。面对这一现象，以完全竞争为假设前提，仅仅讨论产业间贸易的传统贸易理论已无法做出令人信服的解释，于是就出现了产业内贸易理论。

一、产业内贸易的定义及特点

从产品内容上看，国际贸易可以分成产业间贸易和产业内贸易两大类。产业间贸易是指不同产业间产品的贸易，如计算机与纺织品之间的贸易。产业内贸易是指产业内部同类产品之间的贸易，即一个国家同时出口和进口同类产品。这里的同类产品是指按国际贸易标准分类（standard international trade classification，SITC）至少前三位数相同的产品，即至少属于同类、同章、同组的商品。

产业内贸易可分为同质产品的产业内贸易和差异产品的产业内贸易两大类。

同质产品（homogeneous products）是指在效用和品质上完全相同的产品，产品间可以完全相互替代。完全同质产品的贸易是特殊情况下的贸易现象，如大宗原材料的边境贸易、农产品水产品的季节性贸易、转口贸易、政府干预的价格扭曲和合作或技术因素的贸易。

差异产品（differentiated products）又叫异质产品，是指存在差别的同类产品。例如，中国国产的红旗牌轿车与丰田、大众、沃尔沃、雷诺牌轿车是不完全一样的；即便是相同的碳酸饮料因不同厂家生产的品牌不同也被认为是差异产品。差异产品可以分为三种，即水平差异产品、技术差异产品和垂直差异产品。不同类型的差异产品引起产业内贸易的动因也不相同。

一般来说，产业内贸易具有以下几个特点。

(1)产业内贸易是同类产品的贸易，而产业间贸易是不同类产品的贸易。

(2)产业内贸易的产品是双向流动，而产业间贸易基本上是单向流动的。

(3)产业内贸易的产品具有多样化特点。这些产品中既有资本密集型产品，也有劳动密集型产品；既有高技术产品，也有标准技术产品。

(4)产业内贸易的商品必须具备两个条件：一是消费品能够相互替代；二是在生产

中需要相近或相似的生产要素投入。

二、产业内贸易指数

一般用产业内贸易指数来测量某个产业或某一国家的产业内贸易程度。产业内贸易指数是用来测度一个产业的产业内贸易程度的指数，即一国某产业内贸易额占该产业进出口总额的比例。1975年，格鲁贝尔和劳埃德提出了产业内贸易指数，即格鲁贝尔-劳埃德指数(G-L指数)。它是目前最广泛使用的衡量产业内贸易程度的指标，用公式可以表示为

$$IIT=1-\frac{|X-M|}{|X+M|}$$

式中，X代表一国产业的出口额；M代表一国产业的进口额；IIT表示一国产业的产业内贸易指数，其取值范围在0~1，IIT值越大，表明行业内贸易程度越高。

通常产业内贸易指数的大小主要受以下三个因素的影响。

(1)某种产业部门的产品特性会影响产业内贸易指数的大小。例如，有些产业部门的产品生产和消费具有明显的地域性，难以发生大规模的产业内贸易。

(2)产业部门的成熟程度会影响产业内贸易指数的大小，高度发达成熟的产业部门容易发生产业内贸易，幼稚工业部门就难以发生产业内贸易。

(3)产业部门的划分会影响产业内贸易指数的大小，如果产业部门的划分细致，产业内贸易指数就比较小，如果产业部门的划分很粗略，产业内贸易指数就比较大。

三、产业内贸易理论的主要内容

(一)同质产品的产业内贸易

同质产品的产业内贸易有以下几种形式。

1. 国家间大宗产品的交叉型产业内贸易

水泥、木材、玻璃和石油等产品的贸易就属于产业内贸易。由于这些产品的运输成本在总成本中占较大的比重，进口国通常会从距离本国最近的国外生产地购入产品，而不会选择从距离遥远的国内供应地买入。例如，俄罗斯西伯利亚地区如果需要大量钢材或者建筑材料，从中国东北地区进口就比从处于欧洲区域的俄罗斯其他地区购买更为经济。

2. 相互倾销

在不同国家生产同样产品的企业，为了占领更多的市场，有可能在竞争对手的市场倾销自己的产品，从而形成产业内贸易。

3. 跨国公司的内部贸易

为了更有效地配置资源，降低成本，跨国公司在全世界组织自己的生产和运营，

于是母公司与子公司或者子公司与子公司之间会产生零部件、中间产品的贸易。由于统计上常常将零部件、中间产品以及加工产品都视为同样的产品，因此跨国公司的内部贸易也被称为产业内贸易。例如，中国在出口波音飞机尾翼的同时，又进口波音飞机的整机；欧盟的空中客车飞机更是在不同的欧盟成员国内分工制造、组装的，零部件、整机的进出口更体现为产业内贸易的过程。

4. 季节性贸易

有些产品的生产和市场需求具有一定的季节性，因此有些国家为了满足国内需求矛盾也会形成产业内贸易。例如，欧洲一些国家为了相互解决用电高峰而进行的电力进出口，另外，一些果蔬的季节性进出口也属此类。

（二）差异产品的产业内贸易

根据产品周期理论，产品生命所经历的开发、成长、成熟、衰退的周期在不同形态技术水平的国家之间会存在一个较大的差距和时差，同一产品在不同国家市场的竞争地位会有差异，从而决定了技术先进的国家不断地开发新产品，技术后进的国家则主要生产那些技术已经成熟的产品，处在不同生命周期阶段的同类产品间产生了产业内贸易。

第二节　技术差距论与产品生命周期理论

一、技术差距论

美国经济学家波斯纳在 1961 发表的《国际贸易与技术进步》一文中首次提出技术差距论，该理论把技术作为独立于劳动和资本的第三种要素，探讨了技术差距或技术变动对国际贸易的影响。

技术差距论认为，创新产品总是最先在工业发达国家问世，经过一段时期后进入国际市场，创新国获得了初期的比较利益，得到了高利润。在创新产品问世之初，尽管其他国家也想对新产品进行模仿，但由于与先进国家之间存在技术差距，这些国家需要经过一段时间的努力才能生产出新产品。由于新技术经专利权转让、技术合作、对外投资、国际贸易等途径流传至国外，新技术最终为技术模仿国所掌握，模仿国可自行生产并减少进口，创新国渐渐失去了该产品的出口市场，因技术差距而产生的国际贸易逐渐缩小。

波斯纳将一种新产品在创新国投产上市到模仿品在其他国家投产上市的时间定义为模仿时滞。模仿滞后时期又包括三个阶段，即需求时滞、反应时滞和掌握时滞。

1. 需求时滞

当创新国完成某项技术创新，研制出某项新产品，并将该项新产品出口到其他国家，在一定时间内，在其他国家进口的新产品还不能取代进口国生产的同类老产品。

这段时间就是需求时滞。影响需求时滞的主要因素有两个国家的收入水平差异、模仿国收入分配的公平程度、信息传递的速度以及创新国与模仿国的市场开放情况。

2. 反应时滞

随着进口国的消费需求从本国的同类"老"产品转移到进口"新"产品，进口国厂商感受到市场压力，开始放弃陈旧的生产技术，并通过各种途径取得新技术生产新产品。从进口国的生产厂商对进口新产品后的市场变化做出反应，到他们仿制出同进口产品相类似的产品需要一段时间，这段时间称为反应时滞。反应时滞取决于模仿国企业家的投资意识、风险意识以及规模效益、贸易壁垒、后进国收入水平和市场大小。

3. 掌握时滞

模仿国从开始模仿生产到完全掌握相关技术，达到与创新国同一技术水平的时间，就是掌握时滞。掌握时滞取决于创新国的技术转移意愿、后进国的国内需求强度、R&D经费（research and development，即研究与试验发展经费）、技术基础和生产条件。

波斯纳的技术差距论可用图 5.1 形象地描绘出来。

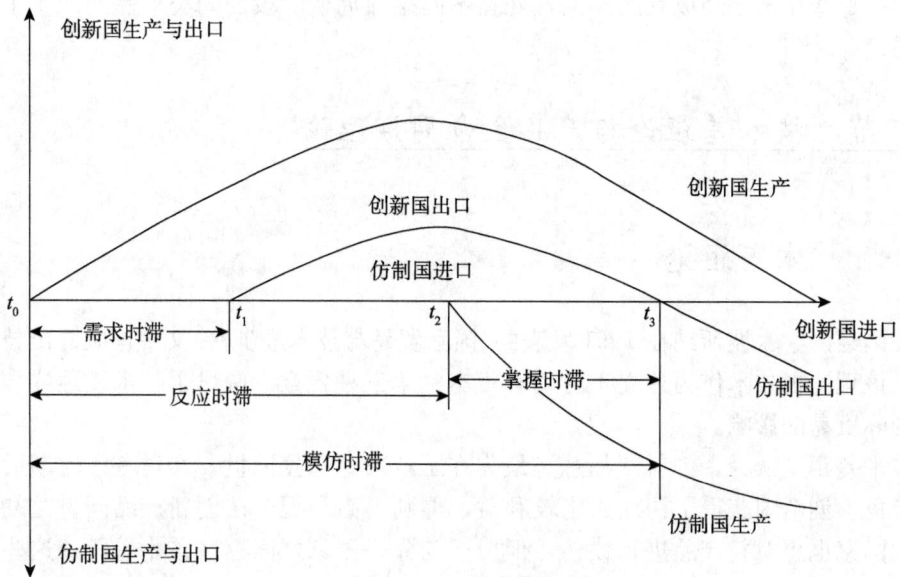

图 5.1 技术差距论

在图 5.1 中，横轴表示时间，纵轴表示创新国、仿制国的生产和出口数量。t_0 为创新国开始生产的时间，t_1 为仿制国开始进口的时间，t_2 为仿制国开始生产的时间，t_3 为仿制国开始出口的时间。

二、产品生命周期理论

产品生命周期是指一种新产品从开始进入市场到被市场淘汰，要经历的开发、成长、成熟和衰退的整个过程。产品生命周期原本是营销学概念，被引入国际贸易理论，成为第二次世界大战后最有影响的国际贸易理论之一。它把技术变化作为国际贸易的又一个决定因素，试图解释国际贸易形态的动态变化特征。美国哈佛大学教授雷蒙德·弗农于 1966 年在《产品周期中的国际投资与国际贸易》一文中首次提出这一思想。

弗农认为，产品生命所经历的开发、成长、成熟、衰退的周期在不同形态技术水平的国家之间会存在一个较大的差距和时差，同一产品在不同国家市场的竞争地位会有差异，从而决定了国际贸易格局的动态变化。

产品周期理论主要关注"新产品"及其对国际贸易的影响。新产品具备两个主要特征：第一，它要迎合高收入者的需求，因为美国是个高收入的国家；第二，它的生产过程是一个节约劳动的过程，因为美国通常被看做一个劳动力稀缺的国家。

产品周期理论把新产品的生命周期划分为三个阶段。

1. 产品导入阶段

这是新产品的开发、试制和试销阶段。在这一阶段，产品的技术尚未成型，研究与开发费用在成本结构中占据最大比重。弗农认为，产品生命周期的第一阶段总是在美国发生，这是因为美国科研力量强、科研经费充足、企业创新能力强，又有大的市场做支撑。新产品在美国生产和消费，厂商可以贴近市场以便观察消费者反应，不断调整产品特征和生产过程。

2. 产品成熟阶段

当产品进入成熟期阶段以后，由于对该产品及其特征方面的一般标准开始出现，且开始使用大批量生产的技术。随着生产过程的标准化，规模经济得以实现。在这一阶段，资本成为最主要的构成成本。

这一阶段，技术已经扩散，美国与日本、西欧发达国家之间的技术差距基本消失，国外市场逐步扩大，一旦市场大到足以使当地生产获得规模经济时，日本、西欧企业开始模仿生产。由于不需要支付大量的研发费用，模仿国有成本优势，美国本土生产的新产品在工业发达国家竞争力下降，美国开始在这些国家设立子公司在当地生产。这时，美国对工业国家的出口放缓甚至下降。

3. 产品标准化阶段

这一阶段，产品以及生产过程的特征都已经广为人知，原材料和劳动工资是最重要的成本。日本和西欧各国以低成本为基础开始大量生产，进口逐渐减少，美国失去了对该种产品的垄断地位，出口大幅度下降。美国、日本和西欧各国开始对发展中国家投资，以利用这些国家充裕的劳动力；发展中国家也开始模仿或引进这种技术，生产这种产品。

在产品周期的整个过程中，国际贸易的演变可用图 5.2 来描述。图 5.2 中，横坐标表示时间，纵坐标上端表示净出口。在初始时刻（t_0），新产品刚刚由创新国研制开发出来。在初始阶段，由于产品的技术尚未成型，生产规模小，消费仅限于国内市场。到 t_1 时刻，开始有来自国外的需求，于是创新国开始出口。由于产品的品质和价格较高，进口国主要是一些收入水平与创新国较接近的其他发达国家。随着时间的推移，进口国逐渐掌握了生产技术，能够在国内进行生产，并逐渐取代一部分进口品，于是进口开始下降。到了某一阶段之后，由于一小部分发展中国家的需求扩大，创新国的产品也开始少量出口到一些发展中国家。到 t_2 时刻，生产技术已成型，产品达到了标准化，由技术密集型转化为资本密集型。这时，其他发达国家开始大量生产和出口该产品，原来的创新国随后（t_3 时刻）成为净进口国。最后，当产品转变为非熟练劳动密集型时（t_4），发展中国家成为净出口国。

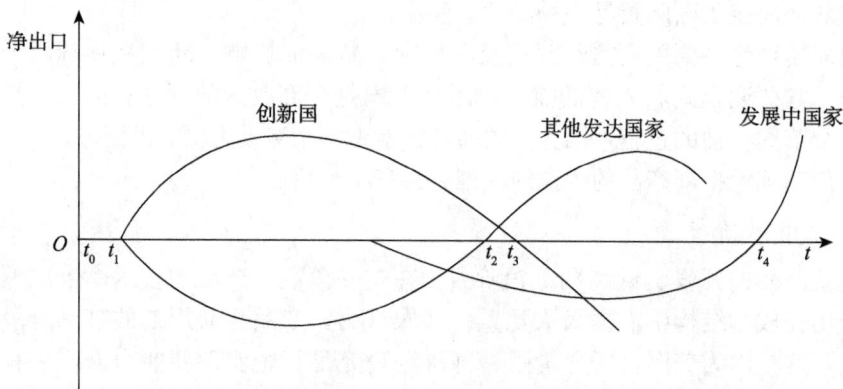

图 5.2   产品生命周期理论

第三节   需求偏好相似论

瑞典经济学家林德（Staffan B. Linder）提出的重叠需求理论（又称需求偏好相似论），从需求面探讨了国际贸易发生的原因。他的核心思想是：两国之间贸易关系的密切程度是由两国的需求结构与收入水平决定的。

一、假设前提

需求偏好相似理论有两个假设条件。

1. 消费者行为假设

假设在一国之内，需求受消费者的收入水平决定。不同收入阶层的消费者偏好不同，收入越高的消费者就越偏好奢侈品，收入越低的消费者就越偏好必需品，如果消费者收入水平相同，则其偏好也相同。一般情况下，一国对该国平均档次的商品需求量最大，其成为代表性需求。

2. 两国需求重叠的假定

厂商根据消费者的收入水平与需求结构来决定其生产方向与内容，而生产的必要条件是对其产品有效需求的存在。如果两国的平均收入水平相近，则这两国的需求结构也必定相似；反之，如果两国的收入水平相差很大，则它们的需求结构也必然存在显著的差异。

二、重叠需求与国际贸易

　　尽管一国或一个经济体内部存在对同一类产品的需求的多样性,但是厂商为实现规模经济效果,总是瞄准本国代表性需求的产品档次,难以顾及不同档次产品消费者的需求。当每个国家的厂商追求本国的代表性需求时,该国的非代表性需求就难以在一国范围内都得到满足,因而都需要借助国际贸易加以实现。而那些收入水平接近、需求结构相似的国家由于重叠需求的部分多,这些国家发生贸易的可能性也就越大。由于该理论强调需求结构的相似性对贸易的影响,因而有时也称为需求相似理论。

　　但是,如果两个国家人均收入水平完全相同,从而两国的需求结构完全相同,两国潜在出口产品和潜在进口产品也完全相同,那么这两个国家发生贸易的基础是什么呢?产品差异性的存在导致了贸易的无限可能性。林德这样评论:几乎无限范围的产品差异性的存在,与看起来毫无限制的购买者特质(风格)相结合,使得本质上相同的商品的国际贸易得以繁荣起来。

　　在图 5.3 中,横轴为各国的人均收入水平(Y),纵轴为消费者所需的各种商品的品质等级(Q)。所需的商品越高档,则其品质等级就越高;人均收入水平越高,则消费者所需商品的品质等级也就越高。二者的关系由图中的 OP 线表示。假设这两个国家的国民收入分配的结果相同,即都形成了 5 个不同收入水平的社会阶层,但由于他们的人均收入水平不同,这两个国家对于产品的需求范围也就有所不同。

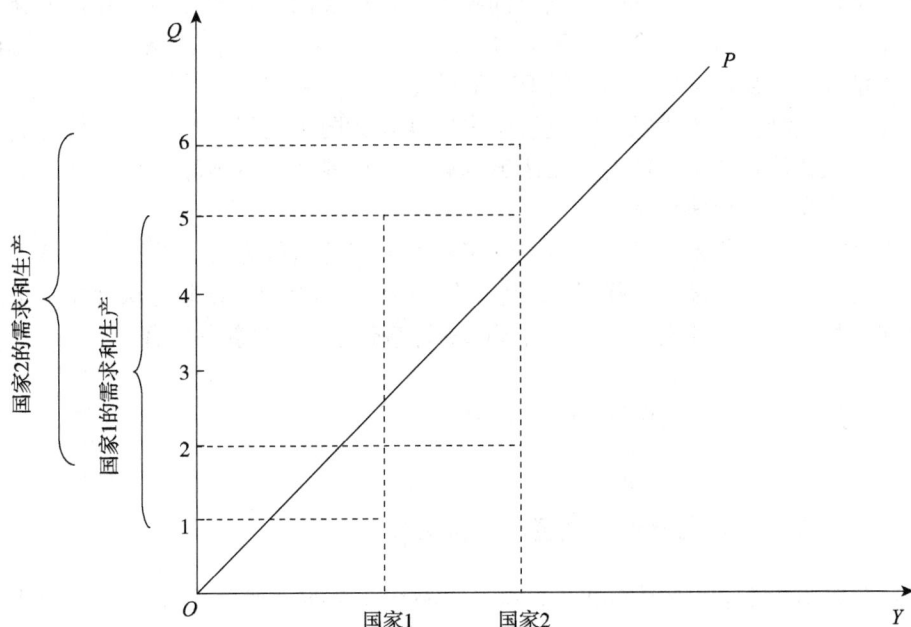

图 5.3　重叠需求理论

　　在图 5.3 中,国家 2 的品质等级处于 $Q2 \sim Q6$,国家 1 的品质等级在 $Q1 \sim Q5$。在 $Q2 \sim Q5$ 的商品,在两国都有需求,即存在所谓的重叠需求。这种重叠需求是两国开展贸易的基础,品质处于这一范围内的商品,A、B两国均可能输出或输入。

由图5.3可知,两国的人均收入水平越接近,则重叠需求的范围就越大,两国重复需要的商品都有可能成为贸易品。所以,收入水平相似的国家,互相间的贸易关系也就可能越密切;反之,如果收入水平相差悬殊,则两国之间重复需要的商品就可能很少,甚至不存在,因此贸易的密切程度也就很小。

依据重叠需求理论,如果各国的国民收入不断提高,则由于收入水平的提高,新的重复需要的商品便不断地出现,贸易也相应地不断扩大,贸易中的新品种就会不断出现。

三、重叠需求理论的适用性

初级产品的贸易是由自然资源禀赋的不同引起的,可以在收入水平差距较大的国家之间进行,因此要素禀赋理论主要解释发达国家与发展中国家之间的产业间贸易;而工业产品的品质差异较大,需求与一国的收入水平有很大关系,收入水平越高对工业品的需求越大,工业品贸易主要发生在收入水平相近的发达国家之间。因此重叠需求理论适合解释发生在发达国家之间的产业内贸易。

第四节　规模经济、不完全竞争与国际贸易

传统的国际贸易理论大都强调国家间技术、资源及偏好等方面的差异在国际贸易中的决定作用。根据这些理论,国家间的差异性越大,它们之间的贸易基础就越雄厚,就越有可能发生贸易,贸易的形态属于产业间贸易。

但是在20世纪60年代以来,经济学家发现发达国家之间的产业内贸易占据了主流。这一事实说明传统贸易理论已无法解释第二次世界大战后国际贸易发展中的一些新现象,国际贸易理论面临挑战。

在20世纪70年代末,以美国经济学家保罗·克鲁格曼为代表的一批经济学家提出了"新贸易理论",打破了国际贸易理论历经的20年的沉寂。该理论从规模经济的角度说明国际贸易的起因和利益来源,对国际贸易基础做出一种新的解释。

一、外部规模经济与国际贸易

(一)内部规模经济与外部规模经济的含义

规模经济有内部规模经济(internal scale economies)和外部规模经济(external scale economies)之分。

内部规模经济是指工厂或公司水平的规模经济,它可以分为两个层次,工厂规模经济和公司规模经济。工厂规模经济指单个工厂水平上的报酬递增,即单产品的厂商通过自身生产规模扩大,可以提高生产率,降低平均成本,从而获得规模报酬。工厂

规模经济主要来源于专业化利益和某些生产要素的不可分性。公司规模经济也称范围经济，即多产品的企业(公司)生产多种产品产生的规模报酬递增。它是指单个企业联合生产两种产品，其产量超过两个企业各自生产一种产品能达到的产量之和。公司的范围经济主要来源于技术、资源上的互补性及要素共享等。

外部规模经济是假定厂商在规模报酬不变的情况下，行业所具有的报酬递增性，它来自厂商没有能力完全利用的知识或信息。外部规模经济意味着，尽管各个厂商的平均成本及边际成本可能会由于其产出的扩大而上升，但它们也会由于同一行业内其他厂商产出的扩大而得到降低。外部规模经济产生的源泉有很多，其中包括：①行业地理位置的集中带来的外部规模经济效应；②行业内每个企业从整个行业的规模扩大中获得更多的知识积累，即阿罗(Arrow)所说的"干中学效应"(learning by doing)。

(二)外部规模经济与国际贸易

1. 封闭条件下的国内市场均衡

假定本国(H)和外国(F)的要素禀赋和技术水平完全相同，经济的绝对规模也相当，两国的生产可能性曲线均以图5.4表示。

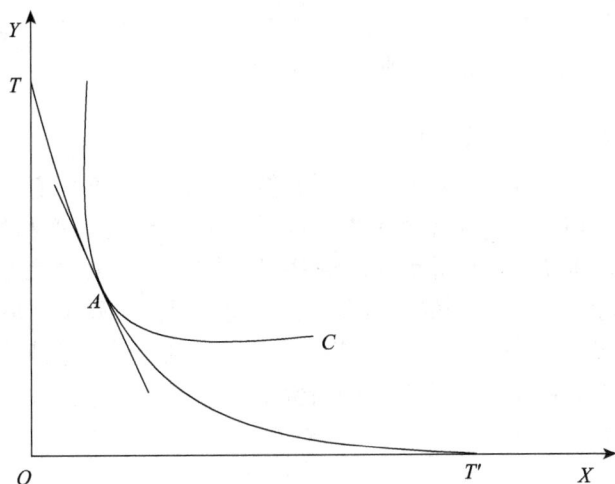

图5.4　外部规模经济下的生产可能性边界

TT'是凸向原点的，这说明生产 X 和 Y 产品时产生的规模收益递增效应超过了要素密集度效应。A 点是两国在封闭经济状态下共同的生产点和消费点，拥有共同的无差异曲线 C，经由 A 点的价格比率也是相等的。很明显，这时并不存在比较利益的问题，但却仍然存在着在开放经济下由专业化分工和贸易所能带来的潜在利益。

2. 开放条件下两国消费点重合的情形

假定两国的需求偏好也完全相同，由于规模经济的原因也可能产生国际贸易，并使得两国的经济福利增进。在开放经济下，如图5.5所示，如果本国试图增加 Y 产品的生产，哪怕开始只比对方稍微增加一些，在规模经济因素作用下，稍加扩展的 Y 产业就会获得成本优势，促使其进一步扩张，这种扩张反过来又强化了它的优势（正反馈），出现了一种滚雪球式的专业化分工倾向，推动本国专业化生产 Y 产品，产量为 OT。反之亦然，外国也会专业化生产 X 产品，产量为 OT'。两国各以自己生产的一半进行贸易，结果是各自的消费点都处于 B 点。可以看出，尽管两国在初始阶段完全相似，但贸易后两国的消费水平都有所提高，经济福利也随之得到增进，达到了位置更高的社会无差异曲线 C_1。这说明，外部规模经济可成为国际贸易的一个独立起因，但国际分工及国际贸易的格局并不确定。

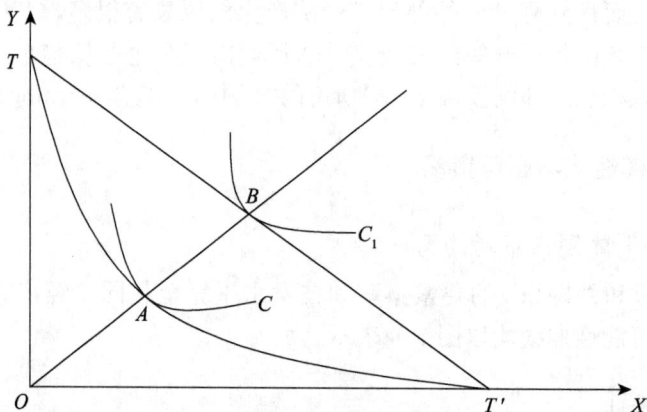

图5.5 外部规模经济与国际分工

3. 贸易利益分配不平衡的情形

除了上述贸易利益分配均衡的情况，还有贸易利益分配不均衡的情形。现假定两国进行专业化生产，但两国均希望多消费 X 产品，结果导致 X 产品的相对价格上升。图5.6反映了新的均衡状态。世界市场价格 P_1 分别与两国的社会无差异曲线 C_H 和 C_F 相切，B_H 和 B_F 各为本国和外国的新消费点。由此可见，尽管两国原先的经济状况相同，但贸易利益却没有平衡分配，本国获得的贸易利益较少。在某种极端的情况下，强烈的需求偏好甚至有可能使从 T 出发的新价格比率线低于 A 点，这样一来，本国不但不会获利，反而要惨遭损失。

二、动态规模经济与国际贸易

(一)动态规模经济的含义

动态规模经济是指随着某一行业累积产量的增加以及行业整体知识和经验的不断积累，整个行业平均成本下降的效应。动态规模经济效应通常也被称为"干中学""学习效应"（learning effects）。例如，波音航空航天公司生产第一个 1 000 架飞机需要的工时数比生产第二个 1 000 架飞机需要的工时数多 75%，尽管前后两个阶段公司每月生产的飞机数量大致相等。这表明飞机的平均成本随着累积产量的增加而大幅度下降。

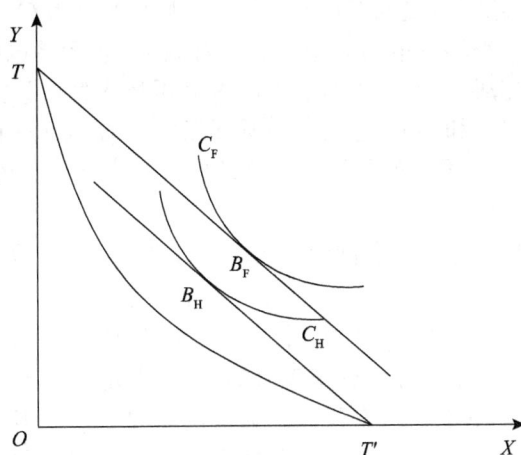

图 5.6 贸易利益分配不平衡

动态规模经济产生的根源主要来自于知识的积累。例如，生产中的一些技能或知识往往直接来自于实践经验的积累。对于单个企业来说，由于生产规模较小，这种直接来源于单个企业生产活动的经验积累是极其有限的，但从整个行业角度来看，随着整个行业的规模扩大，来自于实践的经验积累就比较显著了。因此，行业内的每个企业都可从整个行业的规模扩大中获得更多的知识积累。

(二)动态规模经济与国际贸易

动态规模经济蕴含着深刻的政策含义。这可以由图 5.7 来说明。

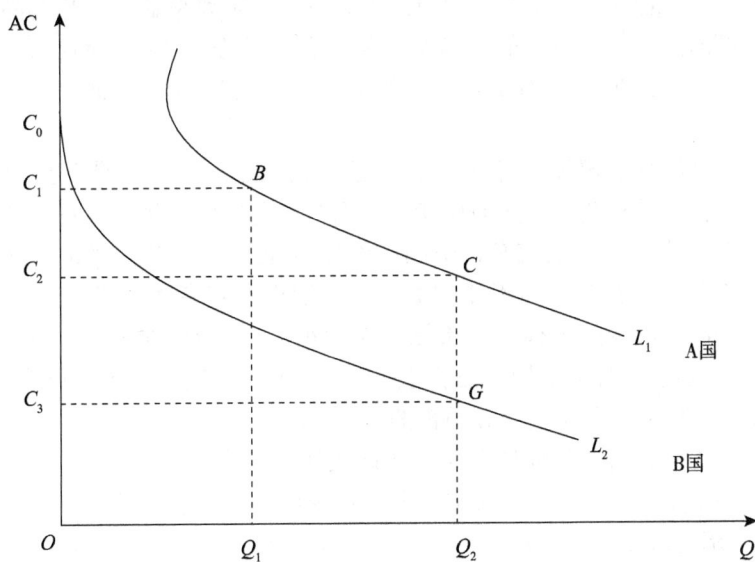

图 5.7 动态规模经济

横轴表示随时间推移某种产品的累积产量，纵轴表示平均成本。学习曲线 L_1，表示 A 国的平均成本随着累积产量的增加而下降，当累积产量为 Q_1 时，平均成本为 C_1，而当产出量达到 Q_2 时，平均成本则下降为 C_2。曲线 L_2 表示 B 国的学习曲线，当 B 国的产量为 Q_2 时，其平均成本为 C_3，但如果此时 B 国还未生产该产品的话，其初始成本为 C_0，而 C_0 要高于 C_1 和 C_2，这是市场所不能接受的，因而 B 国不可能进入该产业。因此，当存在动态规模经济的条件下，贸易模式并不确定，B 国为了进入该产业，政府往往会提供贸易保护。

例如，在 18 世纪的瑞士，钟表行业主要是手工作坊式的，属于技能劳动密集型。当时瑞士恰好满足该行业的这种特点，所以早期钟表行业在瑞士率先得到发展。随着瑞士钟表业的发展壮大，这种在发展初期"领先一步"的优势，由于规模经济的存在，转化为成本上的优势，从而限制了"后来者"的进入，奠定了瑞士钟表行业在国际分工中的地位。而在另一面，由于经济发展或工业化的需要，一些国家或地区也可能会通过进口保护或出口促进等政策措施，改变其在国际分工与国际贸易格局中的地位，从而在一些具有规模经济的部门上拥有竞争优势。例如，日本在经济发展初期及东亚的"四小龙"的一些经验便是这方面的一些典型例子。

三、不完全竞争与国际贸易

(一)国际贸易中的不完全竞争

无论是古典还是新古典贸易理论，在分析国际贸易时都假定产品市场是完全竞争的。其关于贸易的解释和讨论都是建立在这一基础之上的。

根据微观经济学理论，完全竞争的商品市场有两个重要特征：一是商品的同质性，即各个厂商生产的商品都是一样的，如矿产品、农产品等，这些产品虽有差别，但其基本效用差不多；二是单个厂商不具备市场力量，它面临的需求曲线是一条水平线，是价格接受者。

但是国际贸易的现实离完全竞争的假设已经越来越远。首先是差异产品的存在。所谓差异产品是指产品有基本相同的功能，但仍存在着差别。例如，日本的丰田汽车、美国的通用汽车、德国的大众汽车、中国的红旗汽车，虽然它们都属于汽车这一类，但在性能、品牌等方面相互之间不能完全替代，因而消费者将它们视作不同的产品。其次是各国制造品生产者的规模以及市场影响力很大。例如，在美国，几乎所有的汽车都是由通用、福特和克莱斯勒这三大公司生产的；在法国和意大利等国家，有近60％的汽车是由一两家大公司生产和销售的。

由此可见，古典和新古典贸易理论之所以无法解释当代国际贸易中许多现象的原因之一是有关完全竞争的假设。当代国际贸易理论则在不完全竞争(包括垄断竞争、寡头和垄断)的基础上研究国际贸易。

(二)垄断竞争与国际贸易

一个垄断性的竞争市场存在众多厂商且新厂商进入不受限制，各厂商销售在质量、外观或名声方面有差异的产品，各厂商是其特有产品唯一的销售者。对消费者来说，这些厂商的产品尽管可以相互替代但是不能完全替代，产品的差别使得每家厂商在该产业中对它所特有的产品拥有垄断地位，因而在这个市场中，各厂商面临的是向右下方倾斜的需求曲线。

1. 垄断竞争市场的长期均衡

在短期内，垄断竞争市场中的厂商可以赚取超额利润，但是由于不断有新厂商进入该市场，从而将利润压低至零。因此，在长期中，垄断竞争市场中的厂商利润为零，其产品价格恰好等于其平均成本。

图 5.8 说明了这一点。图 5.8 是有关垄断竞争市场的标准模型。图 5.8 中的 D 曲线是某一代表性厂商所面对的长期需求曲线，它也是厂商的平均收益曲线（AR）。由于该厂商是自己所特有产品的垄断者，所以其面对的需求曲线是向右下方倾斜的，同时又由于许多其他厂商也提供同类产品，所以该厂商所面临的需求曲线具有较大的价格弹性（因此需求曲线较为平缓），这意味着价格的较小变动会导致厂商销售量的较大变动。需求曲线向右下方倾斜，则边际收益曲线（MR）也向右下方倾斜，且在需求曲线之下，即 MR$<$P。

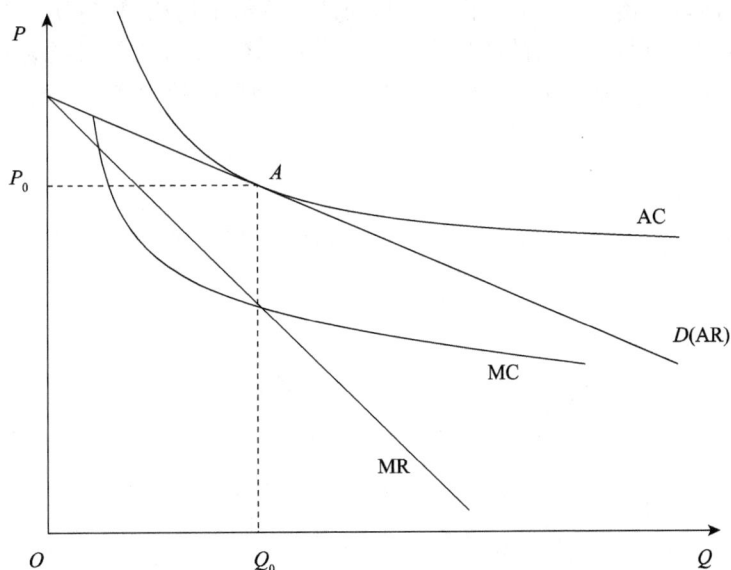

图 5.8　垄断竞争市场的标准模型

由于存在规模经济，所以该代表性厂商的平均成本曲线（AC）是向右下方倾斜的，即当其产量增加时平均成本（AC）会下降。当平均成本随着产量的增加而下降时，边际成本一定是低于平均成本的，即 MC$<$AC，所以边际成本曲线（MC）在平均成本曲线之下。当边际收益等于边际成本（MR = MC）时，该厂商实现利润最大化，即边际收益曲线和边际成本曲线的交点所对应的产出水平 Q_0 是该厂商的最优产量，从需求曲线上可以看出，该产量（相应的销售量）所对应的价格水平为 P_0，恰好等于该产量所对应的平均成本（平均成本曲线恰好在 A 点，并且和需求曲线相切），这表明该厂商刚好弥补成

本,即它只能赚取平均利润。

在长期中,垄断竞争厂商的需求曲线之所以恰好和其平均成本曲线相切,原因在于市场份额和销量下降(或上升),即使原有厂商的需求曲线向左下方(或右上方)移动,最终当垄断竞争厂商的平均成本曲线和其面对的需求曲线相切时,该厂商的产品价格恰好等于其平均成本,既没有超额利润也没有亏损,此时厂商的进出停止,该市场达到垄断竞争条件下的长期均衡,厂商数目也随之确定。相应地,垄断竞争市场的长期均衡条件为

$$MR = MC$$
$$P = AR = AC$$

2. 垄断市场规模与厂商产量、厂商数目

现在再来看一看,在市场均衡状态下,市场规模的大小与厂商数目(或差异产品数目)及厂商产量之间的关系。首先,市场规模越大,则其所能容纳的厂商数目(n)就会越多;其次,厂商数目越多,与单个厂商平均成本曲线相切的需求曲线就越平坦。在图 5.8 中,AC 曲线的位置固定不变,D 曲线越平坦,其与 AC 曲线的切点就越偏向右下方,这意味着厂商的均衡产量会随着市场规模的扩大而上升。由于所有厂商的条件均完全相同,所以均衡时,所有厂商的产量与产品价格也均相同。若用 M 表示整个市场规模,那么均衡时每个厂商的产量均为 $q = M/n$。图 5.9 反映了市场规模扩大后的情形,均衡价格与产量分别为 P_e 和 Q_e,可以看出单个厂商的均衡产量会随着市场规模的扩大而上升。

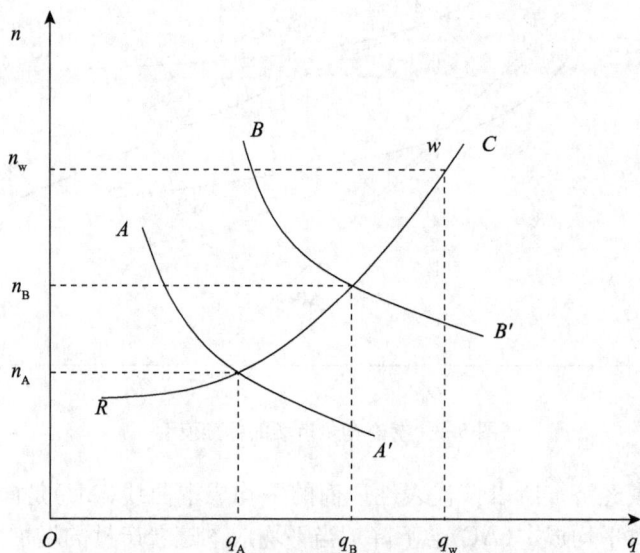

图 5.9　市场规模与厂商数量

图 5.9 中的曲线 RC 描述了均衡时厂商数目与厂商产量之间所有可能组合的轨迹。RC 曲线向上倾斜,曲线上离原点越远的点表示市场规模 M 越大,因而对应的厂商数目与厂商产量就越大。

3. 开放条件下垄断竞争市场的均衡

假设世界上只有两个国家——A国与B国，两个国家除了市场规模存在差异（如人口规模的差别导致了市场规模的差异）外，在生产技术条件、要素禀赋及消费者偏好等诸多方面都完全相同。我们假设A国是小国，B国是大国。

根据这些假设，A、B两国的RC曲线完全相同，从而可以图5.9为例说明两国的情况。由于A国国内市场相对较小，在封闭条件下，A、B两国的市场均衡分别为A点与B点。同时，我们还可以很容易地推断出，在封闭条件下，A国产品的价格要高于B国。市场开放后，两国市场结合成统一的世界市场。由于市场规模扩大，整个世界所能容纳的厂商数目和产量均扩大。在图5.9中，开放后的世界均衡点为w，厂商数目为n_w。无论是A国厂商还是B国厂商，所有厂商的均衡产量均为q_w。在自由贸易情况下，各国市场均衡均发生变化。各国厂商的产量均为q_w，与封闭情形相比，厂商的产量扩大了。但由于假设该垄断竞争行业的要素使用总量是固定的，对于各国来说，厂商产量的扩大必然意味着厂商数目的减少，所以两国开放后的市场均衡点应处于原来均衡点的右下方。在图5.9中，A'、B'分别表示A、B两国开放后的新均衡点，而AA'与BB'两条向下倾斜的曲线分别表示A、B两国在要素使用总量不变的条件下，行业内厂商数目与厂商产量有可能组合的轨迹。

对应于新的均衡点，A、B两国的厂商数目之和等于n_w，即开放后两国所生产的差异产品的数目之和等于n_w。很显然，$n_w > n_B > n_A$，所以，开放后两国消费者可选择的产品品种要比各自在封闭状态下多。另外，由于厂商间所生产的产品都是有差异的，因而两国在开放后所生产的产品品种不会有重复。开放后其消费品一部分由本国厂商提供，另一部分则来自于国外，由于这种贸易是发生在具有差异产品的同一行业内，所以贸易形态是一种产业内贸易。

因此，在规模经济存在的情况下，国际贸易的作用在于使一国市场扩大。市场扩大可产生两种积极效应：一是通过厂商产量的提高实现规模经济利益；二是增加产品的品种数量。从整个社会福利提高的来源看，贸易利益体现在两个方面：一是生产成本降低使消费者可以以更低的价格购买消费品；二是产品品种的增加使消费者可有更多的选择，从而带来更多的满足。

第五节　新新贸易理论

古典贸易理论、新古典贸易理论、新贸易理论的视角是从国家和产业层面上来解释贸易的发生、贸易结构，以及贸易对社会福利的增进和影响。但这些理论的分析视角是从国家和产业层面入手的，模型中的企业是同质的、无差异的，无法解释国际贸易领域中更为微观的现象。

20世纪90年代以来，国际经济学界对贸易模式和贸易流量的解释已进入到企业层面的微观研究，并运用企业层面的数据展开实证分析。2003年，哈佛大学的梅勒兹（Melitz）在《计量经济学》杂志发表《贸易对行业内重新配置和总行业生产率的影响》一文，提出异质企业贸易模型。2004 年，Antras 和 Helpman 提出企业内生边界模型。这两个模型构成了新新贸易理论的两个分支。企业的异质性理论主要解释为什么有的企业选择出口而有些企业选择在国内销售；企业内生边界模型主要解释是什么因素决定企业会选择公司内贸易、市场交易或是外包形式的资源配置方式。二者都研究了什么因素决定企业是选择出口还是 FDI(foreign direct investment，即外国直接投资)进入国际市场。本节将主要对企业异质性模型的内容作简单的介绍。

梅勒兹建立的异质性企业模型以 Krugman 和 Hpenhayn 动态产业模型为基础，同时引入企业生产率差异，来解释国际贸易中企业进口和出口决策行为。

梅勒兹模型在生产方面假定每个企业都生产水平差异产品中的一种，并具有一定的垄断能力；劳动是唯一的生产要素，劳动使用量与产量成正比、与生产率成反比；企业的生产率是外生决定的，企业会根据自己的生产水平做出前瞻性决策。在消费方面假定消费者对各种产品的偏好是对称的，喜欢产品的多样性，产品种类越多效用则越大。

在封闭经济条件下，企业有两种策略可供选择，即生产或不生产。存在一个生产率水平使得企业利润为零，这个生产率水平称为临界生产率水平。当企业的生产率水平大于临界生产率水平时，企业选择生产；当企业的生产率水平小于临界生产率水平时，企业则不会进入这个市场，或已经生产的企业会退出市场。除了生产率水平可以影响企业生产决策外，固定成本也是一个影响企业生产决策的变量。当固定成本升高时，会使得更多的企业退出市场，因为只有那些达到或者超过临界生产率水平的企业才会继续生产。而当固定成本降低时会有更多的企业进入市场，因为原来不生产的企业也会发现进入市场有利可图，于是开始生产。因此，异质企业的生产型决策是一个自我选择的过程。

在开放经济条件下，企业有三种策略可供选择，即不进行生产、进行生产但不进入国际市场、生产且进入国际市场。企业进入本国市场面临固定的生产成本，进入国际市场有贸易成本和沉没成本。当企业选择进入国际市场时，它所面临的成本为生产成本、贸易成本与沉没成本的加总。与封闭经济条件下的情况不同，开放经济条件下存在三种临界生产率水平，即封闭经济临界生产率、开放经济临界生产率与国际市场临界生产率。国际市场临界生产率最高、开放经济临界生产率次之、封闭经济临界生产率最低。当企业的生产率水平低于封闭经济条件下的临界生产率水平时，企业会退出所在行业；当企业的生产率水平介于封闭经济条件下的临界生产率水平与开放经济条件下的临界生产率水平时，企业会被迫退出市场；当企业的生产率水平高于开放经济条件下的临界生产率水平但低于国际市场临界生产率水平时，企业只能服务于国内市场；而对于那些生产率水平高于国际市场临界生产率水平的企业来说，他们将获得国际市场份额，利润水平大大提高。

梅勒兹模型强调了贸易自由化对资源在不同企业间的配置和行业生产率变动的影响。贸易自由化使得生产要素和经济资源进一步向生产率高的企业集中，效率低下的企业被迫淘汰出局，整个行业的效率都会因此得到提升。

新新贸易理论的核心观点是自由贸易通过市场份额的重新配置和行业生产率水平

的提高而提高社会福利。当然，自由贸易会引起国内企业数量的降低，但这并不会降低国内消费者的福利，因为国外企业可以提供价格更低且种类更丰富的产品。

> **本章小结**

1. 产业内部同类产品之间的贸易，即一个国家同时出口和进口同类产品。

2. 从技术的动态变化的角度解释国际贸易的起因，即产品生命周期理论。

3. 从消费者行为，即需求方面解释国际贸易的起因。当假设消费者行为更多地取决于收入水平时，需求结构的相似性——重叠需求便成为国际贸易的一个重要决定因素。

4. 以外部规模经济与垄断竞争模型为基础，探讨国际贸易的起因和影响，指出即使比较优势不存在，国际贸易仍然可以产生，因为规模经济亦是国际贸易的一个重要基础。

5. 传统的贸易理论都是从宏观国家的层面解释贸易的起因。20世纪90年代以来，国际经济学界对贸易模式和贸易流量的解释已经到了企业层面的微观研究，代表性的理论就是企业异质性理论，该理论被称为新新贸易理论。

> **思考题**

1. 试比较重叠需求理论与要素禀赋理论的异同。

2. 举例说明产品的生命周期理论。

3. 什么是规模经济理论？它的存在对一国经济会产生哪些影响？

4. 写出产业内贸易指数的公式。解释为什么在没有产业内贸易的部门间这个指数的数值为0，在最大的产业内贸易时此指数的数值为1。

5. 怎样使用国际贸易理论解释产业内贸易？

6. 假设如下条件。

(1)计算机软件行业表现出外部规模经济。

(2)与美国相比，印度在生产计算机软件上有比较优势。

(3)印度软件市场的规模是美国市场的十分之一。

(4)美国在该行业处于领先地位并且同时为美国和印度市场生产。

试作图分析，如果印度保护它的软件市场，将发生什么情况？为什么？

第六章

关税与非关税壁垒

教学目的

1. 了解关税的种类。

2. 从静态角度分析征收进口关税对一国福利影响。

3. 非关税壁垒类型及影响

教学难点和重点

1. 关税静态效应分析：局部均衡分析；一般均衡分析。

2. 关税的效果与安排：有效保护率与关税结构。

3. 关税与生产补贴和出口补贴效应比较。

4. 倾销与反倾销问题。

📖 **导入案例**

中国成为奢侈品消费大国[①]

伴随中国经济的快速增长，中国涌现出一大批富裕阶层。中国成为国际奢侈品最重要的消费市场。2009 年，中国奢侈品市场消费额第一次超越美国，成为仅次于日本的奢侈品消费大国。据国家统计局统计，我国的奢侈品消费市场正在以每年 20%～30%的速度增长，增长率稳居全球之首。Bain&Company(贝恩咨询公司)2010 年发布的《关于中国奢侈品市场研究》显示，仅 2010 年一年外国奢侈品商就从中国消费者手中赚走了 730 多亿元，而其中境外消费占据了大约 54%，中国境内的消费仅仅占有 46%。中国的奢侈品消费增长率连续三年世界第一。2013 年，中国奢侈品市场本土消费为 280 亿美元，境外消费则高达 740 亿美元，即中国人 2013 年奢侈品消费总额为 1 020 亿美元，合 6 000 多亿元，这也表明中国人买走了全球 47%的奢侈品，是全球奢侈品市场无可争议的最大客户。2014 年，中国消费者 76%的奢侈品消费在境外，消费达 810 亿美元。

我国消费者之所以大量在境外采购，是由于境内的奢侈品价格比特区(如中国香

---

① 根据网易财经资料整理。

港)和国外市场高出30%左右。我国对进口奢侈品一直实行较高关税并加征特别消费税。表6.1和表6.2分别表示我国奢侈品关税征收情况和我国高档消费品消费税征收情况。

表6.1 我国奢侈品关税征收情况(单位:%)

服装	珠宝	钟表	化妆品
15～25	20～35	15～35	10～15

资料来源:根据国家海关总署网站资料整理

表6.2 我国高档消费品消费税征收情况

商品名称	税率
高尔夫球及球具	10%
游艇	10%
高档手表	20%
烟草	30%
化妆品	30%
高端进口洋酒	20%＋1(元/千克)
烟草制的雪茄烟	40%

资料来源:根据国家税务总局网站资料整理

第一节 关税及其影响

前面的几章已经阐明,自由贸易将给参加国带来经济利益,并促进整个世界福利的增长。但是,现实中各国为使本国获得尽可能多的经济利益,政府或多或少地都要干预对外贸易,实施保护本国经济利益的贸易政策。各国采取的干预对外贸易的政策措施主要分为两大类,即关税和非关税壁垒。

关税是历史上最重要的一类贸易壁垒,早在欧洲古希腊、雅典时代就已经出现了关税。长期以来,各国都把关税作为调节进出口的重要手段,尤其是在贸易保护主义盛行时期,可以通过降低关税、免税、退税来鼓励商品出口,通过税率的高低来调节进口规模。

一、关税的含义和种类

关税是一国政府从自身的经济利益出发,依据本国的海关法和海关税则,对通过其关境的进出口商品征收的税。

关税是通过海关执行的。海关是设在关境上的国家行政管理机构,它是贯彻执行本国有关进出口政策、法令和规章的重要工具,其任务是根据这些政策、法令和规章对进出口货物、货币、金银、行李、邮件、运输工作等实行监督管理、征收关税、查禁走私货物、临时保管通关货物和统计进出口商品等。海关还有权对不符合国家规定的进出口货物不予放行、罚款直至没收或销毁。

海关税则是一个国家对进出口商品征税的规章和对进出口的应税商品和免税商品所作的系统分类，因此，海关税则由课征关税的规章条例和关税税率表两部分构成，它是一个国家对外贸易政策和关税政策的具体体现，利用海关税则可以达到保护本国经济和实行差别待遇的目的。现在，海关税则的最大特点是复式税则占主导地位，复式税则是指在一个税目下定有两个或两个以上的税率，对于来自不同国家的进口商品适用不同的税率。海关税则的另一个特点是商品分类非常精细，这不仅是商品种类日益增多所致的，更重要的是对同类商品的差别产品规定不同的税则号列，就能更有针对性地保护国内经济和实行关税差别待遇，有效地实施对外经济贸易政策。

关税的种类繁多，按照不同的标准，主要可划分为以下几类。

（一）按照征收的对象或商品的流向分类

按照征收的对象或商品的流向分类，关税可分为进口税、出口税和过境税。

进口税是进口国家的海关在外国商品输入时，根据海关税则对本国进口商所征收的关税。进口税又分为以获得财政收入为目的的财政关税和以保护本国相关产业为目的的保护关税两种。现实中，对国内并不生产的进口商品征税，一般是为了获得财政收入，但对国内可生产的进口商品征税，在大多数情况下是为了保护国内企业，因此关税往往成为一国贸易保护的重要工具。

出口税是一国海关在本国商品出口时，为保证本国市场供应或其他特殊目的而征收的关税。出口税是一个古老的税种，中世纪时代的欧洲各国均以此税作为政府的一项重要收入。一般而言，各国为鼓励本国商品出口很少征收出口税。但在特定情况下，如为保证国内资源供应、限制高科技出口等对出口商品课以重税，其目的在于保证国内市场供应和维护国家安全。

过境税也叫"转口税"或"通过税"，是一国对外国货物通过其关境和领土时征收的关税。在重商主义时代，该税种盛极一时。过境税并不对被通过国家的市场和生产产生影响，其最大的影响是抬高商品在国际市场上的价格，加重生产者和消费者的负担，减少国际贸易量。因此，关税及贸易总协定（以下简称关贸总协定）第 5 条明确规定缔约国对通过其领土的过境商品应免征过境税，并使过境商品顺利通过。现在绝大多数国家已不再征收过境税，只收取少量的行政管理费和提供有关服务的费用。

（二）按照差别待遇和特定的实施情况分类

按照差别待遇和特定的实施情况分类，关税可分为进口附加税、差价税和特惠税。

进口附加税是指一国海关对本国进口商在进口商品时除征收一般关税外，根据某种目的所加征的一种关税。根据针对的国家和商品的不同，进口附加税又可分为全面附加税和特别附加税两种。例如，美国为了应付国际收支危机，于 1971 年 8 月 15 日实行"新经济政策"，对进口商品一律征收 10% 的进口附加税，就属于全面附加税。特别附加税不针对所有商品，反补贴税和反倾销税即属于特别附加税。

差价税（variable levy）又称滑动关税（sliding duty），是指当某种本国生产的产品国内价格高于同类的进口商品价格时，为了削弱进口商品的竞争能力，保护国内生产和国内市场，按国内价格与进口价格之间的差额征收的关税。

特惠税也叫优惠税，是指对某个国家或地区进口的全部商品或部分商品，给予特别优惠的低关税或免税待遇。特惠税有的是互惠的，有的是非互惠的。所以这种优惠只适用于特定的国家和地区，非受惠国家不能援引最惠国待遇条款来要求享受这种优惠关税待遇。

（三）按照征收方法分类

按照征收方法分类，关税可分为从量税、从价税、选择税和混合税。

从量税是根据贸易商品的物理量（重量、体积、容积等）征收的关税。在大多数情况下，它是以商品的重量为计征标准的，但各国对应纳税的商品重量计算的方法各不相同，一般有毛重、半毛重和净重三种计重方法。在征从量税的情况下，当商品价格下跌时，关税的保护作用自然得到加强；反之，价格上升，保护作用自然减弱。第二次世界大战前，资本主义国家普遍采用从量税计征关税；第二次世界大战后，由于商品种类、规格日益繁杂和通货膨胀，大多数资本主义国家普遍采用从价税计征关税。

从价税是根据贸易商品的价格征收的关税，其税率表现为货物价格的百分率。计算公式为从价税额＝商品价值×从价税率。从价税的特点是税额随商品价格涨落而升降，所以其保护作用与价格密切相关。从价税征收比较简单，税率明确，税收负担比较公平，在税率不变时，税额随商品价格的上升而增加，既可增加财政收入，又可起到保护本国产业的作用。但比较复杂的问题是进口商品的完税价格如何确定。现在一般有三种方法，即以到岸价格、离岸价格和海关估价作为征税标准。

选择税是根据商品的特征确定征收关税的从价标准和从量标准，然后选择其中一种方法课征。此税的课征方法比较灵活，进口国可以根据进口商品的价格变动和国内经济情况的需要选择有利的课征方法。

混合税是对某些贸易商品既征收一定比例的从价税，也征收一定比例的从量税。具体运用时有两种情况，一种是以从量税为主，加征从价税；另一种是以从价税为主，加征从量税。

二、关税的经济效应

在关税的经济效应分析之前需要说明以下几点：首先，本部分对关税的经济效应分析是静态分析。其次，站在进口国角度，分析对进口商品征收关税后，对进口国产生的经济效应。最后，关税计税方法为从量税，即进口1单位商品所征收的关税额。

征收关税将产生一系列的经济效应。它与开展自由贸易的作用相反，会导致资源配置效率的降低，在各国间和各国内的不同利益集团之间进行收入的再分配，从总体来看，降低了贸易参加国的福利水平。

（一）关税的价格效应

对进口产品征收关税，首先会使进口产品的价格上升。假设国内进口替代部门的产品与进口产品是完全同质的，则征税后，国内市场该产品的价格会上涨，但上涨幅度取决于征税国对世界市场价格的影响能力。

如果征税国是一个小国，即其进口量占世界市场的比例很小，因而对世界市场价格没有影响力，征税后，虽然该国会因进口产品价格上升而减少对进口品的购买，但这一变动不会对世界市场价格产生任何影响。因此征税后，国内市场价格上涨部分就等于所征收的关税，即关税作为一种间接税，会加到商品的价格之中，最后全部由消费者承担。此时，国内市场的价格＝征收关税前的世界市场价格（自由贸易下的价格）＋关税，如图 6.1 所示，征收关税后国内价格为 P_T。

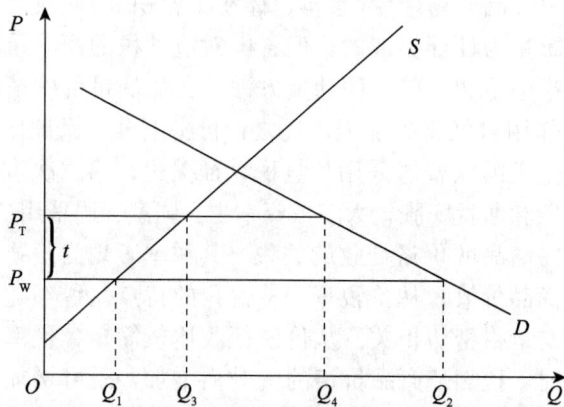

图 6.1　小国关税的价格效应

如果征税国是一个大国，即进口量占世界市场比重很大的国家，其对价格的影响表现在两个方面：一方面使本国国内市场价格上升；另一方面，由于国内市场价格上升，使国内需求减少，因而对进口品的需求减少，因为该国是大国，所以，其进口量的减少将促使世界市场价格下降。在这种情况下，关税负担实际上由国内消费者和国外出口商共同承担。征收关税后，国内市场价格＝征收关税后的世界市场价格＋关税，如图 6.2 所示，国内价格为 $P_w' + t$。

（二）关税的生产效应

关税通过价格变动对经济活动产生多方面的影响，下面我们用图形分析说明关税的其他经济效应。分析这些效应我们要使用生产者剩余和消费者剩余这两个重要概念。所以我们首先介绍一下这两个概念。

生产者剩余和消费者剩余。生产者剩余是指生产者愿意销售的价格和实际销售的价格之间的差额。消费者剩余是指消费者愿意支付的价格和实际支付的价格之间的差额。在供求关系图中，生产者剩余和消费者剩余分别表示图中的不同部分，如图 6.3 所示。

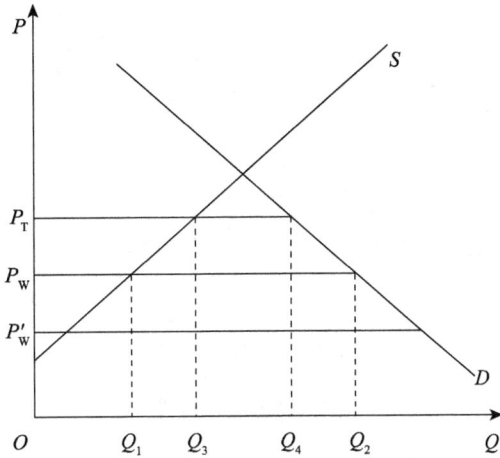

图 6.2 大国关税的价格效应

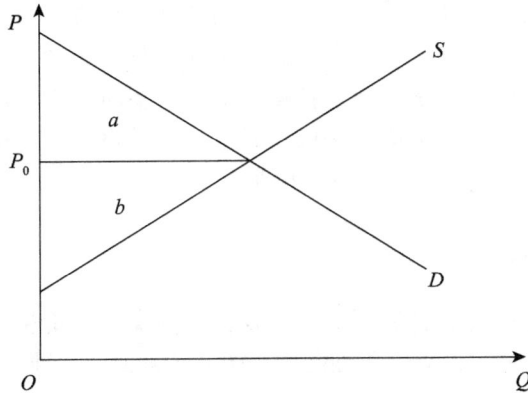

图 6.3 生产者剩余和消费者剩余

在图 6.3 中，横轴表示商品的数量，纵轴表示商品的价格，S 表示供应曲线，D 表示需求曲线，P_0 表示供求均衡价格。消费者剩余是需求曲线以下和价格线以上的三角形区域，即 a 区域。生产者剩余是供给曲线以上和价格线以下的三角形区域，即 b 区域。

征收关税后，国内市场价格上升，国内进口替代部门的生产厂商面对较高的价格，从而能够补偿因产出增加而上升的边际成本，于是国内生产增加，从而提高了进口国生产者的福利水平，如图 6.4 所示。

在图 6.4 中，征收关税前，国内进口竞争品的生产者的产量仅为 OQ_1，其余部分的产品市场均由外国进口商占领。在此情况下，国内工业很难发展。为支持国内工业，该国政府决定对该产品征收进口关税，征税后，国内市场的价格由 P_W 上升到 P_T，产品价格的提高，刺激了国内生产，国内生产量增加到 OQ_3，增加了 Q_1Q_3 的产量。在自由贸易条件下，国内生产者获得的生产者剩余仅为 e 部分，征税后，生产者剩余增加到 $a+e$，增加了 a。

由此可见，征收进口关税有利于进口竞争品的生产者，它不仅刺激国内产量的增

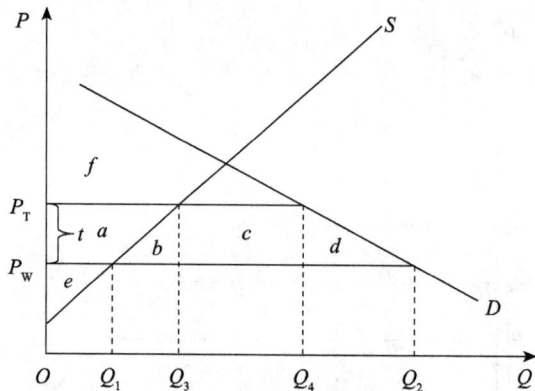

图 6.4　关税对生产者福利的影响

加，还使国内生产者获得较多的剩余。

我们在前面的分析中，一般假定市场处于完全竞争状态，然而在大多数情况下，各国在许多产品的市场上面临的是不完全竞争的状态。自由贸易在很大程度上打破了国内厂商对市场的垄断，引进了竞争因素。如果征收进口关税，就意味着保护本国的厂商垄断或默认国内厂商的垄断。从某种意义上说，垄断消除了厂商追求技术进步的动力。从经济学的观点看，自由竞争是依靠看不见的手进行资源配置的有效机制，妨碍竞争机制发挥作用可能造成资源配置的扭曲。

(三)关税的消费效应

征收进口关税会损害消费者的利益。征收关税使商品的价格上升，消费者的需求量减少，进而减少了消费者剩余。下面我们用图 6.5 来说明这种影响。

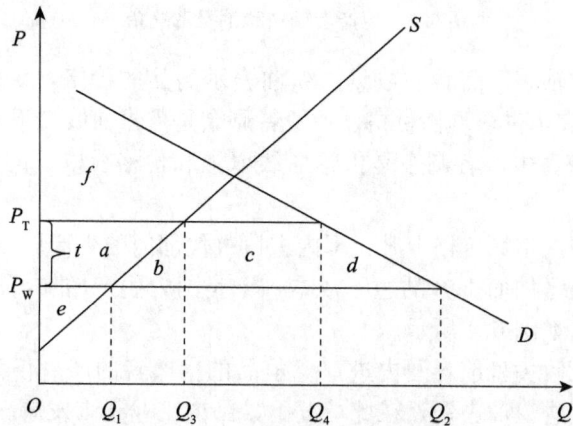

图 6.5　关税对消费者福利的影响

在图 6.5 中，横轴表示供求数量，纵轴表示价格，S、D 分别表示国内供给和需求曲线，P_W 表示征收关税前的世界市场价格(即自由贸易下的价格)，P_T 表示征收关税后的国内价格。假设关税为从量税，t 表示对单位进口商品所征收的关税，则征收关税后国内价格可表示为 $P_T = P_W + t$。在自由贸易条件下，对应于世界市场价格 P_W，进口国国内生产为 OQ_1，需求为 OQ_2，$OQ_1 < OQ_2$，Q_1Q_2 为进口量。在此情况下，该国的消费者剩余为 $f + a + b + c + d$。征收关税后，国内价格由原来的 P_W 上升至 P_T，由于价格的上升，消费者的需求量由 OQ_2 减少到 OQ_4，消费量减少了 Q_4Q_2，同时国内生产者的产量由 OQ_1 增加到 OQ_3。供求之间的差额为 Q_3Q_4，由进口来弥补。在此情况下，消费者剩余由征税前的 $f + a + b + c + d$ 减少到 f，减少了 $a + b + c + d$。由此可见，进口关税的征收使消费者的利益受到损害。

(四)关税对财政收入效应

一般而言，征收关税会增加政府的财政收入。当一国政府出于保护本国工业，决定对某种商品征收关税时，只要其关税税率低于禁止性关税水平，该国的财政收入就会增加。征收关税所得的收入＝进口量×关税率。在图 6.5 中，政府的关税收入是 c 的部分。至于对福利的影响，则要视政府如何使用这部分税收而定。如果政府将关税收入全部用于补贴消费者，则可以抵消消费者的部分损失。

(五)关税的贸易条件效应

如果征税国是一个大国，那么除了上述各种影响外，关税还会产生贸易条件效应。因为在大国情况下，征收关税会降低世界市场价格，即本国进口商在世界市场上购买进口商品的价格要降低。如果出口价格保持不变，则进口价格的下降意味着本国贸易条件的改善，贸易条件的改善对征税国有利。下面我们用图 6.6 来说明这种效应。

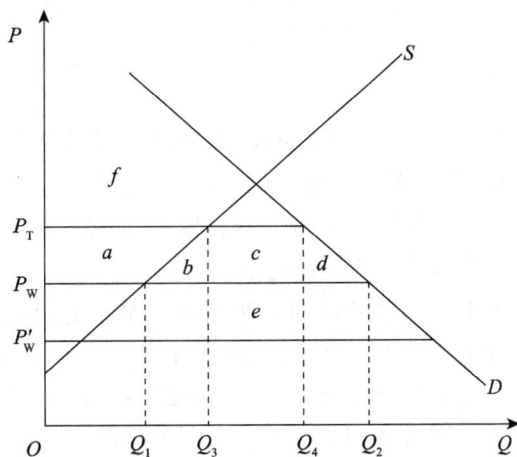

图 6.6　关税的贸易条件效应

图 6.6 是大国征税前后的情形，征收关税后，国内价格由原来的 P_W 上升至 P_T，与此同时，世界价格也由 P_W 降至 P_W'，征税后的国内外价格之间的关系为 $P_T = P_W' + t$。与图 6.5 相比可以发现，对应于相同的关税 t，征税后国内价格在大国情形下的上涨幅度要小于小国情形下的上涨幅度。世界市场价格的下降部分抵消了关税的部分影

响，减弱了关税对国内生产和消费的影响效应。在图 6.6 中，征税后的进口量由 Q_1Q_2 下降到 Q_3Q_4，现在以新的价格 P'_w 进口，和征税前进口同样多的商品相比，征税后进口费用可节约 e 的面积，e 的面积就表示征税国因贸易条件改善而获得的利益。

(六)进口关税的总效应

从前面的分析中我们已经看到，征收关税的影响是多方面的，而且各种影响对征税国的福利会产生不同的影响。要判断关税的净影响，必须综合考虑关税各种影响的福利效应。以下分两种情况分析关税的净福利影响。

一是小国情形。由图 6.5 可知，关税各种福利影响的净值＝生产者剩余增加－消费者剩余损失＋政府财政收入＝$a-(a+b+c+d)+c=-(b+d)<0$。式中，b 为生产扭曲，它表示征税后国内成本高的生产替代原来来自国外成本低的生产，从而导致资源配置效率下降所造成的损失；d 为消费扭曲，它表示征税后因消费量下降所导致的消费者满足程度的降低在扣除消费支出的下降部分之后的净额。

二是大国情形。由图 6.6 可知，关税的净福利效应＝生产者剩余增加－消费者剩余损失＋政府财政收入＝$a-(a+b+c+d)+(c+e)=e-(b+d)$。当 $e>(b+d)$ 时，征税国净福利增加；当 $e<(b+d)$ 时，征税国净福利减少。所以，在大国情况下，关税的净福利效应是不确定的，它取决于贸易条件效应与生产扭曲和消费扭曲两种效应之和的对比。

三、关税的效应：一般均衡分析

(一)小国的情况

如图 6.7，设某国生产 X、Y 两种产品，贸易前该国国内生产与消费的均衡点为 E，两种产品的交换比率为过生产可能性曲线 GF 和无差异曲线 I_1 公共切点的直线。

在自由贸易条件下，出口 DP 的 X 商品以换取 DC_{e+s} 的 Y 商品。通过 P 和 C_{e+s} 点的直线为自由贸易条件下两种商品的交换比率。

开展贸易之后，该国生产与消费均衡发生变化，假定生产均衡点仍为 E，将自由贸易价格比率线平移到过 E 点，贸易使该国的消费均衡点从 E 移至 C_e，C_e 位于比原来更高的无差异曲线上，为无差异曲线 I_2 与价格比率线（EC_e，斜率与 PC_{e+s} 同）的切点，表示该国在 E 点的生产状态通过贸易所能增加的利益。

假定该国进一步专业化生产 X 产品，生产均衡点也从 E 点移到 P 点，P 点是自由贸易条件下国际价格线 PC_{e+s} 与生产可能性曲线 MF 的切点。此价格线另一端与无差异曲线 I_5 相切于 C_{e+s} 点。此时，该国生产 OA 数量的 X 商品和 OH 的 Y 商品，出口 PD 数量的 X 商品，按照国际价格换回 $C_{e+s}D$ 数量的 Y 商品。从 C_e 点移到 C_{e+s} 点代表自由贸易条件下实现专业化生产的利益。

现在来看该国征收关税的效果。由于假设该国是小国，课征关税不会影响国际价

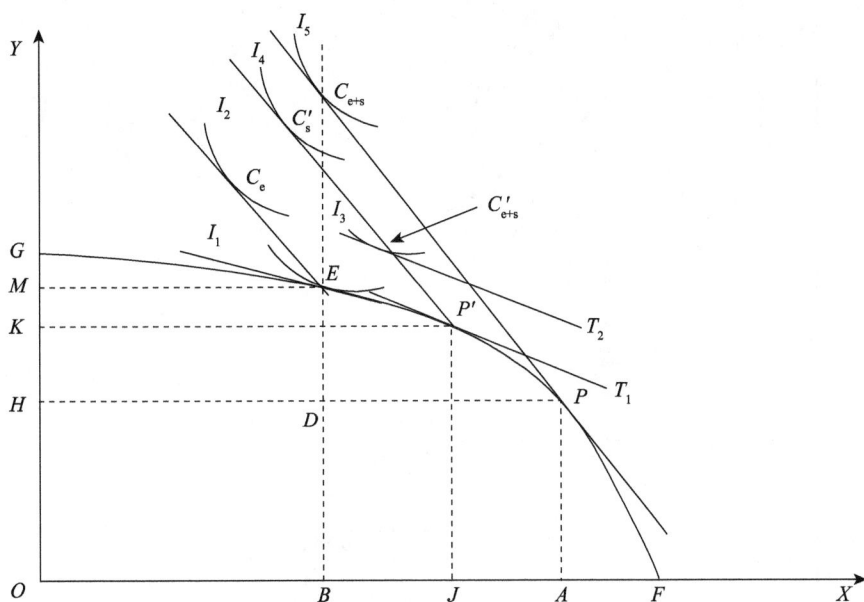

图 6.7　小国一般均衡关税效果

格。但是，国内价格比率会因征收关税发生变化，图 6.7 中 T_1 代表征收关税后的国内价格比率，这一条价格比率线与生产可能性曲线的切点 P' 代表国内 Y 产品的生产行业被保护而扩大生产，产量从原来的 OH 增加到 OK，但 X 产品的生产相应从 OA 减少到 OJ。过 P' 点的国际价格线仅能与较低的无差异曲线 I_4 相切于 C'_s，消费水平低于自由贸易时 I_5 上的 C_{e+s}，反映出征收关税的保护效果降低了社会福利。

不仅如此，国内消费者面临的价格是征收关税之后的价格，进口 Y 产品国内价格上涨将引起消费的削减。为了保持贸易平衡(出口等于进口)，消费点将在 $P'C'_s$ 线上的国内价格线 T_2 与无差异曲线 I_3 的相切点 C'_{e+s} 上，C'_{e+s} 才是真正的消费水平，而这一点在一条更低的无差异曲线上，从自由贸易时的 C_{e+s} 降到 C'_s 再退到 C'_{e+s}，反映了关税减少贸易、降低社会福利的效果。

(二)大国的情况

大国是可以影响国际价格的。当征收关税后，大国可能迫使外国生产者降低价格，于是，征收关税就不一定降低征税国的社会福利。如果进口商品国际价格大幅度下降的话，还有可能增加征税国的社会福利。

如图 6.8 所示，假定该国征收关税，使国内价格标准改变为 T_1，因而在生产结构改变为 P' 点后，Y 商品的国际价格下降，两种商品的国际价格比率变成 $P'C'_s$，即同样的 X 商品可以比原来交换更多的 Y 商品，这一新的价格比率线与无差异曲线 I_7 的切点所代表的效用显然高于 C_{e+s} 点所代表的效用，于是，该国在征收关税条件下从事专业化生产反而可以取得利益。不过，这种利益又会因减少贸易的消费效果而局部抵消。

在图 6.8 中，C'_{e+s} 点是在维持贸易平衡条件下按照国内价格比率的消费均衡点，对

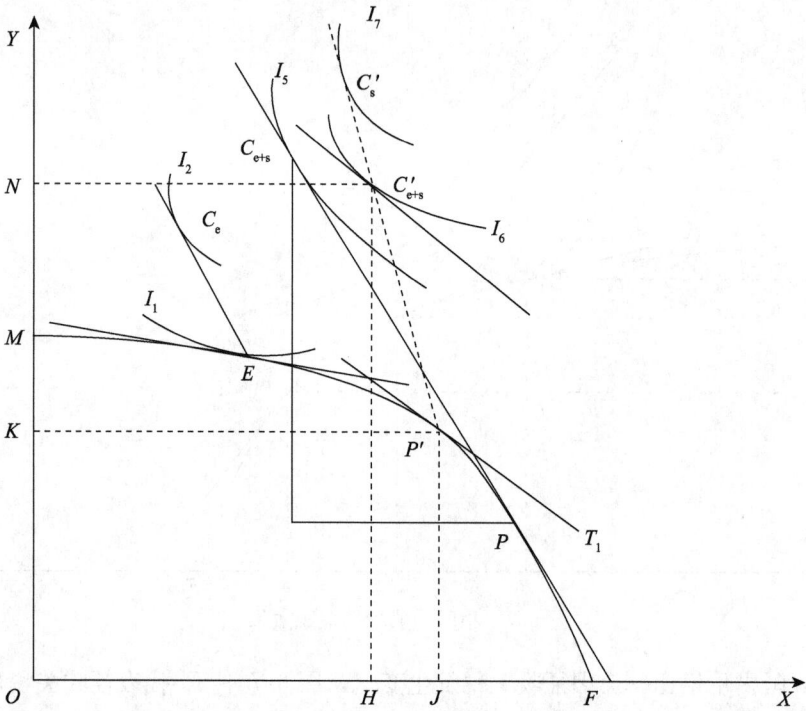

图 6.8　大国一般均衡关税效果

应这一点，该国出口 HJ 数量的 X 商品，进口 NK 数量的 Y 商品。由于 C'_{e+s} 所在的无差异曲线仍然高于自由贸易条件下的均衡点 C_{e+s} 所在的无差异曲线 I_5，所以该国仍有可能因征收关税而增加社会福利。

四、有效保护率

通过前面的分析，我们已经了解，征收关税有利于进口竞争品的生产者，一国进口关税水平越高，对国内相关工业的保护程度越高，这种关税效应是针对最终产品贸易而言的。在没有中间产品贸易介入的最终产品贸易条件下，关税的保护容易确定，它同关税税率成正比。但是，在生产国际化的今天，原料、零配件和组装件等中间产品的贸易量大为增加，显然，中间产品是进口还是国内自制，对一国的价值实现具有很大影响。因此，对最终产品征收关税所产生的效果是名义上的，称为名义保护率。如果对中间产品和最终产品都征收关税，关税的实际保护效果同名义保护效果可能是不同的。这里就提出了一个问题，一国实行贸易保护政策，究竟应该保护什么？保护市场？保护产业？保护就业？有效保护论认为，保护的对象应该是本源性生产要素所产生的附加价值，它等于最终产品的价格减去为生产这种商品投入的进口生产要素的成本。因此衡量一种商品被保护程度的最好指标是有效保护率。有效保护率是指关税对某一特定工业的保护程度，它是该行业生产或加工中增加的那部分产品价值（即附加价值）受保护的情况。

名义关税率对消费者很重要，因为它表明了关税导致的最终商品价格的增加量，而有效保护率对生产者很重要，因为它表明了关税对进口竞争品生产者的保护程度。有效保护率的计算公式为

$$\mathrm{ERP}_j = (V'_j - V_j)/V_j \times 100\%$$

式中，ERP_j 表示 j 行业（或产品）的有效保护率；V_j、V'_j 分别表示征收关税前后 j 行业（或商品）的国内生产附加值。

有效保护率这一概念的提出是基于如下事实。按照生产过程中的加工程度，我们可将产品分成制成品、中间投入品和原材料等。对中间产品或原材料征收关税，将提高这些产品的价格，从而增加国内使用者的负担，导致生产成本上涨，使那些使用中间产品或原材料的最终产品的关税所产生的保护效应降低，所以从中间产品或原材料使用者的角度看，对中间产品或原材料征收关税就相当于对生产征税，降低了国内生产的附加值。

为了说明关税结构对有效保护率的影响，这里举一个具体的例子。

每辆汽车国际市场价格为 4 000 美元，其中进口原材料等成本价格为 2 000 美元，假设对进口汽车征收 25% 的从价税，在对生产汽车的原材料再分别征收 10%、25%、40% 和 60% 的关税情况下，对汽车的有效保护率分别为多少？

以对原材料征收 10% 的关税为例。

征税前每辆汽车的附加值为 $V_j = (4\,000 - 2\,000) = 2\,000$ 美元。

对汽车征税后，每辆汽车的价格变为 $4\,000 \times (1 + 25\%) = 5\,000$ 美元。每辆汽车的原材料成本变为 $2\,000 \times (1 + 10\%) = 2\,200$ 美元。因此，征收关税后，每辆汽车的附加值变为 $V'_j = 5\,000 - 2\,200 = 2\,800$ 美元。

根据有效保护率的计算公式，汽车的有效保护率为 $(2\,800 - 2\,000)/2\,000 \times 100\% = 40\%$。同理对生产汽车的原材料在分别征收 25%、40% 和 60% 的关税情况下，对汽车的有效保护率分别为 25%、10% 与 -10%。

如果生产一件产品需要进口 i 种中间品，而依据国内的相应生产情况征收不同的关税，这时有效保护率的计算公式为

$$\mathrm{ERP}_j = \left(t - \sum e_i t_i\right) / \left(1 - \sum e_i\right) \times 100\%$$

式中，t 表示最终产品的名义关税率；e_i 表示无关税时进口要素成本与最终商品价格比例；t_i 表示进口要素的名义关税率。

本公式的推导如下。

进口要素的总成本为

$$e_1 p + e_2 p + \cdots + e_i p = p \sum e_i$$

在自由贸易下产品的增值为

$$V_j = P - P \sum e_i = P\left(1 - \sum e_i\right)$$

对最终产品与中间进口要素征收关税后产品的增值为

$$V'_j = P(1 + t) - P \sum e_i (1 + t_i)$$

则有效保护率为

$$ERP_j = (V'_j - V_j)/V_j \times 100\%$$
$$= \left[P(1+t) - P\sum e_i(1+t_i) - P(1-\sum e_i) \right] / P(1-\sum e_i)$$
$$= (t - \sum e_i t_i) \Big/ (1 - \sum e_i)$$

运用本公式验证上面例题的四种情况，验证如下：

$$ERP_j1 = (t - e_i t_i)/(1 - e_i) \times 100\%$$
$$= (0.25 - 0.5 \times 0.1)/(1 - 0.5) = 40\%$$
$$ERP_j2 = (0.25 - 0.5 \times 0.25)/(1 - 0.5) = 25\%$$
$$ERP_j3 = (0.25 - 0.5 \times 0.4)/(1 - 0.5) = 10\%$$
$$ERP_j4 = (0.25 - 0.5 \times 0.6)/(1 - 0.5) = -10\%$$

通过上面的例子可知，有效保护率与对最终产品的名义保护率相关。在其他条件不变的情况下，最终产品的名义保护率越高，有效保护率也越高；反之亦然。在最终产品关税不变的前提下，随着中间产品关税的上升，最终产品的有效保护率下降，对国内生产将起到抑制作用。因此，许多国家都有一个"瀑布式"的关税结构，对原材料制定非常低或零名义税率，随着加工程度越来越深，名义税率就越来越高，这就使使用进口原材料生产的最终产品的有效保护率比名义保护率要大得多。

第二节　进口配额及其影响

尽管关税是历史上最重要的贸易保护手段，但除此之外，还有许多非关税的贸易措施。第二次世界大战后，随着关税水平的降低，非关税壁垒的重要性大大加强了。进口配额就是一种重要的非关税壁垒。该政策措施同样会起到限制进口、鼓励国内生产的作用。

一、进口配额对一国福利的影响

进口配额是指一国政府为保护本国工业，规定在一定时期内对某种商品的进口数量或金额加以限制。进口配额的分配方法主要有两种：一是全球配额。它规定该国对某种商品在一定时间内的进口数量或金额，适用于来自任何一国的进口商品。主管机构按本国进口商的申请次序批给一定的允许进口的数量或金额，直至发放完规定的全部限额为止。二是国别配额。它是进口国对来自不同国家的进口商品，规定不同的进口限额。

配额规定的进口量通常要小于自由贸易下的进口量，所以配额实施后进口会减少，进口商品在国内市场的价格要上涨。如果实施配额的是一个小国，那么配额只影响国内市场的价格，对世界市场的价格没有影响；如果实施配额的国家是一个大国，那么配额不仅导致国内市场价格上涨，而且还会导致世界市场价格下降。这一点与我们前面分析的关税的价格效应一样，配额对国内生产、消费等方面的影响与关税也大体相同。

下面我们用图 6.9 来说明小国情况下进口配额对一国福利产生的影响。

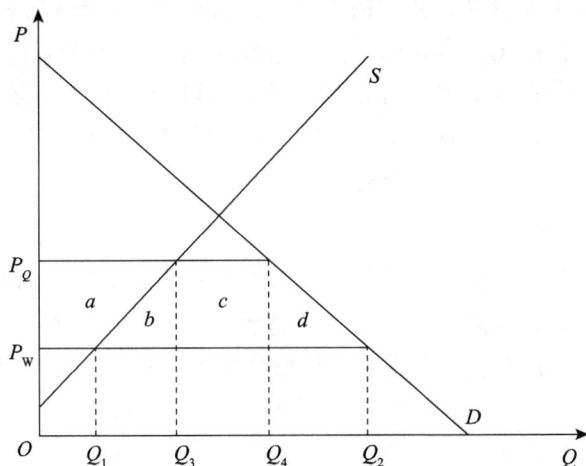

图 6.9 进口配额对一国福利的影响

图中 P_W 为自由贸易条件下的世界市场价格，此时国内的供给量为 OQ_1，国内的需求量为 OQ_2，需求大于供给，供需之间的差额为 Q_1Q_2，只能通过从国外进口来弥补国内供给的不足。这时，该国政府对商品进口实行配额限制，即只允许相当于图中 Q_3Q_4 所示的数量进口。那么在 P_W 价格水平上，国内外总供给量为 $OQ_1+Q_3Q_4$，仍低于国内需求 OQ_2，由于供不应求，国内市场价格必然上升，当价格上升到 P_Q 价格水平时，国内生产增加到 OQ_3，国内消费减少到 OQ_4，供求之间达到平衡。此时，生产者剩余增加了 a，而消费者剩余减少了 $a+b+c+d$。图 6.9 中的 c 在这里实际上是一种垄断利润，它的去向视政府分配配额的方式而定。

现实中，分配进口配额常常要与进口许可证相结合，以限制某种商品的进口数量。许可证是由一国海关签发的允许一定数量的某种商品进入关境的证明。分配许可证的方法主要有三种，即竞争性拍卖、无偿分配给进口商和资源使用申请程序。

1. 竞争性拍卖

许可证竞争性拍卖是政府通过拍卖的方式分配许可证，它使进口权本身有了价格，将进口一定数量商品的许可证卖给出价最高的需求者。一般而言，进口商所付购买许可证的成本要加到商品的销售价格上，这样一来，其作用就与关税的作用相同，会起到抑制需求的作用。最终进口配额国福利变化为 $a-(a+b+c+d)+c=-(b+d)$，c 为政府收入。

2. 无偿分配给进口商

把配额无偿分配给进口商，一般以固定的受惠方式和资源使用申请程序两种方式发放许可证。因为是免费发放，最终进口配额国福利变化为 $a-(a+b+c+d)+c=-(b+d)$，c 为进口商垄断收入。

以固定的受惠方式是政府将固定的份额分配给某些企业的方法。通常根据现有进口某种产品的企业在上一年度进口该商品总额中的比重来确定。这种方法虽然比较简单，但也带来某些问题。一是这使进口配额的实施成本更高。进口商获得了进口许可证后，便可以用其购买进口品，在国内以更高的价格出售以获得利润，这部分利润即为配额租金。较竞争性拍卖而言，这种方式造成配额租金由政府手中转移到进口商手中。另外一个问题就是它会造成一种市场垄断。进口配额本身就有一定的垄断性，而进口商又是免费获得的，这将有助于他们提高市场价格，形成垄断，不利于资源配置，较竞争性拍卖，这种方式是缺乏效率的。

3. 资源使用申请程序

资源使用申请程序是指在一定时期内，政府根据进口商递交进口配额管制商品申请书的先后顺序分配进口商品配额的方法。这种方法会给腐败提供机会，给政府官员提供利用职权谋取私利的机会。潜在的进口商会花费大量的精力抓紧时间递交申请表，贿赂政府官员以获取进口配额。这在经济学上被称为寻租行为，因为它能给进口商带来垄断利润。因此这种方法是效率最低的，它造成了大量的浪费。

由此可见，进口配额的发放方式不同，给国民经济福利带来的效果也不同。在以上的三种方式中，公开拍卖可能是分配进口配额的最好办法。因为在这种情况下，进口配额与关税对一国福利的影响是相同的，政府获得了有关的收入，有利于收入的再分配。

二、进口配额与关税的比较

进口配额和关税都是作为贸易壁垒对本国经济及产业进行保护的，它们的作用有类似之处，我们已经知道，如果以公开拍卖的方式分配进口配额，那么配额与关税的福利影响是相同的，但是进口配额与关税仍然有许多不同之处。

第一，实施进口配额和实施关税的效应不同。

这主要取决于进口配额的发放方式。这一点我们在前面已作过介绍，进口配额以第一种方式发放，会产生与关税相同的效应，但以第二种或第三种方式发放，则效应不同，并且它的成本必然比实施关税更高，因为后两种方式更加缺乏效率。

第二，进口配额是比关税更严厉的贸易壁垒。

进口配额对进口商品数量的限制是确定的，而关税要通过提高关税税率达到限制确切的进口数量则比较困难，在限制进口数量方面，进口配额更易于操作。而关税主要是通过提高进口商品的价格而削弱进口商品的竞争力。在这一点上，进口商可以通过降低生产成本，提高生产效率来降低商品销售价格，从而部分抵消关税的影响。进口配额则不然，无论进口商怎样降低成本，其进口数量都受到限制，因此，进口配额比关税更严厉，它基本切断了外国出口商渗入进口国市场的可能性。

■第三节　出口补贴及其影响

非关税壁垒中另一类重要的政策措施是针对出口的，与配额等限制进口的做法不同的是，这类贸易政策措施的目的往往是鼓励或支持出口。其中，出口补贴就是最常用的一种手段。

一、出口补贴的含义

所谓出口补贴，是指一国政府为鼓励某种商品的进口，对该商品的出口给予的直接补助或间接补助。出口补贴的形式多种多样，有直接的，也有间接的。直接补助是政府直接向出口商提供现金补助或津贴。间接补助是政府对选定商品的出口商给予财政税收上的优惠，如对出口的商品采取减免国内税收、向出口商提供低息贷款等。出口补贴也分从量补贴（每单位补贴一个固定数额）和从价补贴（出口价值的一个比例）。出口补贴的目的是降低本国出口商品的价格，提高其在国际市场上的竞争力，扩大商品出口。

尽管根据国际协定出口补贴不合法，但许多国家仍以隐蔽的或不很隐蔽的形式提供这种补贴。例如，所有主要的发达国家都给外国购买者以低息贷款，使其具有购买能力，这种贷款是通过政府的代理机构进行的。例如，美国是通过其进出口银行进行的，这些低息贷款占到美国出口额的 5%，在日本和法国这一比率达到 30%～40%。

二、出口补贴的经济影响

出口补贴对国际贸易，乃至一国的福利水平都会产生影响。出口补贴意味着对出口商品的优惠待遇，有助于出口规模的扩大。由于政府的刺激使本国厂商的出口规模超出了在没有任何政府干预下正常的商品出口规模，所以在量上，这种出口是"过度的"。这种过度出口意味着国内同一商品的供应低于正常规模，从而减少了消费者剩余。同时出口补贴还造成了政府支出的增加，因为出口补贴是由政府承担的，在其他支出不变的情况下，政府的总支出就会增加。而政府增加支出的主要来源是征税，因此出口补贴会加大纳税人的负担。下面我们用图 6.10 来说明这种影响。

在图 6.10 中，P_1 为自由贸易条件下世界市场的价格，此时国内的供给量为 OS_1，需求量为 OD_1，供给大于需求，出口量为 D_1S_1。如果政府给予本国出口生产者每单位出口商品金额为 P_2-P_1 的出口补贴，则本国出口产品生产者可以以高于市场价格的成本进行生产，出口产品生产者的生产量由原来的 OS_1 增加到 OS_2。出口产品生产者的产品一部分在国内销售，一部分在国外销售，但在国内销售的部分不享受政府补贴，于是在国内销售的价格必须能够弥补这部分产品的生产成本。图 6.10 中国内价格为 P_2，高于补贴前的价格 P_1。由于价格上升，国内消费减少至 OD_2。这样，在国外销售的产品数量就会由原来的 D_1S_1 增加到 D_2S_2。由此可见，出口补贴扩大了产品的出口。

出口补贴对出口国的福利水平也产生影响。出口补贴使本国的消费者面对的价格由 P_1 上升到 P_2，消费者剩余减少，减少量为图 6.10 中 $a+b$ 的面积。生产者剩余则增加了，增加的部分相对于图中 $a+b+c$ 的面积。本国政府给予的补贴为 $D_2S_2 \times (P_2-P_1)$，即图中 $b+c+d$ 的面积。综合起来，出口补贴的净福利效果＝生产者剩余增加

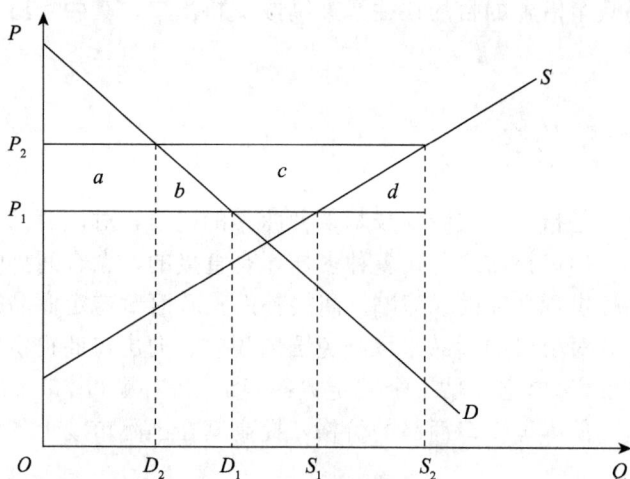

图 6.10　出口补贴对一国经济的影响

－消费者剩余损失－政府补贴＝$(a+b+c)-(a+b)-(b+c+d)=-(b+d)<0$。式中，$b$ 为消费扭曲；d 为生产扭曲。从总体上看，出口补贴会造成一国福利水平下降。

　　既然出口补贴对一国的经济福利会产生负效应，为什么各国还要采取这种政策呢？实际上，在出口国看来，如果短暂的出口补贴损失或消费者福利损失，能够促成该国生产规模的扩大，进而获得规模经济效应，或者能够实现促进本国获得经济成长等长远利益，那么这种损失也许是值得的。

　　从进口国的角度看，出口补贴是一种威胁。因为接受补贴的产品都以低于成本的价格将产品销售到国外市场，从而会挤垮进口国的同类企业。对此各国都采取一些措施，以反对因出口补贴带来的"不公平竞争"。关贸总协定规定，成员国可以对采取出口补贴的国家的出口商品征收抵消性关税，即反补贴税。这样，就可以使外国因实行出口补贴而价格低廉的商品恢复到原来的价格水平，从而抵消出口补贴的效果。

第四节　倾销与反倾销

　　倾销是不完全竞争企业的价格战略。倾销会造成价格的扭曲，影响资源的配置效率。

一、倾销的含义和类型

　　倾销是一种价格歧视行为，是指一国的产品以低于正常价值的价格进入另一国市场，并因此对进口国工业造成损害的行为。所谓低于正常价值是指某种产品从一国向另一国出口的价格低于下述价格之一：①相同产品或类似产品在正常交易过程中供国内消费的可比价格；②相同产品或类似产品在正常交易中向第三国出口的最高可比价格；③产品在原产国的生产成本加上合理的推销费用和利润。

　　判断出口商是否构成倾销的依据是：①进口国生产同类产品的企业是否受到低价

进口品的冲击，以致其市场份额明显减少；②进口国同类企业的利润水平是否明显降低；③在低价进口品的冲击下，进口国的同类工业是否难以建立起来。但在现实中常常产生一种矛盾，进口国总是要夸大外国产品冲击本国市场的程度，而出口商则从自己的目的出发，总是尽量掩盖其倾销行为。

按倾销的目的、时间的长短等，可将倾销分为持续性倾销和掠夺性倾销。持续性倾销是指出口商以占领市场为目的持续地以低于正常价值的价格向国外市场销售商品。从消费者的角度看，这种持续性倾销意味着消费者可以享受低价商品，从而提高进口国的实际收入水平。因此，持续性倾销对进口国的消费者有利，而不利于进口国同类产业的发展。掠夺性倾销是指为打败竞争对手，出口商以低于本国市场价格向国外市场销售商品，在消除竞争对手后，重新提高价格，控制市场。掠夺性倾销是有害的，由于企业降低价格是临时的和短暂的，因此消费者只能获得暂时性的低价利益，一旦竞争者退出市场，倾销者会重新提高价格，以获得垄断性的超额利润，由此消费者的实际收入水平不但不会上升，反而会下降。因此，掠夺性倾销通常被认为是一种追求垄断地位的行为。

二、形成倾销的条件及其影响

厂商要采取倾销战略，必须具备以下三个条件。首先，市场是不完全竞争的。在完全竞争的市场条件下，每个厂商都是价格的承担者，因此它所面临的需求曲线是一条水平线，即任何一家企业销售量的变化都不会影响市场价格，且产品能够在不降价的条件下出清。但是作为采取倾销行为的企业，其必要的前提条件就是，该企业不是价格的接受者，而是在市场上具有一定的垄断力量，从而面临着一条向右下方倾斜的需求曲线。其次，企业在国内外市场所面临的需求弹性不同。在国内市场上，该垄断企业产品的需求弹性比较小。在国外市场上，由于消费者有多种产品可以选择，因此产品的需求弹性比较大。最后，国内和国外两个市场是完全隔离的，否则进口国市场上的低价商品将流回出口国。

下面我们根据上述三个条件，用图 6.11 来说明倾销是如何发生的。

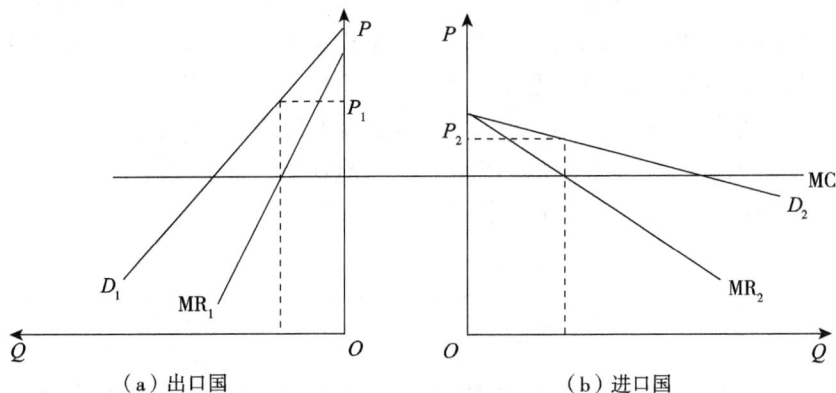

图 6.11　倾销

图 6.11(b)表示进口国市场的情况。由于出口商在该市场上有一定的垄断能力，所以它面临的需求曲线是一条向右下方倾斜的曲线 D_2，相对于出口国国内的需求曲线，其弹性较大，相应的边际收益曲线为 MR_2。为追求利润最大化，出口商根据 $MR_2 =$ MC 的定价原则，把价格定在 P_2 水平上。

在图 6.11(a)中，D_1 为出口国的需求曲线，相对于进口国的需求曲线，其弹性较小，对应的边际收益曲线为 MR_1。根据 $MR_1 = MC$ 的原则，出口国国内的价格为 P_1。$P_1 > P_2$，因此出口商能在他国以更低的价格倾销其商品。

三、作为贸易保护主义的反倾销政策

由于倾销，进口国同类企业的发展面临着严重的压力，甚至造成进口国同类产业难以起步的恶果。因此在国际贸易中，倾销被普遍认为是一种不公平的竞争手段，反倾销是被国际社会认可的、恢复公平贸易的政策行为。那些受外商倾销侵害的本国厂商可以通过向商业部提出申诉，寻求救助。如果他们申诉成功，政府一般会对外国厂商课以反倾销税。理论上说，其数额应为两种价格之间的差额，才能达到抵消不正当竞争或不公平竞争的目的。通过征反倾销税，使进口商品价格提高到进口国国内市场价格的水平，从而保护国内同类商品的生产者。

然而经济学家们对于单把倾销拿出来作为被禁止的行为一直不满。第一，针对不同市场制定不同价格是完全合法的商业策略，其就和航空公司给学生、年老国民和那些愿在飞机上度过周末的旅行者提供的价格折扣一样。第二，倾销的法律定义基本上源于其经济定义。由于要证明外国厂商在出口市场上比其国内的定价低经常是件困难的事，因此美国和其他一些国家就试着在估算这些外国产品的生产成本的基础上算出一个所谓的公平价格。这种"公平价格"准则严重干扰了正常的商业活动：一个正通过扩大生产和打入新市场来降低成本的厂商很可能原意暂时蚀本销售。

尽管经济学家们对反倾销行为几乎都持否定意见，但是，自 1970 年以来，对倾销的正式指控和申诉却一直是有增无减，日益频繁。

自 1979 年 8 月欧共体对中国出口的糖精及盐类反倾销以来，随着国际贸易量不断增长，中国成为全世界反倾销诉讼热门区域。尤其是近几年来，国际贸易保护主义进一步抬头，对华反倾销案激增，见表 6.3。这些案中，裁定倾销成立的占 60% 以上，其立案数、裁定率均居各国之首，使中国成为世界上遭受反倾销调查最多的国家和反倾销的最大受害国。与此同时，外国产品大举倾销到中国，中国也是倾销的严重受害国。中国企业正面临着反倾销与倾销的双重冲击和考验。

表 6.3　2002～2012 年中国每年遭遇反倾销调查数量(单位：个)

年份	2002	2003	2004	2005	2006	2007	2008	2009	2010	2011	2012
数量	55	51	53	49	72	62	76	77	44	51	60

资料来源：中国贸易救济信息网统计

第五节 其他非关税壁垒措施

一、非关税壁垒措施的特点

1. 灵活性

一般来说，各国关税税率的制定必须通过立法程序，并要求具有一定的连续性，所以调整或更改税率的随意性有限。同时关税税率的调整直接受到 WTO 的约束（非成员国也会受到最惠国待遇条款约束），各国海关不能随意提高关税以应付紧急限制进口的需要，因此关税壁垒的灵活性很弱。而制定和实施非关税壁垒措施通常采用行政手段，制定、改变或调整都来得迅速、简单并且伸缩性大，在限制进口方面表现出更大的灵活性和时效性。同时能根据实际情况，变换限制进口措施，达到限制进口的目的。

2. 有效性

关税壁垒的实施旨在通过征收高额关税提高进口商品的成本，它对商品进口的限制是相对的。当面对国际贸易中越来越普遍出现的商品倾销和出口补贴等鼓励出口措施，关税就会显得作用乏力。同时，外国商品凭借生产成本的降低（如节省原材料、提高生产效率、甚至降低利润率等），也能冲破高关税的障碍而进入对方国家，而有些非关税壁垒对进口的限制是绝对的。例如，用进口配额等预先规定进口的数量和金额，超过限额就禁止进口。这种方法在限制进口方面更直接、更严厉，因而也更有效。

3. 隐蔽性

要通过关税壁垒限制进口，唯一途径就是提高关税税率，而关税税率必须在《海关税则》中公布，毫无隐蔽性可言。非关税壁垒则完全不同，其措施往往不公开，或者规定极为繁琐复杂的标准和手续，使出口商难以对付和适应。它既能以正常的海关检验要求的名义出现，也可借用进口国的有关行政规定和法令条例，使之巧妙地隐藏在具体执行过程中而无须作公开的规定。

4. 歧视性

因为一国只有一部关税税则，因而关税壁垒像堤坝一样同等程度地限制所有国家的进出口。而非关税壁垒可以针对某个国家或某种商品相应制定，因而更具歧视性。

二、几种非关税壁垒措施

正式非关税壁垒措施种类繁多，据国际社会统计，目前世界上有 1 000 种以上的非关税壁垒措施。前面已经介绍过进口配额、出口补贴及倾销，下面将介绍其他一些重要的和新型的非关税壁垒措施。

(一)自愿出口限制

自愿出口限制也称自愿限制协议,是进口配额的一种特殊形式,它是指当一国出口威胁到进口国整个国内经济时,进口国以全面的贸易限制相威胁,引导出口国自愿地限制某些商品在一定时期内的出口数量或出口金额。自愿出口限制并非真的自愿,而是在进口国的要求或压力下制定的。出口国同意这些要求是为了防止其他形式的贸易限制。对进口国来说,其代价比达到同样限制进口效果的关税要高,自愿出口限制就像把许可证颁发给外国政府的进口配额,因而关税下的政府收益在自愿出口限制下变成了外国获得的租。因此,对进口国而言,自愿出口限制代价高昂。

"自愿出口配额"最早最著名的例子是日本对出口美国的汽车的限制。日本汽车自20世纪60年代开始进入美国市场,到80年代初,对美国汽车产业造成了严重的冲击。1979~1980年,美国汽车业失业率的上升和利润的下降,使福特汽车公司和美国汽车工人联合工会(United Automobile Workers,UAW)向美国国际贸易委员会申请使用201条款的保护。几位来自美国中西部各州的参议员提出把1981年、1982年、1983年出口到美国的日本汽车总数限制在160万辆的议案。这个议案原定在1981年5月12日的参议院金融委员会上进行讨论和修改,但日本政府在知道这一消息后主动于5月1日宣布它会"自愿"限制在美国市场上汽车的销售。1981年4月~1982年3月,限制总额为183万辆,包括出口到美国的168万辆小汽车和8.25万辆公共交通工具以及出口到波多里各的7万辆其他交通工具。在1984年3月之前,这个限额一直保持不变,后来开始逐步增加,1984年配额升至202万,1985年又升至每年251万,1992年3月限额开始下降。1981年,在实行限制后的第一年,销往美国的日本汽车的单位价值上升了20%,而1982年在前一年的基础上又上升了10%。当然,价格的上升可能反映的是一般性价格水平的上升,也可能反映了日本销美汽车质量的提高。1987年之后,日本公司开始在美国境内生产汽车,美国从日本的进口自然下降,实际进口逐渐低于限制总额。到1994年3月,美国对日本汽车的自愿出口限制就取消了。

无独有偶,2005年中美就纺织品配额曾进行了多达7次的谈判。2005年1月1日起,实施配额制逾40年的纺织品市场终于全球放开。中国作为配额制成员国,享有这一权利,所以在取消纺织品配额以后,中国纺织品对美国的出口激增。中美贸易摩擦由来已久,2004年美国对中国的大量贸易逆差又为2005年中美贸易摩擦埋下了伏笔。据美方统计,2004年美方逆差达到1 619.78亿美元。(中国商务部公布的统计数字为800亿美元)。在2004年中国对美国大量贸易顺差的压力下,2005年1~4月,中国纺织品出口额312亿美元,同比增长18.4%。中国对美纺织品的出口增长了70%,其中对美出口的棉制裤子、棉制针织衬衫、棉制及化纤内衣的数量就分别增长1 435%、575%和871%。中国纺织品出口的迅猛增长,成了美国对中国纺织品设限的借口。2005年4月6日,美国制造业贸易行动联盟等5家纺织行业组织向美政府提交对中国7种纺织品的特限申请,涉及棉及化纤制非针织衬衫、套衫、胸衣等。美方称中国对美国的纺织品出口,已给美国纺织业造成20亿美元的损失,造成了16 600个美国纺织和服装业工作机会的丧失。美国商务部于2005年5月13日宣布将对3类中国纺织产品重新实行进口配额制度，此后又在 5 月 18 日宣布对另 4 类产品采取同样的措施，中美纺织品贸易摩擦就此拉开。中美就纺织品配额通过 7 次磋商最终达成协议的过程实质就是议价博弈的过程。既然合作对中美双方均有利，那么中美就纺织品摩擦就必须通过磋商来解决。2005 年 11 月 8 日，经过 7 轮磋商中美双方就纺织品问题达成协议：中国向美国出口的棉质裤子等 21 个类别的产品实施数量限制。协议产品 2006 年增长率为 10%～15%；2007 年增长率为 12.5%～16%；2008 年增长率为 15%～17%。

(二)歧视性政府采购政策

歧视性政府采购政策(discriminatory government procurement policy)，是指国家制定法令，规定政府机构在采购时要优先采买本国产品的做法。

各个国家的政府都有其组织机构，为维持其正常运作，政府机构也需要采购有关的商品和劳务。若政府机构在市场上按最低价采购，那么就没有什么不同，谁的便宜就买谁的，这是典型的完全竞争。但是政府的采购政策规定政府采购的应该是本国生产制造的产品。因此，它是一种优先采购本国产品的非关税壁垒措施。这种优先购买本国产品的政策实际上是一种歧视性的政策，这使本国的生产者和外国的销售商处于不平等的竞争地位，从而限制了进口，在一定程度上，保护了本国工业。国际社会对此提出过一些约束措施，但在具体执行时，尚有许多困难。

(三)技术性贸易壁垒

技术性贸易壁垒是国际贸易中商品进出口国在实施贸易进口管制时通过颁布法律、法令、条例、规定，建立技术标准、认证制度、检验制度等方式，对外国进出口产品制定过分严格的技术标准、卫生检疫标准、商品包装和标签标准，从而提高进口产品的技术要求，增加进口难度，最终达到限制进口的目的的一种非关税壁垒措施。

WTO 关于技术性贸易壁垒的文件有两个，分别是《技术性贸易壁垒协定》(Agreement on Technical Barriers to Trade，即 TBT 协定)和《实施卫生与动植物卫生措施协定》(Agreement on the Application of Sanitary and Phytosanitary Measures，即 SPS 协定)，于 1995 年 1 月 1 日 WTO 正式成立起开始执行。

综观世界各国(主要是发达国家)的技术性贸易壁垒，其限制产品进口方面的技术措施主要有以下几种。

1. *严格繁杂的技术法规和技术标准*

利用技术标准作为贸易壁垒具有非对等性和隐蔽性。在国际贸易中，发达国家常常是国际标准的制定者。他们凭借着在世界贸易中的主导地位和技术优势，率先制定游戏规则，强制推行根据其技术水平定出的技术标准，使广大经济落后国家的出口厂商望尘莫及。而且这些技术标准、技术法规常常变化，有的地方政府还有自己的特殊规定，使发展中国家的厂商要么无从知晓、无所适从，要么为了迎合其标准付出较高的成本，削弱产品的竞争力。

2. 复杂的合格评定程序

在贸易自由化渐成潮流的形势下，质量认证和合格评定对于出口竞争能力的提高和进口市场的保护作用愈益突出。目前，世界上广泛采用的质量认定标准是 ISO 9000 系列标准。此外，美、日、欧盟等还有各自的技术标准体系。

3. 严格的包装、标签规则

为防止包装及其废弃物可能对生态环境、人类及动植物的安全构成威胁，许多国家颁布了一系列包装和标签方面的法律和法规，以保护消费者权益和生态环境。从保护环境和节约能源来看，包装制度确有积极作用，但它增加了出口商的成本，且技术要求各国不一、变化无常，往往迫使外国出口商不断变换包装，失去不少贸易机会。

一些国家为限制某些商品的进口，常常设置一些复杂苛刻、外国难以掌握的技术标准，以便寻找阻止外国商品进入本国市场的理由。技术标准是一项比较严厉的非关税壁垒措施。例如，原联邦德国禁止在国内使用车门从前往后开的汽车，而这种汽车却正是意大利菲亚特 500 型汽车的式样；法国禁止含有葡萄糖果汁的进口，其目的是抵制美国货物。因此，一些国家在某些方面法规的制定不是出于法律目的，而是限制进口的伪装。这些标准有时还意味着，运到进口国口岸的商品可能因为技术标准不符而被拒之门外。

近年来，卫生检疫上的规定标准也是越来越严格，商品包装和标签的规定也越来越复杂，手续也十分烦琐。进口国为限制外国产品的进口常常以不符合卫生标准为由，将外国产品拒之于国门之外。

(四)绿色壁垒

绿色壁垒(green barriers，GBs)也称环境贸易壁垒(environmental trade barriers，ETBs)，属于技术性贸易壁垒的一项，是指为保护生态环境而直接或间接采取的限制甚至禁止贸易的措施。绿色壁垒通常是进出口国为保护本国生态环境和公众健康而设置的各种保护措施、法规和标准等，也是对进出口贸易产生影响的一种技术性贸易壁垒。它在国际贸易中以保护有限资源、环境和人类健康为名，通过蓄意制定一系列苛刻的、高于国际公认或绝大多数国家不能接受的环保标准，限制或禁止外国商品的进口，从而达到贸易保护目的。其主要形式有：①绿色标志制度；②绿色包装；③环境成本。

绿色壁垒产生于 20 世纪 80 年代后期，90 年代开始兴起于各国。它以技术标准、商品包装和标签、卫生检疫标准等途径强制规定实施，涵盖产品研发、生产、包装、运输、使用、循环再利用等整个过程。例如，美国拒绝进口委内瑞拉的汽油，因为含铅(Pb)量超过了本国规定；欧盟禁止进口加拿大的皮革制品，因为加拿大猎人使用的捕猎器捕获了大量的野生动物；20 世纪 90 年代开始，欧洲国家严禁进口含氟利昂冰箱，导致中国的冰箱出口由此下降了 59%；等等。这些都是由于绿色壁垒而产生的一系列事件。

(五)动物福利壁垒

动物福利壁垒是指在国际贸易活动中,一国以保护动物,或以维护动物福利(animal welfare)为由,制定一系列动物保护或维护动物福利的措施,以限制甚至拒绝外国货物进口,从而达到保护本国产品和市场的目的。

动物福利壁垒可以说是绿色壁垒的扩展和深化。随着经济的发展和社会的进步,发达国家对食品的安全卫生要求越来越严格,利用动物福利名义设置非关税壁垒不仅易获得社会舆论的支持,还符合进口国本身的法律要求。同时动物福利法规标准制定得比较完善,容易界定,实际操作较方便简单。因此动物福利壁垒具备合法性、合理性、隐蔽性、易操作性、实用性和执法成本低等特征。当今国际市场竞争日益激烈、传统关税受到抵制,作用越来越弱。传统的非关税壁垒可利用的空间越来越小,西方发达国家就利用文化教育、传统习俗等方面的优势或影响力,以本国的动物福利法案为法律依据,要求各种进口动物源性食品必须满足其福利规定,否则不予进口。于是动物福利就被"披上合法合理的外衣"——借动物保护之名,实行贸易保护之实。

动物福利是 1976 年美国人休斯(Hughes)提出的,它是指农场饲养中的动物与其环境协调一致的精神和生理完全健康的状态。动物福利强调的不是我们不能利用动物,而是应该怎样合理、人道地利用动物,要尽量保证那些为人类做出贡献和牺牲的动物,享有最基本的权利。通俗地讲,就是在动物的饲养、运输和屠宰过程中,要尽可能减少其痛苦,不得虐待动物。早在 1974 年,欧盟就制定了宰杀动物的法规。以猪为例,欧盟对猪的福利规定如下:小猪出生要吃母乳;要睡在干燥的稻草上;拥有拱食泥土的权利;运输车须清洁并在途中按时喂食和供水,运输中要按时休息,运输超过 8 小时就要休息 24 小时;杀猪要快,须用电击且不被其他猪看到,要等猪完全昏迷后才能放血分割;等等。到 2013 年,欧盟各成员国必须停止圈养式养猪而采取放养式养猪。在欧洲,动物所享有的福利还不限于此,欧盟委员会食品安全署还专门为动物设立了福利部门。2004 年 10 月 17 日,瑞典电视 4 台播放的《冷酷事实》,报道了我国东北地区活剥狗皮的残忍场面,引起了瑞典社会的强烈反响,瑞典议员要求中国立即制止这种不人道对待动物的方式,一些动物保护组织要求政府抵制进口中国相关产品。2005年 2 月,瑞士等国际动物保护组织发表了针对我国河北省肃宁县轻视毛皮动物养殖和活剥动物毛皮的报道,并被多家国外媒体报道,他们呼吁欧盟立法,禁止我国毛皮产品进入欧盟市场。2007 年 2 月 13 日,国际反毛皮联合会在美国、巴西、爱尔兰等 10余个国家和地区的分支机构和有关动物保护组织,在我国驻外使领馆前举行抗议示威活动,要求我国皮革产品加贴动物福利保护标志,停止非人道的工业虐杀动物行为。

在 2004 年 3 月的世界卫生组织巴黎会议上,学者们进一步将这一概念归纳为五个方面。

(1)生理福利,即为动物提供充足清洁的饮水和保持健康所需的饲料,让动物无饥渴之忧虑。

(2)环境福利,即为动物提供适当的居所,使其能够舒适地休息和睡眠。

(3)卫生福利,即为动物做好防疫和诊治,减少动物的伤病之苦。

(4)行为福利,即为动物提供足够的空间、适当的设施,保证动物表达天性的自由。

(5)心理福利,即减少动物免遭各种恐惧和焦虑的心情(包括宰杀过程)。

(六)劳工标准和蓝色贸易壁垒

一直以来,发达国家不断努力,试图将劳工标准纳入 WTO 体系,并主张,WTO 内应当对各国实行统一的国际劳工标准,对达不到标准的国家则应当进行贸易制裁,从而实现国际贸易的公平竞争。WTO 成立以来,发达国家极力把劳工标准与贸易挂钩,并企图将其纳入多边贸易体制,这遭到了发展中国家的强烈反对。1997 年由非政府组织社会责任国际(Social Accountability International,SAI)制定了涉及劳工标准的 SA 8000 标准。该标准一出台,就在国际社会中引起了很大的反响,使得劳工标准的问题再次成为世人关注的焦点。

劳动是人类最基本的实践活动,劳动关系是工业化时代一种最基本的社会关系,是衡量社会是否和谐的重要标准。1919 年,国际劳工组织 (International Labour Organization,ILO)根据《凡尔赛和约》作为国际联盟的附属机构成立。1946 年 12 月 14 日,其成为联合国的一个专门机构。该组织的宗旨是:促进充分就业和提高生活水平;促进劳资合作;改善劳动条件;扩大社会保障;保证劳动者的职业安全与卫生;获得世界持久和平,建立和维护社会正义。

蓝色贸易壁垒(bluebarriers)是指以劳动者劳动环境和生存权利为借口采取的贸易保护措施。蓝色贸易壁垒由社会条款而来,是对国际公约中有关社会保障、劳动者待遇、劳工权利、劳动标准等方面规定的总称,它与公民权利和政治权利相辅相成。蓝色贸易壁垒的核心是 SA 8000 标准,包括核心劳工标准(涉及童工、强迫性劳动、自由权、歧视、惩戒性措施等内容)、工时与工资、健康与安全、管理系统等方面。也就是说,劳工标准壁垒是蓝色贸易壁垒的主要组成部分。SA 8000 标准强调企业在赚取利润的同时,要承担保护劳工人权的社会责任。SA 8000是总部设在美国的社会责任国际制定的全球第一个用于第三方认证的社会责任国际标准,其是根据国际劳工组织公约、联合国儿童权利公约及世界人权宣言制定的,旨在通过有道德的采购活动改善全球工人的工作条件,最终达到公平而体面的工作条件。随着发展中国家具有国际竞争力的廉价劳动密集型产品大量进入发达国家市场,对发达国家的国内市场造成冲击,纺织品服装、玩具、鞋类等相关行业工人失业或工资水平下降,其工会等相关利益团体要求实行贸易保护主义的呼声日起,美国等发达国家为了保护国内市场,减轻政治压力,以社会责任与劳工标准为由限制进口发展中国家的劳动密集型商品。

➤ 本章小结

由于世界各国经济发展不平衡,各国大都会对对外贸易采取种种干预手段,这些干预手段可分为关税和非关税壁垒两大类。关税是一种价格控制手段,有多种形式,如进口关税、进口附加税、过境税、出口税等。进口关税的征收对一国的生产者有利,但不利于国内消费者。在小国情形下,进口关税会导致社会福利损失;在大国情形下,关税的净福利效果不确定，如果关税的贸易条件效应比较显著，则有可能改善本国福利，反之则降低本国福利水平。进口配额是一种通过对进口数量的限制达到保护本国生产的非关税措施，它所起到的限制贸易作用往往比关税要大，不易渗透，进口配额的影响效应与关税大致相同，进口配额常常与进口许可证结合起来使用，因此在操作过程中透明度较差，容易引发"寻租"等。出口补贴是政府对出口采取补贴的方法，以提高出口企业的竞争力，扩大本国出口，但在扩大出口的同时，可能会因贸易条件的下降，使政府补贴的一部分转移到国外消费者手里，并造成生产扭曲与消费扭曲。倾销虽是一种企业低价竞争行为，然而当政府成为这种行为的支持者的时候，它带有一国贸易政策的色彩，倾销虽然有利于进口国的消费者，但对进口国的生产者可能会带来严重后果，所以进口国的生产者往往会要求政府采取反倾销税等措施，抵消来自他国倾销的影响。随着时间的发展，非关税壁垒越来越多，特别是在关税不断削减的今天，各国大都把注意力集中到非关税壁垒上，一些针对发展中国家的新贸易壁垒引起人们注意。

➤ **思考题**

1. 如果在自由贸易下汽车的世界价格是 20 000 美元，国内汽车生产商进口 10 000 美元的材料，那么自由贸易下国内生产的附加值是多少？

(1)对进口汽车征收 25％的关税，对进口原材料不征收关税，那么国内汽车厂商的有效保护率是多少？

(2)对进口汽车和原材料都征收 25％的关税时，国内汽车厂商的有效保护率是多少？

(3)对进口汽车征收 25％的关税，对进口原材料征收 50％的关税，那么国内汽车厂商的有效保护率是多少？

(4)对进口汽车征收 25％的关税，对进口原材料征收 100％的关税，那么国内汽车厂商的有效保护率是多少？

2. 为什么进口关税的福利效果依赖于征收关税国家的大小？

3. 假定 A 国是个"小国"，无法影响国际价格，该国以每袋 10 美元的价格进口花生。其国内市场需求曲线为 $D=400-10P$，供给曲线为 $S=50+5P$，计算并画出进口配额限制在 50 袋时对以下各项的影响。

(1)本国价格的增幅。

(2)配额租金。

(3)消费扭曲损失。

(4)生产扭曲损失。

4. 画图说明出口补贴对出口国的福利影响。

5. 画图说明进口配额对进口国的福利影响。

6. 举例说明非关税壁垒对本国出口的影响。

第七章

贸易保护政策的理论依据

教学目的

1. 重点掌握最佳关税理论、幼稚产业理论、战略性贸易理论等贸易保护理论的主要内容。

2. 了解不同的贸易保护理论的适用性及假设条件。

3. 了解当代不同国家的主要贸易政策。

教学难点和重点

运用贸易保护理论分析现实的国际贸易政策及其对政策实施国的经济和对外贸易发展的影响。

导入案例

重商主义在21世纪仍然活跃 [①]

大多数工业国家为了保护国内就业，对农产品、纺织品、鞋、钢材等实施进口限制。同时，对于一些对国家的国际竞争力和未来发展至关重要的高科技产业，如计算机和电信则提供补贴。发展中国家甚至对国内产业施加更强的保护。虽然通过WTO的多轮谈判，对部分商品的一些明显的保护措施（如关税和配额）已减少或部分取消了，但是另外一些更为隐蔽的保护方式（如对研发的税收优惠和补贴，反倾销、反补贴及绿色贸易壁垒等手段）却增加了，新型的贸易摩擦不断增多。

例如，欧洲联盟（简称欧盟）禁止美国出口的用激素喂养的牛肉和转基因食品；欧美从非洲国家进口香蕉而不从中美洲的农场进口；欧美为了发展新式超大型喷气客机向空中客车公司提供补贴，使波音747的销量锐减；美国政府向部分出口商提供税收减免；美国在2002年对进口钢材征收30%的进口税。被保护产品的清单很长，被保护的方式多种多样，这些都是典型的重商主义理论，重商主义在21世纪仍然活跃。

---

① 萨尔瓦多. 国际经济学基础. 高峰译. 北京：清华大学出版社，2007

案例中列举的贸易保护措施仅是当今世界贸易保护主义的冰山一角。伴随着经济的发展，同一时期不同国家，同一国家在不同时期经常采用贸易保护主义政策。贸易保护的原因多包括爱国主义、保护国内就业和国内市场、增加税收及国家产业安全等。一些原因是正确的，一些却毫无理论依据。那么哪些贸易保护的理论是合理的呢？本章将对贸易保护的理论进行探讨。

本书第三至五章按照国际贸易理论发展的脉络分别从不同的角度介绍国际贸易产生的原因。尽管这些理论有着较大的差别，但是其论证的最终落脚点是相同的。每个定理或模型都说明各国通过参加贸易获得了利益，自由贸易使贸易参加国均获利，因此，自由贸易学说自亚当·斯密以来得到大多数经济学家的支持。第六、七章介绍各种形式贸易保护的政策措施，这说明在现实的世界中，大多数国家都对贸易进行较多干涉。

理论分析证明了实施自由贸易政策的优越性，但是现实世界贸易保护主义始终伴随着世界经济的发展。现实与理论的矛盾使理论界产生这样的疑问：是自由贸易政策还有其局限性？还是贸易保护主义政策的优点还未被人发现？于是许多学者开始为贸易保护主义寻求合理的理论依据。本章将介绍几种具有代表性的贸易保护理论。

第一节　最佳关税论

一、最佳关税论的核心思想

在前面的章节中我们分析了进口国征收进口关税对该国福利效应的影响。小国情况下，进口国征收关税后该国福利的变化为 $-(b+d)$（见图 6.4），即征税后该国福利下降。大国情况下，进口国征收进口关税后该国福利的变化为 $e-(b+d)$（见图 6.6）。因此，大国情况下征收关税对进口国福利的影响是不确定的。当 $e>b+d$ 时，进口国福利增加；当 $e<b+d$ 时，进口国福利下降。

大国情况下，征收关税后虽然导致进口国贸易量的减少，但是贸易条件却得到了改善。如果贸易条件的改善使进口国福利的增加超过了因进口量的减少而使该国福利减少的负面影响后，整个社会福利水平提高。如果进口大国征收适度的关税能够获得超过自由贸易的福利水平，就说明实施贸易保护比自由贸易政策好，这就是最佳关税理论的核心思想。

二、最佳关税的定义和确定条件

然而从对大国情况的分析中可知，征税后能够使一国福利水平提高的税率不是唯一的，而是有一个范围。当进口大国对进口商品征收的进口税为零，即该国实行的是自由贸易时，根据自由贸易理论该国福利水平高于封闭状态下自给自足的福利水平。当进口国征收的进口税从零开始不断增大时，进口大国的福利水平将不断提高，当进口税提高到某种程度后如果继续提高，该国的福利水平就会下降。如果进口税率过高，高到进口国消费者无法承担的程度，该国的进口量降为零，这一税率水平为禁止性关税。禁止性关税导致国内经济又回到自给自足的封闭经济状态。这一过程如图 7.1 所示。

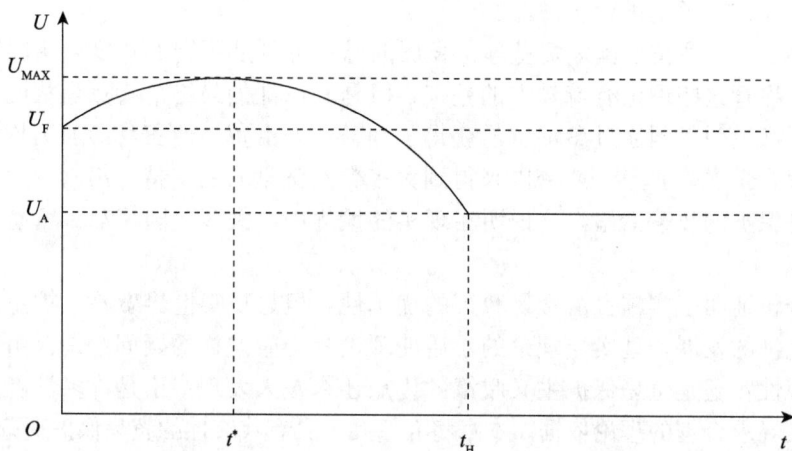

图 7.1   最佳关税的范围

由图 7.1 可知 t_H 为禁止性关税，所以 U_A 为封闭状态下该国的福利水平，U_F 为自由贸易时该国的福利水平，$U_F > U_A$。从 $0 \sim t^*$ 该国的福利水平不断提高，从 $t^* \sim t_H$ 该国的福利水平不断下降。当征收 t^* 时，该国福利达到最大化。从 $0 \sim t^*$，有多个税率水平都可以使该国福利提高，但是只有一个税率水平被称为最佳关税。那么什么是最佳关税呢？

最佳关税是指使本国福利达到最大的税率水平，具体来说，是指使一国贸易条件改善带来的好处减去其贸易量减少的负面影响后的净所得最大化的税率水平。图 7.1 中 t^* 为最佳关税。确定最佳关税的条件是进口国由征收关税所引起的贸易量下降带来的边际损失等于贸易条件改善所获得的边际收益。

三、最佳关税的大小

(一)关税的承担

进口关税是一国海关对通过本国关境的进口商品征收的税。进口商在办理进口清关手续时，向国家海关缴纳关税，因此进口商是关税的直接承担者，但是进口商并不是关税的最终承担者或实际承担者。

如果进口国是小国，如图 7.2 所示。征收进口关税后，其进口量的减少并不影响该商品的世界市场价格。征税后国内的价格为世界市场价格 P_W 加上进口商实际缴纳的关税 t，即征税后消费者购买该进口商品的价格为 $P_W + t$。所以小国情况下，进口关税的最终承担者是进口国国内的消费者。

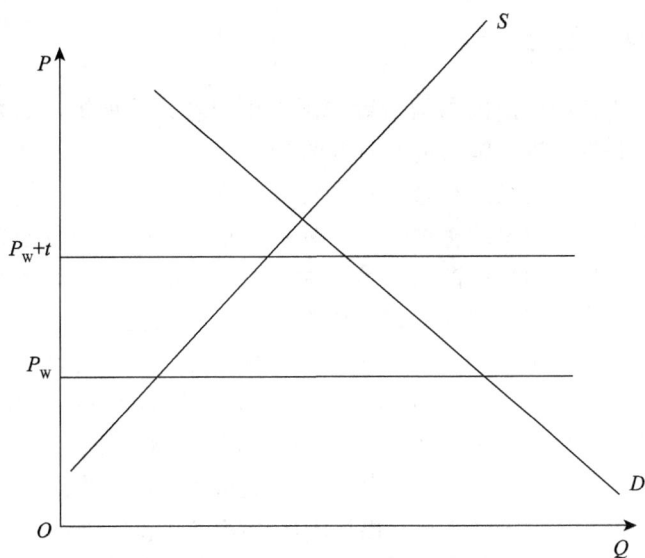

图 7.2 小国情况

大国情况下，如图 7.3。世界市场价格为 P_w。进口国征收进口关税后，其进口量减少将导致该商品的世界需求量下降，在供给不变的情况下，该商品的世界市场价格下降为 P'_w。征税后使国外的出口商以低于征税前的世界市场价格销售，也就是说国外的生产商将承担部分关税（$P_w - P'_w$）。因此当进口国为大国时，关税由进口国国内的消费者和出口国的生产商共同承担。那么消费者和生产商将分别承担多大份额的关税呢？影响关税承担的因素有哪些呢？

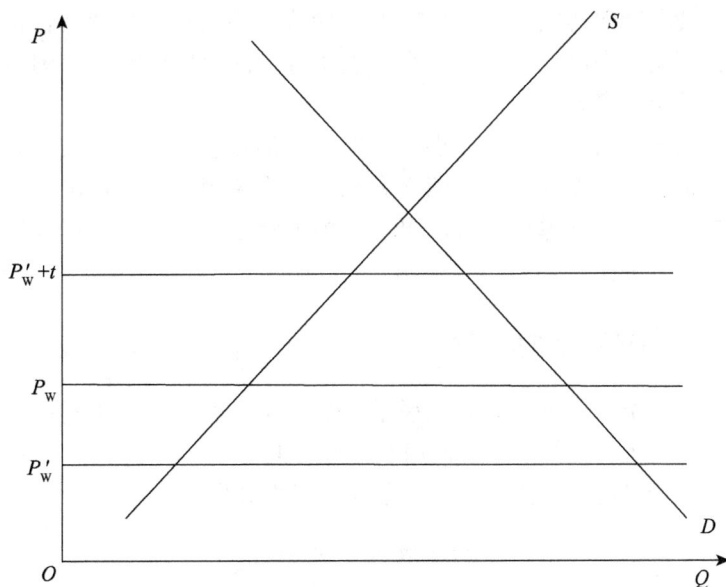

图 7.3 大国情况

(二)影响关税承担的因素

大国情况下，进口关税由国内消费者和国外生产者共同承担，双方承担程度取决于出口商品的供给弹性和进口国消费者的需求弹性。

在微观经济学中，我们已经学过供给弹性和需求弹性的概念。供给弹性是指商品价格的相对变化引起的供给量的相对变化，即商品价格每上升(下降)1％引起供给量增加(减少)百分之几。出口国生产商的供给弹性的大小取决于出口国生产商对进口国市场的依赖程度。如果出口国生产商对进口国的市场依赖程度越高，表明出口国的商品主要销往进口国市场，除了这一市场很难找到其他销路。在这种情况下，即使出口价格大幅度下降，出口厂商也不会大幅度减少出口量，所以出口供给弹性较小。反之，出口国生产商对进口国市场依赖程度低，当出口价格下降时，出口商就会减少出口量，转向其他市场销售，这时出口供给弹性较大。由此可见，出口供给弹性越小，表明出口国厂商对进口国市场依赖程度越强，出口国厂商将承担越多关税。

需求弹性是指商品价格的相对变化引起的需求量的相对变化，即商品价格每上升(下降)1％所引起的需求量减少(增加)百分之几。进口国对该商品的需求取决于三个因素：一是消费者对该商品本身的需求，如奢侈品比必需品的需求弹性要大。二是该商品替代品的多寡，替代品越多的产品需求弹性越大。三是作为进口商品，取决于对国外特定出口国市场的依赖程度。如果对特定出口国市场依赖程度越高，表明进口国消费者大部分的商品是从该特定出口国市场进口的，除了这个来源国很难找到其他供给国。在这种情况下，即使征税后进口价格大幅度提高，消费者也不会大幅度减少进口量，所以进口需求弹性较小。反之，进口国消费者对出口国市场依赖程度低，当进口价格上升时，消费者转向其他市场进口或者选择该产品的替代品消费，这时进口需求弹性较大。由此可见，进口需求弹性越小，表明进口国消费者对出口国市场依赖程度越高，消费者将承担越多关税。

综上所述，当出口国厂商供给弹性较大时：①消费者需求弹性较大，出口规模大幅度下降；②消费者需求弹性较小，消费者承担更多关税。当进口国消费者需求弹性较大时：①出口国厂商供给弹性较大，出口规模大幅度下降；②出口国厂商供给弹性较小，厂商承担更多关税。

(三)最佳关税与供求弹性的关系

前面我们已经分析了供求弹性和关税承担的关系，那么最佳关税的大小和供求弹性之间又存在什么关系呢？接下来我们用数理方法推导一下。

假定进口国消费者的供给弹性一定，出口厂商的供给弹性为 e。

$$e=dm/m\Big/dp/p$$

根据最佳关税确定的条件，即额外收益等于额外损失，可以列出等式如下：

$$m\left(\frac{dp}{dt}\right)=t^{*}\,p\left(\frac{dm}{dt}\right) \tag{7.1}$$

式中，m 代表进口量；p 代表进口价格；t 代表征收的关税；t^* 代表最佳关税税率。等式左边为边际收益，表示当再额外征收 1 单位关税 dt 时，会导致世界市场价格下降 dp，世界市场价格的下降会带来贸易条件的改善，从而使进口成本减少了 $m\left(\dfrac{dp}{dt}\right)$。等式右边为边际损失，表示当再额外征收 1 单位关税 dt 时，会导致进口量减少 dm，进口量的减少导致政府税收收入的下降，福利下降了 $t^* p\left(\dfrac{dm}{dt}\right)$。

对式(7.1)进行推导，得

$$t^* = dp/p \Big/ dm/m = \frac{1}{e}$$

结论：在进口需求弹性一定的情况下，最佳关税水平取决于外国出口商的供给弹性；进口国政府确定的最佳关税水平与出口国厂商向进口国提供产品的供给弹性成反比。

四、最佳关税的来源与关税大战

征收最佳关税可以使进口大国福利达到最大化，那么进口国福利的增加是如何产生的呢？显然征收后并未带来劳动生产力的提高，或者出现规模经济，也就是说进口国福利的增加并不是来自于自身的生产过程。事实上进口国福利的增加可以说是通过征收关税而掠夺了出口国厂商的部分利润。以下将以不完全竞争的市场结构为例，分析进口国利润的来源。

假设一：市场是不完全竞争的，出口商为进口国市场上唯一的垄断厂商。

假设二：生产规模足够大，边际成本 MC 等于厂商的平均成本 AC。

如图 7.4 所示，出口国厂商在进口国市场面临的需求曲线为 AD，边际收益曲线为 MR。MC_F 为自由贸易时厂商的边际成本曲线，$MC_F = AC_F$。MC_T 为进口国征收关税后出口国厂商的边际成本曲线，$MC_T = AC_T$。自由贸易时，根据厂商实现利润最大化的条件为边际收益等于边际成本，厂商在 A 点生产，其价格为 P_F，产量为 Q_F。厂商在该点生产的垄断利润为 $C_F \cdot P_F \cdot AF$。征收关税后厂商在 B 点生产，其价格为 P_T，产量为 Q_T。厂商的垄断利润为 $C_T \cdot P_T \cdot BC$。征收前后垄断厂商的利润减少了 $C_F C_T CE + EHAF - P_F P_T BH$。因为 MR 比 AD 更陡峭，所以 $C_F C_T > P_F P_T$。因此 $C_F C_T CE + EHAF - P_F P_T BH > 0$，说明征税后出口商的垄断利润减少了。也就是说进口国征收关税的利润来自于垄断厂商的一部分垄断利润。

进口国实施最佳关税虽然能够改善其自身福利但是却损害了出口国利益，这是一种"以邻为壑"的做法。假设世界由两个国家组成，随着进口大国关税的征收，贸易条件得到改善，但是贸易伙伴国的贸易条件却恶化了，因为两国的贸易条件互为倒数。贸易伙伴国贸易条件的恶化导致该国福利下降，于是贸易伙伴国很有可能采取报复措施，即也对进口到本国的商品征收最佳关税，其结果将导致关税战。

20 世纪 30 年代全球性的经济危机爆发。为了应对危机美国国会于 1930 年 5 月 19

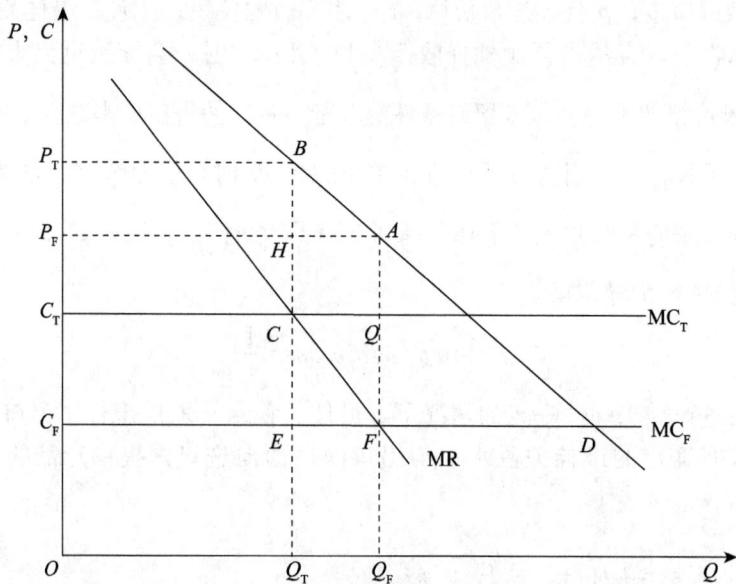

图 7.4　最佳关税来源分析图

日通过霍莱-斯姆特法令，对 890 种商品提高进口税率，各种进口商品的税率平均提高约 40%。这一法令的实施，遭到包括法国、意大利、加拿大、西班牙、瑞士等 33 个国家的抗议，引发了 30 年代的关税战。

第二节　幼稚产业保护理论

最佳关税以福利最大化作为实施贸易保护政策的标准，该理论仅适用于大国情况。现实世界中许多发展中的小国也通过征收进口关税的措施实施贸易保护主义政策。显然小国征收关税的目的并非通过征收最佳关税来获得福利的最大化，那么发展中的小国实施贸易保护的目的是什么呢？这就是本节要讨论的幼稚产业理论。

一、幼稚产业理论提出的背景

经济学界任何理论的产生都与理论提出的时代背景密不可分，任何理论提出都是为了解释当时社会的经济现象和解决经济运行中的突出矛盾，幼稚产业理论也不例外。

18 世纪是资本主义工业革命的时期，英国率先完成工业革命成为世界工厂，而美国、德国尚处于工业革命的初期。因此在国际工业品的竞争中，英国处于绝对优势地位，而美、德处于绝对劣势的地位。如果按照亚当·斯密的绝对优势理论，美、德等国应该开放本国市场，实行自由贸易。而现实是当德国面对外国工业品的冲击时，大多数工厂或濒于萎缩，或苟延残喘，市场被外国的工业品所淹没，大部分商人无所事事，德国的工业体系受到严重破坏。因此当关系到一国国家安全的支柱产业受到威胁时，政府应采取各种手段对这些产业实施贸易保护，而不是开放市场。传统的自由贸易理论不能够解释现实社会的经济问题，迫切需要新的理论解决经济发展中的矛盾。

1791 年，美国第一任财政部部长亚历山大·汉密尔顿（Alexander Hamilton）在《关于制造业的报告》中首先提出了贸易保护的思想，但是真正将该理论系统化并引起人们注意的是德国经济学家弗里德里希·李斯特（Friedrich List）。李斯特在其 1841 年出版的《政治经济学的国民体系》一书中对幼稚产业理论进行了详细的论述，从当时德国相对落后的状况出发，提出要以征收高关税的办法对其新兴工业进行暂时的保护，以免被当时先进的英国工业挤垮。

二、幼稚产业理论的主要内容

幼稚产业理论以"生产力论"和"国家经济理论学说"为基础，生产力论是李斯特理论的核心。李斯特认为，一个国家的发展程度并不取决于其积累财富的多少，而取决于它的生产力水平，生产财富的能力比财富本身更重要。因此，一国不能只是通过对外贸易获得物质利益，而应着眼于现在和未来的发展，减少对外贸的依赖，大力发展关系到本国国家安全的支柱产业。

"国家经济理论学说"以民族和国家的利益为出发点。李斯特认为，自由贸易理论是以世界主义为出发点的，忽略了国家间的利益分歧。在现阶段国家之间彼此分立，矛盾、冲突不可避免，如果一国经济严重依赖其他国家，那么在政治上也必然受人制约。所以当前不具备实现自由贸易的前提条件，而应该有选择地实行贸易保护主义。

（一）一国在不同的经济发展阶段应采取不同的贸易政策

李斯特将一国的经济发展从低到高分为五个阶段，即原始时期、畜牧业时期、农业时期、农工业时期和农工商业时期。一个社会将经历生产力水平不断提高的这五个阶段。他指出，一国采取的贸易政策不是唯一不变的，随着经济发展水平的变化，贸易政策也应相应改变，即各国应根据自身所处的经济发展阶段来实施不同的贸易政策。

具体来说，当一国处于原始时期、畜牧业时期或农业时期时，由于不存在工业部门，因此外国工业品不会构成对本国发展的威胁。所以这个发展阶段不需要实行贸易保护政策，而是按照自由贸易原则，让初级产品（如农业品）与工业制成品自由进出口，这样对农工业的发展均有利。如果一国进入农工业时期，即从农业国向工业国转变的阶段，本国的工业尚缺乏竞争力，不能与国外成熟的工业品相抗衡，因此在这一阶段需要采取贸易保护政策以防止外国工业的竞争，同时扶植本国工业的发展，促进工业体系的建立。当一国进入农工商业时期，由于此阶段已经建立了具有强大竞争实力的工业体系，所以应该实行自由贸易政策，将本国的工业品销往外国市场，获取自由贸易的利益。

（二）贸易保护的对象

李斯特提出的幼稚产业理论，并不主张对所有的工业部门实施保护，而是有选择的保护特定的产业，这些产业被称为幼稚产业(infant industry)。幼稚产业是指处于成长阶段、尚未成熟，但是具有发展潜力和潜在优势的产业。

对这个概念的理解要把握以下三点：首先，幼稚产业是指尚未成熟的产业，指处于建立初期，与发达国家同一产业相比缺乏竞争力的产业；其次，幼稚产业不一定都是新兴产业，可能是使用新技术也可能是使用成熟技术的产业；最后，幼稚产业必须是一国具有发展潜力和发展优势的产业。如果一个产业在发展中国家处于建立初期，但是无论付出多少成本对这一产业实施保护都不会导致该产业的大力发展，不能为该国创造财富，这一产业就不属于幼稚产业的范畴。

尽管上面的定义已经对幼稚产业做了明确的界定，但是当一国在实施贸易保护政策时很难正确判定幼稚产业。于是学者们围绕着幼稚产业的判定问题进行研究，提出了各种各样的标准，其中有代表性的判定标准有三种。

1. 穆勒标准

穆勒标准(Mill's test)强调的是产业未来成本的优势。当某一产业处于发展初期，由于规模较小，所以其生产成本高于国际市场价格。这种情况下，企业如果在自由竞争的市场环境中发展，必然会亏损。如果政府能够给予一段时间的保护，使该产业成长壮大，实现内在的规模经济，降低成本，则该产业就能够参与国际竞争并获得利润。

但是政府实施贸易保护政策是要付出成本的，穆勒标准只关注保护后幼稚产业的成长和未来利润，并没有考虑贸易保护的成本，这是该标准的重要缺陷。

2. 巴斯坦布尔标准

巴斯坦布尔在穆勒标准的基础上提出了考虑成本与收益的更高要求的标准——巴斯坦布尔标准(Bastable's test)。巴斯坦布尔认为，只有幼稚产业在保护下所获得的未来预期利润的贴现值大于贸易保护的成本，这样的产业才是值得保护的。

但是坎普对这一标准提出了否定的看法，他认为只要该产业存在内部规模经济，并且未来预期利润的贴现值大于贸易保护的成本，那么即使政府不对这一行业实施保护，厂商也会在亏损的情况下继续生产，直到收益弥补成本。也就是说政府的保护不是该幼稚产业成长的必要条件。

3. 坎普标准

坎普从外部规模经济的角度提出幼稚产业的判定标准，即坎普标准(Kemp's test)。他认为，在某些情况下，企业边际收益小于社会边际收益时会造成企业缺乏投资和生产的动力，从而导致某一产业无法发展壮大。但是如果这一产业存在外部规模经济效应，即该行业的发展会为其他产业或社会带来额外收益，即使这一行业本身不符合穆勒标准或巴斯坦布尔标准，政府也会对这一行业实施保护，该行业属于幼稚产业。

综上所述，穆勒标准和巴斯坦布尔标准是从内在规模经济的角度提出的判定标准，而坎普标准是从外在规模经济的角度提出的判定标准。这些标准为幼稚产业的选择提供了较好的分析方法，但是在现实中到底应该选择哪些产业是个不容易解决的问题，见表7.1。

表 7.1　三种判定标准的比较

判断标准	所基于的规模经济类型	考虑问题的出发点	是否考虑贸易保护的成本
穆勒标准	内在规模经济	未来的成本优势	不考虑
巴斯坦布尔标准	内在规模经济	贸易保护的净收益	考虑
坎普标准	外在规模经济	未来外部经济效应	考虑

资料来源：曾卫锋．国际经济学．第二版．厦门：厦门大学出版社，2015

(三)贸易保护的时间

李斯特并不是完全的贸易保护主义者，他认为贸易保护是暂时的，当被保护的幼稚产业成长起来之后就要停止保护，实行自由贸易。贸易保护的最长时间应该为30年。

(四)贸易保护的手段

在贸易保护的手段上，李斯特主张采用征收关税的方式，甚至在某些情况下实施禁止性关税。他在《政治经济学的国民体系》一书中写道："对某些工业品可以实行禁止输入，或规定的税率事实上等于全部或至少部分地禁止输入。"然而理论分析表明，在实施贸易保护时，生产补贴比关税保护具有更低的福利损失。下面将通过图形分析比较关税与生产补贴。

对小国征收禁止性关税 t，征税后价格从世界市场价格 P_w 上升为 P_w+t，如图 7.5(a)所示。因为征税后国内价格上升，所以国内厂商产量从 Y_0 上升到 Y_1，但是消费从 Y_2 下降到 Y_1。征税后厂商的生产者剩余增加而消费者剩余减少，关税使小国社会福利减少 $e+f$，即图 7.5(a)阴影部分。

如果小国用直接的生产补贴方式代替关税，如图 7.5(b)所示。假定每单位商品的补贴额为 s 时，恰好使补贴后厂商的产量从 Y_0 上升到 Y_1，则补贴后厂商在国内可获得利润为 P_w+s，为了和关税进行对比，我们让供给曲线向右下方平移至 S_d+s，这样我们可以保证在补贴后国内价格不变，仍然是 P_w，而厂商产量从 Y_0 上升到 Y_1。此时厂商的生产者剩余增加而消费者剩余不变，所以生产补贴不影响消费者的福利，补贴后社会净福利损失为 g，即图 7.5(b)阴影部分。

综述所述，对幼稚产业的保护可以采取生产补贴的方式，因为生产补贴只会造成生产的扭曲，但不会造成消费的扭曲。与关税相比，直接的生产补贴对社会福利的损失小于关税。

三、对幼稚产业理论的评价

幼稚产业理论可以作为发展中国家在工业化初期实施贸易保护的理论依据。李斯特的幼稚产业理论对当时德国工业体系的建立和发展起到了积极的作用，但是该理论

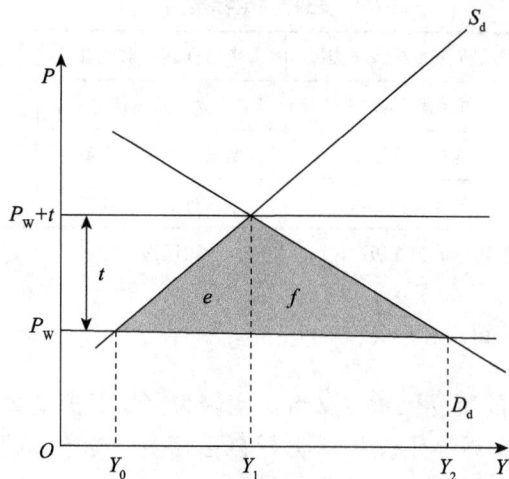

（a）小国征税后福利分析图

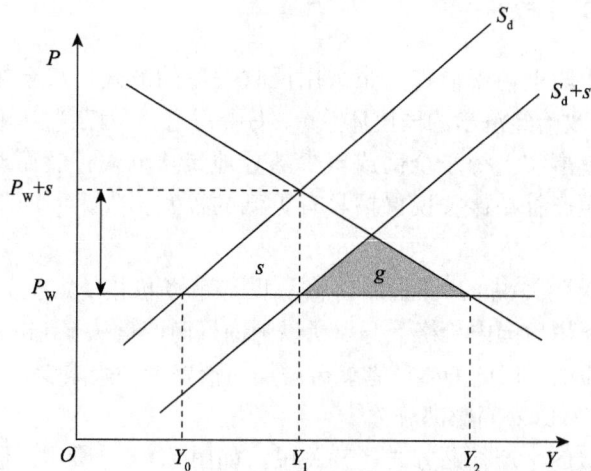

（b）小国政府生产补贴后的福利分析图

图 7.5　征税和生产补贴对小国福利影响的分析

也具有明显的缺陷性。例如，对于经济发展阶段的划分并不符合经济发展的实际情况；幼稚产业的选择很难把握，并且一旦对某一产业实施保护后要想取消保护非常困难；尽管直接的生产补贴比关税好，但现实中仍然较多采用征收关税的方式实施保护。

☞拓展阅读

李斯特简介

李斯特（Friedrich List，1789～1846 年），德国经济学家，保护贸易论倡导者，曾任州（当时称邦）会计检察官，蒂宾根（Tubingen）大学行政学教授。他因主张德国统一，废除多邦关卡，不容于当局，被迫辞职，后主持德国工商同盟工作，被选为符腾堡州议会议员，又因提出改革方案受迫害，被判处 10 个月监禁。1830 年，李斯特入美籍，曾任美驻莱比锡、汉堡领事，后居德国继续致力于振兴国家的事业。1834 年以普鲁士为中心的关税同盟成立，在封建势力控制下，依然实行自由贸易政策，李斯特已无法进行政策活动，特赴巴黎从事写作，1841 年其代表作《政治经济学的国民体系》(*The National System of Political Economy*)问世，数月之内发行 3 版。1846 年，李斯特赴英，主张保护贸易，后因病返德，生活潦倒，身心憔悴，1846 年 11 月 30 日去世，享年 57 岁。

李斯特的主要著作有《美国政治经济学大纲》(1827 年)、《政治经济学的国民体系》(1841 年)、《德国政治经济的国民统一》(1846 年)，其中，《政治经济学大纲》是其代表作。

第三节　凯恩斯主义的超保护贸易理论

凯恩斯主义的基本观点是资本主义 20 世纪 30 年代大萧条的直接产物。凯恩斯本人并没有直接阐述贸易保护的基本理论，但是其理论追随者，如美国的汉森、萨缪尔森和英国的哈罗德等发展了他的基本思想，形成了相对系统的超保护贸易主义。超保护贸易主义认为，在开放条件下，奖励出口、限制进口的贸易保护政策是一国总需求不足时，促进经济增长和就业的有效手段。

一、超保护贸易主义的基本观点

凯恩斯认为，总需求决定总产出。在开放条件下，总需求由四部分构成，即消费者的消费需求 C，厂商的投资需求 I，政府的需求 G 和国外需求 $X-M$。当一国经济增长缓慢及失业率较高时，可以通过刺激以上四部分需求来带动产出 Y 的增加和促进就业，这就是凯恩斯著名的国民收入恒等式，即 $Y=C+I+G+(X-M)$。从直接效应看，一国净出口增加本身就是本国有效需求的增长，国民收入的提高；从间接效应看，一国贸易顺差会导致本国货币供应量的增加，货币供应量的增加会促使国内利率下降，进而刺激国内私人消费 C 和投资 I 的增加，最终导致产出 Y 的增长。

按照凯恩斯的乘数原理，任何自发性支出增加或政策诱发的支出增加会使产出数倍的增长。假定 $C=C_0+cY$，$S=Y-C$，$M=M_0+mY$。式中，消费是收入 Y 的增函数；C_0 为自主消费；c 为边际消费倾向；进口是收入 Y 的增函数；M_0 为自主进口；m 为边际进口倾向。假定投资 I、政府购买 G 以及出口 X 是外生给定的变量，那么将消费和进口的表达式代入国民收入恒等式得 $Y=\dfrac{1}{1-c+m}[C_0+I+G+(X-M_0)]$。当出口增加时，国民收入按照 $\dfrac{1}{1-c+m}$ 的倍数增长，因此 $\dfrac{1}{1-c+m}$ 被称为外贸乘数。

幼稚产业论认为国家干预经济的主要目的是保护幼稚产业，发展工业化，而凯恩斯的超保护贸易主义认为国家干预经济的主要目的是增加有效需求，促进经济增长，解决失业问题。干预经济的主要手段包括财政与货币政策、收入分配政策以及对外经济政策等，如政府实施贸易管制、设定进口配额、规定最低进口价格等；同时，政府通过出口补贴等经济手段鼓励出口，保护国内生产和促进充分就业。

超保护贸易主义只能在国内有效需求不足时使用，该政策无法长期维持，贸易顺差不是一个长期目标。贸易顺差无法无限期增长的原因主要有：当一国贸易顺差过大会遭到贸易伙伴国的报复；本国的顺差对应的是外国的逆差，外国的逆差导致收入下降，收入减少导致外国进口减少，从而本国的出口也相应下降；此外，随着本国净出口增加会导致国内货币供给量增加，物价上涨，从而使本国商品的竞争力减弱，出口减少，顺差无法持续增加。

二、超保护贸易主义与古典贸易保护主义的比较

凯恩斯的超保护贸易主义属于新贸易保护主义，它与古典贸易理论（最佳关税论、幼稚产业论）在贸易保护的目的、对象、手段等方面存在明显差异，下面对其进行深入的比较。

从贸易保护的目的看，古典贸易保护主义是发展中国家为促进本国民族经济发展，实现工业化为目标的；而超保护贸易主义是发达国家为摆脱经济危机，保持国内先进和发达的工业并增强其在国际市场上的竞争力为目的的。

从贸易保护的对象看，古典贸易保护主义保护的是幼稚工业或弱小的新兴产业；而超保护贸易主义保护的是国内陷入危机的产业部门。

从保护的手段看，古典贸易保护主义主要采用传统的关税壁垒措施；而超保护贸易主义的措施较多，如进口配额、自动出口限制以及相应的刺激经济发展和出口的各项措施。

三、对超保护贸易主义的评价

首先，对外贸易乘数理论揭示了对外贸易与国民经济发展之间的内在规律性，具有一定的科学性；其次，该理论反映了西方经济由单纯重视微观企业运行向重视实现宏观经济稳定和增长的方向转变，不仅强调政府干预经济的重要性而且主张贸易保护政策与宏观经济政策配合；最后，片面强调对外贸易顺差对增加国民经济的作用，可能导致各国过度出口并限制进口，并可能引发贸易战。

■ 第四节　战略性贸易政策

20 世纪 80 年代中期，国际贸易领域产生了一种新的贸易保护理论，该理论是建立在不完全竞争市场结构基础上的政策理论。这种新的贸易保护思潮中具有代表性的理论被称为"战略性贸易政策"理论。战略性贸易政策理论是针对寡头垄断的市场结构提出的，而寡头市场的主要问题是厂商之间的博弈或对策，厂商之间的博弈或行动又是对各国贸易政策博弈或对策的反映。因此，该理论是从国家发展战略的层面对微观企

业的行为进行指导，所以被称为"战略性贸易政策"。

战略性贸易政策理论是将产业组织理论的研究成果运用于国际贸易问题的分析上产生的。该理论以斯潘塞(Spencer)、布兰德(Brander)以及克鲁格曼(Krugman)的三篇开创性论文为标志。以产量为决策变量的古诺模型(Cournot duopoly model)和以价格为决策变量的伯特兰德模型(Bertrand model)均可以来分析战略性贸易政策的两个主要主张：一是出口补贴；二是进口保护以促进出口。本节将以双寡头古诺模型为例来说明上述两种政策对政策实施国的影响。

一、对古诺模型的回顾

古诺模型是早期的寡头模型，该模型是一个只有两个寡头厂商的简单模型，其结论很容易推广到三个或三个以上的寡头厂商情况中。古诺模型的假设条件包括以下内容。

(1)市场上只有两个生产同质产品的厂商 A 和 B。

(2)两个厂商的生产成本为零。

(3)两个厂商面临相同的线性需求曲线。

(4)两个厂商在已知对方产量的情况下，确定能够给自身带来最大利润的产量。

(5)两个厂商之间不存在共谋。

在古诺模型的假设条件下，该市场的线性反需求函数为

$$P = a - Q = a - (Q_A + Q_B) \tag{7.2}$$

式中，P 为市场价格；Q 为市场总需求量；a 为常数；Q_A 和 Q_B 分别为市场对 A、B 两个厂商的产品需求量。对于 A 厂商来说，其利润等式为

$$\pi_A = P \cdot Q_A = aQ_A - Q_A^2 - Q_A Q_B \tag{7.3}$$

A 厂商利润最大化的一阶条件为

$$\frac{\partial \pi_A}{\partial \pi_B} = a - 2Q_A - Q_B = 0 \tag{7.4}$$

所以，

$$Q_A = \frac{1}{2}(a - Q_B) \tag{7.5}$$

式(7.5)为 A 厂商的反应函数，它表示 A 厂商的最优产量是 B 厂商的产量函数，即对于 B 厂商每一个给定的产量，A 厂商都会做出反应，确定自己获得最大利润的产量。

同理，我们可以得到 B 厂商的反应函数，即

$$Q_B = \frac{1}{2}(a - Q_A) \tag{7.6}$$

将式(7.2)、式(7.5)和式(7.6)联立，可以求出 A、B 两个厂商均衡的产量解为

$$Q_A = Q_B = \frac{1}{3}a$$

$$P = \frac{1}{3}a$$

二、战略性贸易政策的理论分析

(一)战略性出口政策

战略性出口政策的创始人是布兰德(Brander)和斯潘赛(Spencer)。他们指出当市场结构为寡头垄断时，出口补贴可以提高本国企业在国际市场上的占有率，获得更多的超额利润。

假定世界市场某种商品只由 A 国的厂商 A 和 B 国的厂商 B 来生产，即世界市场是双寡头结构，另外假定两个厂商的决策变量为产量。因此可以用上面提到的古诺模型对问题进行分析。

如图 7.6 所示，AA'、BB' 分别为寡头 A 和寡头 B 的反应曲线，两条曲线的交点 E 为古诺均衡点。均衡时，每个厂商获得一部分超额利润，所得利润的多寡取决于每个厂商的市场份额和销售量。如果 A 国厂商想要通过提高其产量来增长利润，A 厂商将自行扩大产出，则市场价格马上下降，从而使增加的收益被价格下降带来的损失所抵消。因此厂商无法通过自身努力来提高利润。

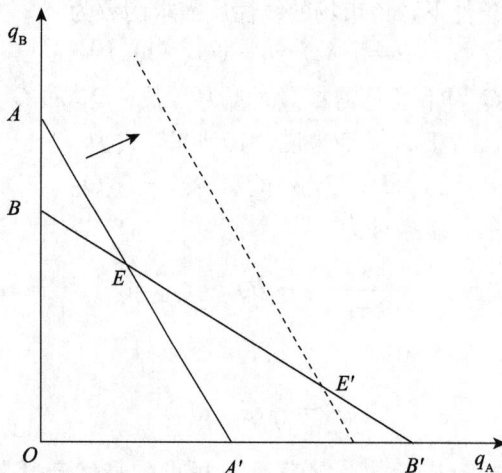

图 7.6　出口补贴对寡头企业的影响分析

但是如果 A 国政府通过出口补贴的方式给予 A 厂商补贴，则情况会有所不同。当政府给予 A 厂商出口补贴时，A 厂商的边际成本将下降，此时 A 厂商增加产出，虽然价格下降，但是由于政府补贴成本也下降，所以 A 厂商的额外利润将增加。如图 7.6 所示，AA' 曲线向右平移，A 厂商新的反应曲线与 B 厂商的反应曲线相交于新的均衡点 E'，在 E' 点，A 厂商的产量增加，利润增长。世界市场价格下降导致 B 厂商的产量下降，利润减少。因此，在 A 国政府对出口商补贴的情况下，A 厂商利润的增加是以

B厂商利润的减少为代价的。

(二)进口保护以促进出口政策

进口保护以促进出口政策是指通过对厂商国内市场的保护来提高其在国外市场的竞争力，达到扩大出口的目的。我们仍然以古诺模型为分析基础，说明上述观点。

假定A、B两国不但在国外市场竞争，而且在国内市场仍然存在竞争关系。A厂商存在规模经济，即随着产量的增加其边际成本不断下降。如果A国政府为保护本国厂商对来自B国的产品征收关税，征税后B厂商的竞争力减弱，A厂商的生产增加。由于存在规模经济，A厂商的边际成本下降，如图7.6所示，反应曲线AA'向右平移，于是和出口补贴一样，A国产量增加，出口增长，利润上升；B国产量减少，出口萎缩，利润下降。

三、对战略性贸易政策的评价

首先，战略性贸易政策有效的条件是利润转移部分超过补贴或关税保护的成本，否则得不偿失；其次，战略性贸易政策的选择视市场上的竞争行为而定，如果是产量竞争的古诺模型，出口补贴为最佳政策选择，如果是价格竞争的伯特兰德模型，出口税为最佳选择；再次，厂商之间没有共谋，即厂商之间是替代而非互补关系，如果厂商之间为互补关系则结论可能完全不同；最后，战略性贸易政策的成功运用是以对手不采取行动为前提的，如果双方政府同时干预，则可能导致双方福利恶化。

第五节　贸易政策的政治经济学

前面关于贸易保护的理论都是将一国福利最大化作为判定标准的规范研究，现实中，贸易政策总是被收入分配所左右。前面的理论不能解释现实中所有贸易保护的形成机制。于是在20世纪80年代以来，越来越多的经济学家以实证分析方法研究贸易政策的形成问题，形成了所谓的"贸易保护的政治经济学"。

贸易保护的政治经济学的主要思想为：任何一项经济政策都可能影响一国的收入分配格局，因此不同社会阶层或利益集团对此会有不同的反应，受益的利益集团支持这项政策，而受到损害的利益集团会反对这项政策，各种利益集团的力量交织在一起，最终决定政策的形成和实施。

我们在第四章中已知道，自由贸易有利于出口部门特定要素，而不利于进口部门特定要素。如果一国对该进口产品实施配额制，则出口部门特定要素所有者的实际收入下降，进口部门特定要素所有者的实际收入提高。那么出口部门特定要素所有者将反对该项贸易保护政策，而进口部门特定要素所有者将支持这项政策。政府实施自由贸易还是贸易保护主义取决于这些不同利益集团的院外活动。

大家不要认为各个利益集团从自身利益出发一定会采取院外活动，是否采取院外活动取决于院外活动成功后的利益所得是否抵消院外活动的成本。以美国对进口白糖实施配额制为例。美国实施白糖配额后，进口替代部门的厂商由于受到保护收入提高，消费者部门要比实施配额前支付更高的成本，由于该政策对出口部门的影响是间接的，所以不容易判断。三个利益集团中进口替代部门受益，消费者受损，对出口部门的影响不确定。对于进口替代部门来说，配额给这一部门带来的利益是非常大的，并且该行业生产者集聚一地，很容易组织，所以对政府院外活动的力度是最大的；对于消费者来说，虽然利益受损，但是损失很小，院外活动的成本远高于成功后所获得的收益，且消费者相对松散不易组织，所以消费者部门活动院外活动的意愿较小；对于出口部门来说，对进口保护的反对可能并不强烈，因为保护政策对该利益集团的影响是间接的。

由此可见，政策的制定可能会偏离国家整体福利最大化这一目标，为了利益集团的利益而牺牲国家的利益是非常常见的，个人利益或多或少地反映在政府的目标中。那么现实中哪些行业容易受到保护呢？高度组织的产业比低度组织的产业易于受到保护。此外，生产消费品的产业比生产中间品的产业易于受到保护。此外，过去受过保护的行业、幼稚产业、与来自发展中国家竞争的部门、劳动密集型部门及高科技产业也容易受到保护。

➤ 本章小结

1. 最佳关税理论认为，在大国情况下，进口国征收关税导致贸易条件改善带来的福利增加超过进口量减少使该国福利减少的负面影响后，整个社会的福利水平会提高。在进口需求弹性一定的情况下，最佳关税水平与出口国厂商向进口国提供产品的供给弹性成反比。在不完全竞争的市场条件下，进口国通过征收最佳关税来"抽取"出口商的部分垄断租金。

2. 幼稚产业理论的政策主张并不是完全的贸易保护论。幼稚产业论认为应根据一国所处的经济发展水平来选择自由贸易还是贸易保护。在贸易保护阶段，也不是对所有的行业进行保护，而是要根据判定标准选择幼稚产业进行保护。当幼稚产业成长起来之后就要取消保护。保护的主要手段是征收关税。

3. 凯恩斯的超保护贸易主义观点是一种短期的总需求管理理论，该理论认为，奖出限入的贸易政策仅适用于总需求不足时使用，不能作为长期刺激经济增长的政策手段。

4. 战略性贸易政策是建立在不完全竞争基础上的贸易保护理论，该理论以寡头竞争模型为基础，分析厂商在寡头市场上的博弈策略。

5. 贸易政策的政治经济学较好地解释了现实经济中贸易政策的形成与制定。现实中除了经济因素之外，民族主义情感、不同利益集团对贸易政策的制定具有一定的影响。

➤ 思考题

1. 画图分析影响进口税承担的主要因素有哪些。

2. 结合现实思考幼稚产业的发展同贸易保护之间是否存在必然的联系。

3. 画图分析征收进口关税和直接的生产补贴哪种保护的代价更小。

4. 最佳关税理论仅适用于大国情况，那么在同一个世界中当进口大国实施了最佳关税政策，对于进口小国来说是否公平。说明你的理由。

5. 假设进口国国内进口竞争品的供给曲线 S 为 $Q=-1+P$，该商品的需求曲线 D 为 $Q=11-P$。市场上该商品的出口商始终承担进口税 t 的 β 份额，并且 $\beta=40\%$。自由贸易时世界市场的价格 $P_W=4$，求禁止性关税为多少？

第八章

经济一体化与关税同盟理论

教学目的

1. 了解区域经济一体化的概念和形式。

2. 掌握关税同盟理论的基本内容。

3. 了解欧盟、东盟、北美自由贸易区等区域经济一体化组织的发展历程及其对地区经济的推动作用。

教学难点和重点

关税同盟理论的福利效应分析

导入案例

统一欧盟市场的所得

1973 年，英国政府决定不再从澳大利亚进口廉价的农产品而转向价格更为昂贵的欧洲邻国。由于农产品的贸易从原来的澳大利亚转移到欧洲邻国而发生贸易转移效应，使英国承受了巨大损失。食品的价格平均上涨了 25%，总的通胀率上升了 3%~4%。而与此同时，贸易创造带来的好处又使英国在工业品贸易中受益，即来自其他欧洲国家的廉价工业品代替了本国的高价品。

1993 年，欧盟成员国内部取消了对商品、劳务、资本和劳动力自由流动的一切限制，欧盟变成一个统一的、一体化的市场。表 8.1 说明欧盟国内生产总值因取消非关税壁垒增加了 0.20%，因取消产品壁垒增加了 2.20%，因经济的规模性增加了 1.65%，因竞争的加强增加了 1.25%，总的增加值相当于 1988 年欧盟国内生产总值的 5.30%，约为 2 650 亿美元。此外，有望使通货膨胀率降低 6.1 百分点，增加 180 万个就业机会，从而使平均失业率下降 1.5 百分点。

表 8.1　1992 年后欧盟一体化内部市场的潜在效益

所得来源	1988 年欧盟 GDP 增长率/%
取消非关税壁垒	0.20
取消产品壁垒	2.20

续表

所得来源	1988 年欧盟 GDP 增长率/%
经济的规模性	1.65
竞争的加强	1.25
总所得	5.30

资料来源：Cecchini P. The European Challenge 1992；The Benefits of a Single Market. Hants：Wildwood House，1998

案例中列举了区域一体化为英国以及欧盟众多成员国带来的经济效益，一体化通过贸易创造效应和贸易转移效应影响不同成员国的福利水平。区域一体化内部的自由贸易与对外的贸易保护，对不同国家的福利水平产生什么样的影响呢？本章将对区域一体化的相关理论进行分析。

在前面的章节中，我们介绍了自由贸易理论和贸易保护理论，在两大理论的博弈下，各国既希望获得自由贸易的利益又希望能保护本国利益的最大化，现实中就出现了国际经济一体化这种特殊的经济形式。最早的区域一体化组织要追溯到 1241 年在普鲁士内部各帮之间成立的汉萨同盟。现代的区域经济一体化组织是第二次世界大战以后逐步兴起的，20 世纪 80 年代以后得到迅猛发展。

20 世纪 80 年代中期以来，经济全球化纵深发展带来的资源全球配置和世界统一市场的形成，以及现存不合理的国际经济秩序和资源占有的不平等，导致了各国在力图抓住经济全球化机遇的同时，也在不同程度地感受着经济全球化带来的各种矛盾与冲突。在此背景下，国际区域经济一体化迅猛发展，主要国家和地区都在加紧行动，构筑有利于自身发展的地区依托。近几年来，欧洲经济一体化已进入到统一货币、签署欧盟宪法条约阶段；北美洲已确定将建成世界自由贸易区之最；非洲则建立了以经济融合为重要目标的非洲联盟；亚洲国家的区域经济合作更是方兴未艾。其中，中国与东南亚国家联盟(以下简称东盟)领先一步建成。因此，积极投身国际区域经济一体化大潮，已经成为各国应对经济全球化挑战的必然与现实选择。本章我们主要介绍国际经济一体化的形式、相关理论及其实践发展。

第一节 经济一体化的含义及形式

一、经济一体化的含义

经济一体化是指两个或两个以上的国家或经济体为了维护共同的经济和政治利益，通过达成某种协议而建立起来的经济合作组织。这一概念包含下列含义。

(1)行为主体是国家或经济体，是国家或经济体之间的合作。

(2)对内自由、对外保护，成员之间实行互利自由贸易，对非成员实行贸易保护，具有排他性。

(3)通过条约或协议联系和制约成员。

（4）带有区域地理性。

然而随着经济资源的全球配置，经济全球化与区域经济一体化成为当代世界经济发展的两个主要特点。在世界经济全球化背景下，以区域经济一体化为标志的区域经济合作出现了良好的发展势头。那么如何理解这两大经济现象的关系呢？经济全球化是指世界经济活动超越国界，通过对外贸易、资本流动、技术转移、提供服务、相互依存、相互联系而形成的全球范围的有机经济整体。经济全球化主要依靠科技进步、跨国经济、资本和市场的国际化，以及市场机制作用的推动，是市场机制起主导作用的过程。区域经济一体化则是以实现区域经济协调、均衡和有序发展为目标，建立在政府间签订自由贸易协定、推行区域经济一体化措施、实现一体化目标的基础上。

经济全球化是当今世界经济发展的必然趋势，区域经济一体化又是经济全球化这一大背景下的必然走向。两者之间的关系既矛盾又统一。经济全球化促进区域经济一体化向更高形式发展，给区域经济一体化的进一步发展带来新的驱动力。区域经济一体化为经济全球化准备了条件，区域经济一体化促进了国家分工的深化，加强了区域内部各加盟国之间的合作与交流，推动了各加盟国的经济发展，促进经济全球化的产生。另一方面，区域经济一体化对经济全球化的发展也起到一定的阻碍作用。随着区域组织的发展，各加盟国对区域经济依赖性增强，给世界经济带来更大的竞争局面，同时也导致经济发展的不平衡，伤害了全球经济间平等合作的基础，阻碍了全球化的进程。

实现全球经济一体化是世界经济发展的最终目标，全球经济一体化的精神通过三大组织〔IMF、IBRD（International Bank for Reconstruction and Development，国际复兴开发银行）、WTO〕向区域经济一体化渗透，区域经济一体化的发展与扩大，也有利于全球经济一体化的实现。区域经济一体化正方兴未艾，从区域经济一体化走向全球经济一体化需要经过漫长的时期。本章我们重点在区域经济一体化的意义上讨论国家经济一体化问题。

二、经济一体化的形式

根据成员国经济联合紧密程度的不同，国际经济一体化程度从低到高可分为以下几种形式，即自由贸易区（free trade area）、关税同盟（customs union）、共同市场（common market）、经济联盟（economic union）和完全经济一体化（perfectly economic integration）。任何一个区域一体化组织并不一定要经历从低级到高级的每一种一体化形式，有些一体化组织可能建立之初就是关税同盟，而并未经历自由贸易区阶段。例如，欧盟成立之初各加盟国家就达成了关税同盟的协议。

（一）自由贸易区

自由贸易区是指两个或两个以上的国家或经济体通过达成协议，相互取消进口关税和与关税具有同等效力的其他措施而形成的经济一体化组织。最典型的例子是英国、奥地利、挪威、丹麦、葡萄牙、瑞士、瑞典于 1960 年形成的欧洲自由贸易联盟（European Free Trade Association，EFTA），1993 年由美国、加拿大、墨西哥三国建立的北美自由贸易区（North American Free Trade Area，NAFTA）和 1991 年阿根廷、巴拉圭、巴西及乌拉圭组建的南方共同市场（Mercosur）。

自由贸易区的一个重要特点是区域内商品可以自由流动，真正实现了商品的自由贸易，但是它严格地将这种贸易待遇限制在参加国之间。自由贸易区的另一个重要特点是，成员经济体之间没有共同的对外关税。自由贸易区明确指出，各成员经济体之间的自由贸易，并不妨碍各成员经济体针对非自由贸易区成员采取其他的贸易政策。

随之而来的问题是在执行自由贸易政策时，很难分清某种产品是来自伙伴国，还是来自非成员国。因此，容易出现非成员国的商品借道关税率最低的国家把商品销往高关税的其他伙伴国，从而造成高关税成员国对外贸易政策的失效。为了解决这一问题，通常采用"原产地原则"。这一原则的内容是，只有产自成员国经济体内部的商品才享有自由贸易和免进口税的待遇。一般来说，所谓的原产地产品是指成品价值的50%以上是在自由贸易区内各成员国生产的产品。有的对某些敏感型的产品的原产地的规定更加严格，规定产品价值的60%，甚至75%以上产自成员国才符合原产地原则的规定。

(二)关税同盟

关税同盟是指两个或两个以上的国家或经济体通过达成某种协议，相互取消关税和与关税具有同等效力的其他措施，并建立共同对外关税或其他统一限制措施的经济一体化组织。欧共体最早于 1957 年建成 6 国关税同盟，又于 1977 年实现 9 国关税同盟，于 1992 年建成 12 国关税同盟。

关税同盟是比自由贸易区层次更高的经济一体化组织，其特点是，成员国在相互取消进口关税的同时，建立共同的对外关税，因此，成员经济体之间不再需要附加原产地原则。这样实际上是将关税的制定权让渡给经济一体化组织，关税同盟对成员经济体的约束力比自由贸易区大。

从经济一体化的角度看，关税同盟也具有某种局限性。随着成员之间相互取消关税，各成员国的市场将完全暴露在其他成员国厂商的竞争之下。各成员国为了保护本国的某些产业，需要采取更加隐蔽的措施，如非关税壁垒。尽管关税同盟成立之初，已经明确规定取消非关税壁垒，然而非关税壁垒措施没有一个统一的判断标准，因此关税同盟包含着鼓励成员国增加非关税壁垒的倾向。同时，关税同盟只解决了成员国之间边境上的商品流动自由化的问题。当某成员国商品进入另一个成员国境内后，各种限制措施仍然是自由贸易的障碍。

(三)共同市场

共同市场是指两个或两个以上的国家或经济体通过达成某种协议，不仅实现自由贸易，建立共同的对外关税，还实现服务、资本和劳动力自由流动的国际经济一体化组织。欧共体于 1992 年年底建成统一大市场。

共同市场是比关税同盟更进一步的经济一体化组织，其特点是，成员国之间不仅实现商品的自由流动和制定了共同的对外关税，还实现生产要素和服务的自由流动。服务的自由贸易意味着，成员国之间在相互提供通信、咨询、运输、信息、金融和其他服务方面实行自由贸易，没有人为的限制；资本的自由流动意味着，成员国内的各企业的资本可以在共同体内部自由流出和流入；劳动力的自由流动意味着，成员国的公民可以在共同体内的任何国家自由寻找工作。为实行这些自由流动，各成员国之间要实施统一技术标准、统一的间接税制度，并且协调各成员国之间同一产品的课税率，协调金融市场管理的法规，以及成员国学历的相互承认。

共同市场的建立需要成员国让渡多方面的权利，这些权利的让渡表明，一国政府干预经济的权利在削弱，而经济一体化组织干预经济的权利在增强。然而，由于各成员国经济有差别，统一的干预政策难以奏效，所以超国家的一体化组织的干预能力也是有限的。

(四)经济联盟

经济联盟要求成员国在共同市场的基础上，进一步实现经济政策的协调。这样一体化的程度从商品交换扩展到生产、分配乃至整个国民经济领域，形成一个有机的经济实体。最典型的例子是目前的欧盟。

经济联盟的特点是，成员国不仅让渡建立共同市场所需让渡的权利，更重要的是成员国让渡使用宏观经济政策干预本国经济运行的权利，而且成员国还让渡干预内部经济的财政政策和货币政策以保持内部平衡的权利。经济联盟由一个超国家的权威机构把成员国的经济组成一个整体。

(五)完全经济一体化

完全经济一体化是经济一体化的最后阶段。它除具有经济联盟的特点外，各成员还进一步实现经济制度、政治制度和法律制度方面的协调。此时的一体化已经从经济联盟扩展到了政治联盟。目前欧盟正在向此形式迈进。

下面，我们比较一下几种经济一体化形式的异同，见表8.2。

表8.2　经济一体化形式的比较

形式 ＼ 特点	成员国间自由贸易	统一对外关税	生产要素的自由流动	各种经济政策的协调	实现经济、政治、法律制度的统一
自由贸易区	有	无	无	无	无
关税同盟	有	有	无	无	无
共同市场	有	有	有	无	无
经济联盟	有	有	有	有	无
完全经济一体化	有	有	有	有	有

三、国际经济一体化组织建立的条件

一个国际经济一体化组织的建立需要多方面的条件，具备这些条件也有助于经济一体化组织的稳定与发展。从目前经济一体化组织的实践来看，这些条件主要有以下几个方面。

首先，成员国在地理位置上相互邻近。经济一体化组织要形成一个内部统一的大市场以促进各国经济的发展，这就需要以各国之间地理位置上的相互邻近作为客观基础，地理位置相距遥远的国家之间很难建立成员国之间统一的内部市场。因此，人们习惯上称国际经济一体化组织为"区域经济一体化组织"。

其次，成员国之间经济互补。经济一体化能否建立和发展还取决于成员国之间产业优势或贸易优势是否互补。这种互补既包括产业间贸易的互补，也包括产业内贸易优势的互补。一般而言，成员国之间经济的互补性越强，国家经济一体化组织越容易建立和稳定，否则会面临崩溃的危险甚至难以建立起来。

再次，一体化组织需要照顾到每个成员国的经济利益。各国参加某种形式的国际经济一体化组织的主要目的是希望能够获得一些经济利益，尽管它们需要让渡一部分权利，但这种权利让渡带来的利益应大于由此带来的损失。如果一个经济一体化组织只照顾少数大国的经济利益，那么其他国家就可能退出。

最后，成员国之间的政治制度比较接近。国际经济一体化组织的建立需要各成员国让渡一部分国家主权，如果参加国的政治制度比较接近，这种权利让渡不会导致一国政治制度的根本变化。相反，如果各参加国政治制度差异很大，那么某种主权的让渡就是非常敏感的。

第二节　关税同盟理论

关税同盟是经济一体化中比较成熟和稳定的一种形式，它比较集中地反映了国际经济一体化组织的建立对成员国和非成员国经济福利的影响。关税同盟的重要特点是"对内自由、对外保护"，它的建立既会产生静态的经济效应也会产生动态的经济效应。

一、关税同盟的静态效应

(一)贸易创造和贸易转移的概念与基本假设

从前面的贸易理论中已经了解到，自由贸易将带来世界资源最有效地利用，并使世界产量和福利达到最大化。因此，传统的观点认为，关税同盟在不增加对世界上其他国家贸易壁垒的限度内，成员国贸易壁垒的消除代表着贸易向更加自由化的方向发展。普林斯顿大学教授维纳(Jacob Viner)在其1950年出版的《关税同盟问题》一书中指出，关税同盟只提倡在成员国之间实行自由贸易，而对非成员国实行贸易保护，因此会产生贸易创造和贸易转移两种效应。

贸易创造是指成员国之间相互取消关税和非关税壁垒所带来的贸易规模的扩大和福利水平的提高。贸易创造的福利效应是指由经济一体化引起的，产品来源地从资源耗费较高的本国生产者转向资源耗费较低的成员国生产者而带来的福利提高。这种转移体现了经济开始按照自由贸易来配置资源，因此有利于福利水平的增长。贸易转移是指建立关税同盟后，成员国之间相互取消关税并建立共同的对外关税所带来的相互贸易代替了成员国与非成员国之间的贸易，从而造成贸易方向的转移。这样，产品来源地从资源耗费较低的非成员国生产者转移到了资源耗费较高的成员国生产者，这种转移代表经济背离了自由贸易的资源配置。贸易转移将给参加国带来福利的损失。

维纳在分析贸易创造和贸易转移效应时是基于以下假设。

第一，关税同盟成立前后，所有的关税同盟国均为充分就业。根据这一假设，分析的重点在于资源重新分配的福利效应。在充分就业下，成立关税同盟之后，可能出现以下两种情况：①关税同盟成员国均未生产某种产品，故同盟形成以后，仍从同盟外的国家进口，不会出现贸易转移的问题。②关税同盟成员国这一或所有成员国均生产某种产品，但效率不高，故在同盟形成之后，该项产品的进口从世界上生产效率最高、成本最低的国家转向同盟内生产效率不高、成本较高的国家，出现贸易转移问题。

第二，所有产品的需求曲线均完全缺乏弹性，就是没有消费替代的可能，产品的消费比例固定；供给弹性完全，就是规模报酬不变，生产成本固定。在产品消费比例不变与生产成本不变的假设下，关税同盟形成以后，就出现贸易创造与贸易转移效果。若发生贸易转移，在消费比例固定的条件下，必然导致福利水平的下降。

事实上，关税同盟成立以后，同盟国之间彼此废除关税，不仅会导致国与国之间替代的进口转移，而且因其使产品的相对价格发生改变，从而导致国内产品之间的消费替代，而不是如维纳所假设的产品消费比例不变。所以，在关税同盟成立以后，由于同盟国之间彼此废除关税产生的替代效果有二：其一，关税同盟国之间废除关税后，会发生国与国之间替代的进口转移。它对成员国福利水平的影响，以贸易创造与贸易转移效果二者谁大而定。其二，关税同盟国之间废除关税，发生国与国之间的进口转移之后，成员国国内的产品替代比率发生改变，即进口商品价格变得相对便宜，因此发生产品之间替代的消费变化，从而使福利水平提高。

维纳在关税同盟形成后，贸易转移使社会福利水平下降的分析，是基于假设同盟国国内产品消费比例固定，只考虑产品在国与国之间替代进口所产生的贸易转移效果。若考虑在关税同盟建立以后，成员国国内交换比率改变，国内产品之间发生消费替代，则贸易转移不仅不一定使社会福利下降，反而可能提高。

(二)贸易创造和贸易转移的福利效应分析

下面我们用图 8.1 来说明贸易创造和贸易转移的福利效应。

假设世界上有 A、B、C 三个国家，都生产某一种相同产品，但三国的生产成本各不相同。现以 A 国为讨论对象，在图 8.1 中，S 表示 A 国的供给曲线，D 表示 A 国的

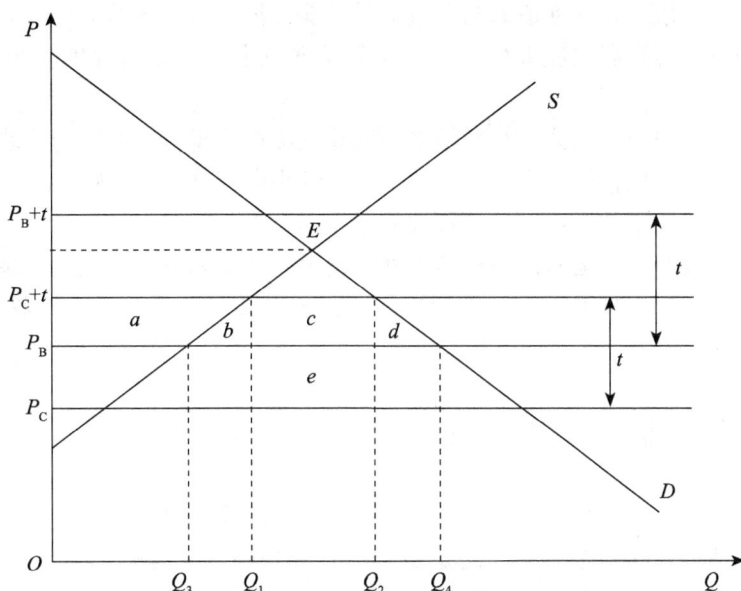

图 8.1 关税同盟的创造效应和转移效应

需求曲线。假设 B、C 两国的生产成本是固定的，图中 P_B、P_C 两条直线分别表示 B、C 两国的生产成本，其中 C 国生产成本低于 B 国(即 $P_C < P_B$)。在组成关税同盟以前，由于 B 国的产品价格高于 C 国，故 A 国只从 C 国进口，并对从 C 国进口的产品征收关税 t。此时，A 国国内价格为 $P_C + t$，国内供给量为 OQ_1，国内消费为 OQ_2，从 C 国进口量为 Q_1Q_2。

假设 A 国与 B 国结成关税同盟，相互之间取消关税，并制定了共同的对外关税。由于 A 国对来自 B 国的进口产品不再征收关税，而对来自 C 国的进口产品仍然征收关税，因此 B 国产品在 A 国的销售价格 P_B 低于 C 国产品在 A 国的销售价格 $P_C + t$，结果 A 国不再从 C 国进口，改从 B 国进口。由于价格的下降，A 国国内的生产减缩至 OQ_3。Q_3Q_1 是 A 国生产被 B 国所替代的部分，此为生产效应，生产者剩余减少了 a。另一方面，价格的下降引起 A 国消费的增加，消费由原来的 OQ_2 上升至 OQ_4，消费净增加 Q_2Q_4，此为消费效应，消费者剩余因此增加了 $a+b+c+d$。由于 A 国参加关税同盟以前其进口量为 Q_1Q_2，因此其关税收入为 $c+e$。参加关税同盟后，A 国的进口由原来的 Q_1Q_2 扩大到 Q_3Q_4，但政府失去了关税收入，其中 c 转移给了本国的消费者，而 e 则支付给了伙伴国的生产者，e 是由于贸易转向而带来的 A 国的损失。

综合起来，关税同盟对 A 国的净福利效应 $= (a+b+c+d) - c - (c+e) = (b+d) - e$。式中，$(b+d)$ 为贸易创造的福利效应；b 表示因同盟内成本低的生产代替国内成本高的生产而导致的资源配置效率的改善；d 表示同盟内取消关税后进口产品价格下降，国内消费扩大而导致的消费者福利的净增加；e 则表示贸易转移的福利效应，贸易转移意味着同盟内成本高的生产替代了同盟外成本低的生产，是资源配置的扭曲，因此，贸易转移对 A 国的福利不利。这样，关税同盟对 A 国福利的净影响可表示为贸易创造的福利效应减去贸易转移的福利效应。因此，加入关税同盟对 A 国究竟是否有利是不确定的，这取决于贸易创造的福利效应是否能抵消贸易转移的福利效应。

关税同盟的静态福利效应如何，除了比较贸易创造和贸易转移的大小之外，还受以下因素的影响。

第一，关税同盟建立前关税水平越高，则建立关税同盟后的贸易创造效果越大。

第二，关税同盟包括的国家越多，贸易创造效果越明显，贸易转移效果越小。

第三，共同关税率越低，贸易转移效果越小。

第四，关税同盟成员国的供给与需求弹性越大，贸易创造效果就越明显。

第五，关税同盟成员国与非成员国之间产品成本差异越小，贸易转移效果就越不明显。

二、关税同盟的动态效应

贸易创造和贸易转移是建立关税同盟的静态效果，而在长期中，组成关税同盟还有可能得到一些重要的动态效果，这是由于竞争的加强、经济的规模化、投资的增大及经济资源的有效利用而产生的。有时，这种动态效应在某种意义上远比其静态效应更为重要。事实上，英国主要就是因为这些动态效应才在 1973 年加入欧盟。以实践为依据的研究表明，这些动态效应比静态效应大 5～6 倍。关税同盟的动态效应主要包括以下几个方面。

第一，关税同盟最大的静态效应是促进成员国企业间竞争的加强。组成关税同盟前，在许多部门已经形成了国内的垄断，几家企业长期占据国内市场，获取超额垄断利润。生产者，特别是垄断者和寡头垄断者，在贸易壁垒的保护下很可能变得懒惰和自满。参加关税同盟后，由于各国市场的相互开放，各国企业面临着来自其他成员国同类企业的竞争，谁在竞争中获胜，谁就可享受大市场带来的规模经济效益，否则就被淘汰。各企业为在竞争中获得有利地位，纷纷采用新技术，改善经营管理，增加研究与开发投入，不断降低生产成本，从而在同盟内部营造出一种浓烈的竞争气氛，提高经济效益，促进技术进步。在这种竞争中，必然有一些企业被淘汰或被兼并或相互合并，从而形成在关税同盟内部的垄断企业。这种大规模垄断企业的组建，有助于抵御外部企业的竞争，甚至有助于关税同盟国的企业在第三国市场上与其他国家企业竞争。

第二，关税同盟另一个重要的动态效应是大市场效应。关税同盟组建后，在排斥第三国产品的同时，为成员国间产品的相互出口创造了良好的条件，特别是将所有成员国市场变成统一的市场。这种市场范围的扩大促进了企业生产的发展，使有竞争优势的企业达到规模经济效果，从而降低成本，提高企业的生产效率，进一步增强企业对外特别是对非成员国同类企业的竞争能力，而这种规模经济效果在一国市场范围内很难达到。

第三，关税同盟的建立有助于吸引外部投资。关税同盟的建立意味着对来自非成员国产品的排斥，同盟外的国家为抵消这种不利影响，可能会将生产设施转移到同盟内的一些国家，在当地直接生产并销售，以绕过统一的关税和非关税壁垒，这就是所谓的"关税工厂"。美国公司于1955年、1986年在欧洲的两次巨额投资，就是因为不愿被这种迅速增长的市场排除在外。

第四，关税同盟的建立可以使经济资源得到更好地利用。就一个关税同盟内部来说，由于关税和非关税壁垒的消除，使市场趋于统一，在其范围内的劳动力和资本的自由流动，可以使其经济资源的利用率提高。

关税同盟的建立也会产生某些负面影响。首先，关税同盟的建立促成了新的垄断的形成。如果关税同盟的对外排他性很大，那么这种保护所形成的新垄断又会成为技术进步的障碍，除非关税同盟不断有新的成员进入。其次，关税同盟建立后，资本会逐步向投资环境比较好的地区流动，投资的增加往往是增加在那些经济比较发达的地区，这样便使发达地区的经济更发达，而相对落后地区的经济发展缓慢，即出现地区经济发展不平衡，这就需要成员国政府以一定的政策作引导。

第三节　国际经济一体化组织的实践

最早的国际经济一体化组织要追溯到1241年成立的普鲁士各城邦之间的"汉萨同盟"，现代的国际经济一体化组织是第二次世界大战后逐步兴起的。随着第二次世界大战后世界经济的迅速发展，许多国家，尤其是小国，都意识到只靠自己的力量很难在世界经济中有所作为，于是一些国家便组织起来，成立了各种各样的经济一体化组织。根据国际经济一体化组织成员国经济发展水平，我们将区域经济一体化组织分为三种主要类型，即发达国家之间的国际经济一体化组织、发展中国家之间的区域经济一体化组织、发达国家与发展中国家之间的区域经济一体化组织。

一、发达国家之间的国际经济一体化组织

发达国家之间的国际经济一体化组织发展程度最高的是欧盟。欧盟的前身是欧共体。1951年，法国、意大利、荷兰、比利时、卢森堡、联邦德国六国在巴黎签署条约，宣布成立欧洲煤钢共同体，以集中管理六国的煤炭和钢铁资源。通过促进成员国间煤钢自由贸易和对非成员国实行贸易保护，欧洲煤钢共同体使受到战争打击的工业恢复了活力，正是这种成功推进了范围更广、程度更大的欧洲经济共同体的建立。

1957年3月25日，六国在意大利首都罗马签订《建立欧洲经济共同体条约》和《建立欧洲原子能共同体条约》，通称《罗马条约》，并于1958年1月1日正式生效。欧共体当时建立的目标是，经过十年的过渡建成关税同盟。欧洲经济共同体的长期目标是建立经济和政治联盟。1965年4月，六国签署了《布鲁塞尔条约》，成立了一个统一的欧共体。1967年7月1日，欧洲经济共同体、欧洲原子能共同体、欧洲煤钢共同体的主要机构合并，统称"欧共体"。1973年1月1日，英国、丹麦、爱尔兰加入欧共体，1981年，希腊成为欧共体的第十个成员国，1986年，西班牙和葡萄牙加入。1993年11月1日，根据内外发展的需要，欧共体正式易名为欧盟。此后，欧盟又开始了北进和东扩的步伐，经过1995年(奥地利、芬兰、瑞典加入)、2004年(马耳他、塞浦路斯、

波兰、匈牙利、捷克、斯洛伐克、斯洛文尼亚、爱沙尼亚、拉脱维亚、立陶宛加入)、2007年(罗马尼亚、保加利亚加入)及2013年(克罗地亚加入)的四次扩张,欧盟的成员增至28个,人口5亿,总面积437.9万平方千米,GDP(国内生产总值)16.106万亿美元。

在成员国不断增加的同时,欧盟的经济一体化层次也在不断提高,从自由贸易区、关税同盟再到统一大市场,并过渡到经济和货币联盟,向着政治联盟的基本目标努力。欧盟在实现一体化的过程中尽管经历了许多曲折,但是取得了非常显著的成效,成为当今世界一体化程度最强的经济组织。

1958~1968年,欧共体内部逐步取消工业品贸易的限制,工业贸易值大约增加了5倍,基本建成自由贸易区。1968年7月,欧共体初步建成关税同盟,比计划提前一年半。到1970年,欧共体已成为比较成熟的关税同盟,具有共同的对外关税体系。1960~1970年,欧共体内部在交通设备、机械、化学药品、燃料上的贸易创造效果非常明显;而在农产品、原材料上主要表现为贸易转向。但据学者估计,总的来说贸易创造的效果比贸易转移的效果要高出2%~15%。同时,欧共体也获得了关税同盟的动态效应,其促进了成员国之间的对外贸易,1958~1970年,成员国间的贸易额占共同体贸易总额的比重从34%增加到50%以上。另外一体化促进欧共体国家的国际分工和生产专业化,带来了规模经济,促进投资的增长,提高了成员国产品在国际市场上的竞争能力,加深了成员国之间彼此的依赖和影响,有利于提高西欧在世界经济中的地位。1979年,欧共体经过多年的酝酿,建立了欧洲货币体系,实现成员国相互保持可调整的钉住汇率制度,建立共同干预基金和储备基金,对外则采取联合浮动汇率制度,从而使其经济一体化的程度向前迈进了一步。1993年1月1日,欧洲统一大市场如期启动,取消了所有成员国之间产品、服务和资源(包括劳动力)自由流动的限制。

1991年12月,欧共体12国首脑集会于荷兰的马斯特里赫特,决定修改原来的《罗马条约》,修改后的条约明确提出,将欧共体向前推进,经过一段时间的过渡,建立欧洲经济货币联盟和政治联盟。1992年2月7日,成员国签订了《经济和货币联盟条约》和《政治联盟条约》,简称《马斯特里赫特条约》(以下简称《马约》)。随着《马约》的生效,欧共体也更名为欧盟。《经济和货币联盟条约》的基本目标是,经过三个阶段的过渡,经济上成员国之间要实现统一的财政和货币政策,建立统一的欧洲货币——欧元,建立欧共体的中央银行。条约规定,最迟于1999年1月1日在欧共体内部发行统一货币,实行共同的对外与安全政策,扩大欧洲议会的权力,扩大多数表决的范围等。1998年5月2日~3日,欧盟在布鲁塞尔举行了首脑会议,确定了首批实施单一货币的11个国家,即德国、法国、意大利、荷兰、比利时、卢森堡、西班牙、葡萄牙、奥地利、芬兰、爱尔兰。从1999年1月1日起,欧洲统一货币——欧元已经以非现金的形式进行流通;2002年1月1日,欧洲中央银行开始发行欧元的硬币和纸币,并把各成员国原来流通的纸币和硬币兑换成欧元的纸币和硬币;2002年7月1日,涉及所有业务和所有机构的这种转换过程已全部完成,欧元已成为欧洲货币联盟范围内唯一的法定货币。欧洲中央银行于1998年6月1日建立,总部设在法兰克福。2009年,欧洲国家主权债务危机爆发,使欧元区国家的经济发展面临了前所未有的挑战,也使欧盟的一体化进程受到严重影响。主权债务危机是指一国以自己的主权为担保向外贷款，不管是向IMF还是向世界银行，还是向其他国家借来的债务，超过了借款者自身的清偿能力，造成无力还债或必须延期还债的现象。希腊是首个爆发主权债务危机的国家，随后爱尔兰、葡萄牙、西班牙和意大利等国先后成为欧债危机重灾区。欧债危机的重要原因之一就是货币一体化的进程严重偏离现实，欧元区内实行的财政与货币政策分离的运行机制不能够适应各经济发展多样化的需要，偏离经济基础的金融合作导致矛盾的集中爆发，从而引发欧债危机。欧债危机遏制了欧盟经济的发展，如何摆脱危机已经成为当前欧洲一体化发展中的重要问题。

《马约》使欧共体不再仅仅是经济组织，而是走向政治、经济和社会的全面联合。1997年6月17日，欧盟签署《阿姆斯特丹条约》，这标志着欧盟的政治联盟开始启动。2004年10月，欧盟首脑在意大利首都罗马签署《欧盟宪法条约》，这是欧盟的首部宪法条约，其旨在保证欧盟的有效运作以及欧洲一体化进程的顺利发展，由于该宪法遭到法国和荷兰全民公决的否定而搁浅。2007年6月，参加欧盟峰会的首脑在布鲁塞尔就替代《欧盟宪法条约》的新条约草案《里斯本条约》达成协议。2009年12月，《里斯本条约》正式生效。

发达国家之间的经济一体化组织成功的原因主要有以下几个方面。

(1)各成员国经济发展水平的差异较小。各成员国经济发展水平的接近不致使某个成员国成为其他成员国的负担。成员国经济发展水平较高且相互接近，有助于成员国开展产业内贸易，因而较少竞争优势的相互冲突，实现各成员国企业的规模经济。

(2)各成员国对内部市场依赖性的加强，有助于增加区域经济一体化组织的凝聚力。

(3)发达国家之间的经济一体化总是从市场一体化入手，这与它们的经济制度密切相关。

二、发展中国家之间的区域经济一体化组织

发展中国家之间的经济一体化组织尽管产生的较早，但是发展较为缓慢。按照区域划分，发展中国家之间的一体化组织主要包括亚洲的东盟、中美洲共同市场、南美洲的南方共同市场、西非经济共同体。

1. 东盟

在亚洲比较突出的发展中国家之间的一体化组织是东盟。1967年8月8日，印度尼西亚、马来西亚、菲律宾、新加坡和泰国五国的外交部长在曼谷签署了建立东盟的宣言，宣告作为地区性合作联盟——东盟的成立。其建立的宗旨是，在经济、社会、文化、技术、科学和行政管理的领域内促进共同有利的事业的积极合作和互助。后来文莱、越南、缅甸、老挝和柬埔寨也加入东盟，加上最初的五个创始国，东盟成员国达到十个国家，被称为"东盟十国"。然而，在东盟成立的最初几年里，经济合作并未见诸行动。20世纪70年代中期以后，东盟各国加强了相互间的经济合作，成立了一系

列的促进经济合作的组织机构。20 世纪 80 年代中期以后，随着地区贸易保护主义的抬头，东盟各国意识到加强内部的经济合作、建立东盟自由贸易区的必要性。1992 年 1 月 28 日的东盟首脑会议发表了《1992 年新加坡宣言》、《东盟加强经济合作的框架协议》和《有效普惠关税协议》。东盟决定从 1993 年 1 月 1 日起，将成员国制成品、农业加工品和生产设备 3 大类 15 种商品的关税逐步降低，开启 15 年内实现自由贸易区的计划。截至 2010 年年底，文莱、印度尼西亚、马来西亚、菲律宾、新加坡、泰国 6 国之间 99.11％的关税已经取消，而东盟其余 4 国之间 98.86％的关税已降至 5％以下。除此之外，由于近年来东盟各国经济发展较快，对外贸易迅速发展，因而其内部合作的扩大对周围国家构成较强的吸引力，东盟自由贸易区的发展呈现出对外的开放性态势。其中，东盟与中日韩(10＋3)及东盟分别与中、日、韩(10＋1)合作机制已经发展成为东亚合作的主要渠道。此外，东盟还与美国、日本、澳大利亚、新西兰、加拿大、欧盟、韩国、中国、俄罗斯和印度 10 个国家和地区形成对话伙伴关系。

2. 中美洲共同市场

1962 年中美洲的哥斯达黎加、萨尔瓦多、危地马拉、洪都拉斯和尼加拉瓜 5 国签署了《中美洲共同市场条约》，正式成立中美洲共同市场(Centeral Americano Common Market，CACK)。该组织的宗旨在于：促进中美洲的经济一体化，协调各成员国的经济政策，逐步取消各成员国之间的关税，统一对外关税，最后实现地区贸易自由化，建立自由贸易区和关税同盟。中美洲共同市场从关税同盟直接起步，对内各成员国实行完全的自由贸易，对外 90％的贸易产品实行共同关税。由于其内部市场规模有限，合作领域较少，加之萨尔瓦多与洪都拉斯之间的长期战争以及尼加拉瓜等一些国家内部的游击战及石油危机，中美洲共同市场的发展曾一度逐渐陷入停滞状态。

3. 南方共同市场

南方共同市场是南美地区最大的经济一体化组织，目前已成为世界第四大经济集团。1991 年 3 月 26 日，阿根廷、巴西、乌拉圭和巴拉圭四国总统签订《亚松森条约》，宣布成立南方共同市场。1995 年 1 月 1 日南方共同市场正式运行，关税联盟开始生效。南方共同市场的宗旨是：通过有效利用资源、保护环境、协调宏观经济政策、加强经济互补，促进成员国科技进步和实现经济现代化，进而改善人民生活条件并推动拉美地区经济一体化进程的发展。南方共同市场不但在区域内促进各成员国间相互取消关税和非关税壁垒，实现商品和服务的自由流动，而且对外确定共同的对外关税，制定共同的贸易政策，同时该组织还积极地向政治、外交等其他领域合作扩展。目前该一体化组织的发展势头良好，同中国、欧盟、日本、俄罗斯和韩国等建立了对话或合作机制。

4. 西非经济共同体

西非经济共同体(Economic Communit of West African States，ECOWAS)是非洲最大的区域性经济合作组织。1975 年 5 月，15 个非洲国家及政府的代表在尼日利亚的拉各斯签订《西非国家经济共同体条约》，正式成立西非经济共同体。西非经济共同体一直致力于协调成员国经济发展，推动地区经济一体化进程。从 2001 年年底开始放开基金参股成分，扩大融资渠道，强化吸收国际游资的能力。2003年2月，西非经济共同体投资与发展银行宣布成立，总部设在多哥首都洛美。2009年，西非经济共同体开始实施西非单一货币路线。

发展中国家的区域经济一体化组织发展缓慢甚至失败的原因是多方面的，其中主要的有以下三个方面：首先，成员国经济发展水平较低，因而缺乏进行贸易合作的物质基础。一方面，各国的经济发展水平均比较低，这决定了它们经济结构相类似，因而难以形成产业间贸易。另一方面，各国经济发展水平不高还决定了它们没有进行产业内贸易的基础。其次，一些国家参加某种经济一体化组织的目的是在封闭的市场内寻求经济的发展，然而当各成员国市场比较狭小时，区域经济的一体化不会给各国带来足够的市场规模，一些成员就需要在共同体以外寻找出路，由此造成一体化组织内部凝聚力的减弱。最后，对于那些实行开放经济的国家，它们在参加区域经济一体化组织的同时，也倾向于与发达国家开展贸易，以促进经济发展。在此情况下，如果发达国家市场吸引了超过区域经济一体化组织内部市场，那么该国的离心倾向是不可避免的。因此，尽管一些发展中国家的区域经济一体化组织名义上的一体化程度较高，但多数名不副实。

由此我们得出结论：发展中国家之间区域经济一体化组织的存在与发展需要具备以下几个条件：①各成员国经济需要有一定程度的发展，以便为经济一体化提供必要的条件；②发展中国家经济一体化组织的前途有赖于内部市场的扩大和经济互补性的增强；③发展中国家的经济一体化组织的建立不能脱离发展中国家的特点，一切组织模式的选择要有助于各国经济的工业化。因此，发展中国家经济一体化组织发展的模式似乎是区域市场一体化与产业部门一体化的结合，既要求市场的统一，又要求产业发展上各成员国之间的协作分工，以加强内部的相互依赖性。当然，具体模式的选择应以各成员国经济的发展和工业化为前提。

三、发达国家与发展中国家之间的区域经济一体化组织

最典型的发达国家与发展中国家之间的经济一体化组织是北美自由贸易区，北美自由贸易区开创了发达国家与发展中国家之间组成区域经济一体化组织的先例。为了加强联合，对抗来自欧洲统一大市场及日本的挑战，美国、加拿大、墨西哥三国建立了北美自由贸易区。

北美自由贸易区是在美加自由贸易区的基础上延伸发展的。1985年9月，由加拿大总理提出，美国政府支持，建立双边自由贸易协定。双方经过3年多的谈判，于1988年1月2日签署《美加自由贸易协定》，协定从1989年1月1日起生效。该协定的主要内容是，经过10年的过渡，取消两国一切进出口产品的关税，逐步减少贸易壁垒，同时在投资方面实现自由化。美加自由贸易协定名义上是一个贸易协定，实际上则包括进出口和投资、农产品及银行经营业务等多方面的内容，是一个综合协定。该协定签署后，加拿大成为美国的最大贸易伙伴国，每年两国间的贸易达1500亿美元（75%免税），由于协定的签订，加拿大的经济增长速度加快了5%，美国加快1%，在

两国的边境附近还新创造出了成千上万个就业机会。

1990 年，美国与墨西哥开始探索建立双边自由贸易协定后，美、加、墨三国认识到订立一个三边协定更为有利，三国领导人于 1991 年在多伦多举行第一次会议，决定建立美加墨自由贸易区，经过一系列谈判，1992 年 8 月 12 日三国正式签订《北美自由贸易协定》，1993 年 7 月又签订了建立北美自由贸易区的补充协定。1993 年 11 月，三国议会正式批准该协定，协定于 1994 年 1 月 1 日起正式生效实施。

《北美自由贸易协定》的主要内容包括：三国将在 15 年内逐步取消三国间的上万种商品的关税和诸多关税壁垒，并废除目前实行的进口配额和许可证制度；开放墨西哥的银行、电信、保险及证券业，允许美国和加拿大商人加入竞争和投资，包括建立全资子公司，对所有北美地区的金融公司给予国民待遇；为防止亚洲和欧洲一些公司为逃避美国关税而将商品经由墨西哥运往美国，三国就原产地问题做了严格的规定；设立专门委员会以解决涉及环保标准的商业纠纷，如保护版权、专利权及商标权等。该协定明确规定，经过 15 年的过渡，三国相互取消关税，实现商品和服务的自由流动。这一目标分三个阶段实施，第一阶段，首先在所列的 9 000 多种产品中立即取消约 50% 的关税；第二阶段，15% 以上的产品关税将在 5 年内取消；第三阶段，剩余关税在第 6～15 年内取消。为防止来自第三国的转口贸易，三国详细开列了原产地原则的标准，规定在多数产品中，只有全部价值 62.5% 的产品价值在其成员国生产时，才属于原产地产品。

20 世纪 90 年代，无论是综合经济实力，科技实力，还是市场规模，北美自由贸易区都超过了欧共体。它对于美洲经济的发展，资金的注入，就业的增加，人民生活水平的提高都产生了很大的积极作用。1990～2012 年，国内外直接投资使墨西哥的经济增长率从 3.37% 上升到 10.91%。有数据表明，在加入北美自由贸易区后，墨西哥的劳动就业机会增加了 28%，创造了 270 万个就业岗位，同时工人的薪酬也获得了很大的增长。1993 年，墨西哥工人的工资指数是 100，到 1999 年，出口产业工人的工资指数已达到 116～164。

中日韩自由贸易区是当前世界经济中出现的又一个包含发达国家和发展中国家的一体化组织。2002 年，在中日韩三国领导人的峰会上提出了建立中日韩自由贸易区的设想。中日韩三国的政府、理论界及民间团体经过长达十年的充分论证，从宏观经济联系和微观企业往来层面对建立自由贸易区的条件进行探讨，终于在 2012 年 11 月开启了中日韩自由贸易区的正式谈判。中日韩作为东亚地区三个大国，GDP 总量已达到 15 万亿美元，已超过欧盟，占全球 GDP 的 20%，占东亚 GDP 的 90%。建立中日韩自由贸易区将逐步实现货物、人员和资本的自由来往，可以预见未来中日韩自由贸易区将在全球经济中扮演重要角色，对三国乃至世界经济的发展都将起到重要作用。

从目前情况看，发达国家与发展中国家之间的经济一体化组织还是一种新现象，参加一体化组织的两类国家都可以从中获利。就发达国家而言，通过参加这种一体化组织，各国可以充分利用发展中成员国廉价的劳动力和商品的销售市场，使这些国家在一体化市场内部有优于其他国家的竞争力，在外部市场也因为使用贸易伙伴国廉价的劳动力降低了某些产品的成本。同时，发达国家还可以利用区域经济一体化的便利重新配置资源，将资本投向能够最有效使用资本的地区。就发展中国家成员而言，它们也获得了较有保证的劳动密集型产品的市场，同时在引进外资的竞争中取得了一定的优势地位，相应地也创造了一系列产业部门的就业机会，而且还可以获得比较先进的生产技术，从而有利于这些国家的工业化。

四、经济一体化的新模式——开放的区域经济一体化

开放的区域经济一体化是一种新型的区域经济合作形式。开放性是指这类经济一体化没有专门的组织机构和机制化的贸易安排，成员间的所有优惠性措施或安排也适用于非成员经济体。这一点与传统的区域经济一体化组织的排他性有本质上的差别。这种区域经济一体化的典型形式是亚洲与太平洋地区经济合作组织（Asia-Pacific Economic Cooperation，APEC，以下简称亚太经合组织）。

亚太经合组织是亚太地区的一个主要经济合作组织。1989年1月，澳大利亚总理霍克访问韩国时建议召开部长级会议，讨论加强亚太经济合作问题。经与有关国家磋商，1989年11月5日~7日，澳大利亚、美国、加拿大、日本、韩国、新西兰和东盟共12个国家，在澳大利亚首都堪培拉举行亚太经济合作会议首届部长级会议，这标志着亚太经济合作会议的成立。1993年6月，亚太经济合作会议改名为亚太经合组织。

自1989年起，亚太经合组织每年举行一次由各成员外交和经贸部长参加的年会，并召开3~4次高级官员会议，还可就某一专题举行部长级特别会议。1991年11月，在韩国汉城举行的亚太经合组织第三届部长级会议通过了《汉城宣言》，正式确定亚太经合组织的宗旨和目标是：相互依存，共同受益，坚持开放性多边贸易体制和减少区域内贸易壁垒。1993年1月，亚太经合组织在新加坡成立了一个小型常设秘书处，负责该组织的日常事务性工作。1991年11月，中国内地同中国台北和中国香港一起正式加入亚太经合组织。到2015年，该组织共有21个成员，即澳大利亚、文莱、加拿大、智利、中国内地、中国香港、印度尼西亚、日本、韩国、墨西哥、马来西亚、新西兰、巴布亚新几内亚、秘鲁、菲律宾、新加坡、中国台北、泰国、美国、俄罗斯和越南。领导人非正式会议是亚太经合组织最高级别的会议。亚太经合组织首次领导人非正式会议于1993年11月20日在美国西雅图举行，会议发表了《经济展望声明》，揭开了亚太贸易自由化和经济技术合作的序幕。此后，领导人非正式会议每年召开一次，在各成员间轮流举行。

刚成立的亚太经合组织类似于一个经济论坛，1993年，亚太经合组织发生了重要的变化。根据亚太经合组织的规定，这次亚太经合组织部长级会议在美国的西雅图召开。当时美国提出，在召开部长级会议之后，召开成员经济体的非正式首脑会议。在成员经济体第一次非正式首脑会议上，形成了亚太经合组织的基本目标，即在该地区实现贸易和投资的自由化，并确定这种自由化是非排他性的。1994年，亚太经合组织部长级会议和非正式首脑会议在印度尼西亚的茂物召开，在这次会议上，成员经济体一致同意规定贸易和投资自由化实现的时间表。各国最后商定，亚太经合组织中发达的成员经济体最迟在2010年实现贸易投资自由化，发展中的成员经济体最迟在2020

年实现贸易投资自由化。1995 年，亚太经合组织会议的重要进展是，成员经济体一致同意将加强经济技术合作作为该组织的另一个重要支柱。因此，亚太经合组织有两大支柱，一是贸易投资自由化，二是经济技术合作。1996 年，在亚太经合组织会议上，成员经济体商定成员经济体的贸易投资自由化从 1997 年 1 月 1 日开始启动。

开放的区域经济一体化与 GATT/WTO 的基本原则——非歧视原则是一致的，它标志着区域经济一体化实践上的一次创新，同时也是对传统的区域经济一体化理论的一次挑战。开放的区域经济一体化实际上反映了经济全球化对区域经济一体化的一种积极影响。

亚太经合组织成立之初，关于亚太经合组织的性质和模式曾有很大的争论，这些争论集中在两个问题上，即亚太经合组织是否应成为制度性和排他性的组织。除日本外的发达国家成员希望亚太经合组织成为类似于欧盟性质的排他性、制度性的集团。例如，美国曾提出将亚太经合组织建设成为亚太地区共同体，作为与欧盟相抗衡的"壁垒"，所以美国希望亚太经合组织成为一个排他性和制度性的区域组织。另外，美国希望将亚太经合组织制度化也是为了更好地打开亚太地区其他国家，尤其是东亚国家或地区的市场，并在区域框架下解决它与东亚国家之间的贸易摩擦。但日本和东盟反对亚太经合组织成为制度性、排他性的区域组织，这些国家一方面担心制度化后受美国等发达国家的制约，另一方面更重要的是这些国家长期以来走的是外向型经济道路，出口增长曾经是或现在仍是这些国家经济增长的"发动机"，所以这些国家不希望亚太经合组织成为排他性的区域贸易集团，担心这样做的结果会损害其对外贸易的发展和在全球市场上的竞争力。特别是形成两大区域集团对垒的局面，有可能会引发全球贸易战，从而使这些出口导向型的东亚国家或地区的经济发展受到严重影响。经过近三年的争论，最终亚太经合组织成员达成共识，自此开放的地区主义就成为亚太经合组织的一面旗帜。

亚太经合组织与其他一体化组织存在明显的不同，其特点主要有以下几个方面。

第一，亚太经合组织的基本特征是非制度化，它坚持通过非正式途径推进各成员间的经济合作。

非制度化是指该组织不建立固定的执行机构，不存在成员经济体的权利向超国家的一体化组织过渡的问题。各经济体不是通过签订多边协定，而是通过自愿协商、达成共识来促进经济合作的发展。亚太经合组织每年都举行成员经济体外交和经贸部长及首脑非正式会议，会议达成的任何协议都是非约束性的，由各经济体自愿选择，经首脑承诺，公布于共同声明之中。亚太经合组织落实行动的方式是在协商一致的共同目标下，采取单边行动与集体行动相结合的方式挺进贸易和投资自由化。

第二，亚太经济合作的多方式具有多样性，贸易、投资自由化与经济技术合作并重。

由于亚太经合组织是发达国家与发展中国家之间的经济合作，各经济体的经济发展水平相差悬殊，社会制度、经济体制、文化背景等也有很大不同。同时，区域内还存在着许多区域经济组织。这使各成员经济体在进行经济合作时，势必首先考虑和维护自身的利益。亚太经合组织从这一客观现实出发，把贸易和投资自由化与经济技术合作作为亚太经济合作的两大支柱，力求使各成员经济体通过合作互惠互利、共同受益。

第三，亚太经济合作具有开放性，提倡"开放的区域主义"。

亚太经合组织主张在本地区实现贸易投资自由化的基础上，坚持实行非歧视性原则。不但成员经济体享受贸易和投资自由化的成果。非成员经济体也可获得同等待遇。亚太经合组织"大阪行动议程"对此的确切表述是："亚太地区贸易与投资自由化的结果不仅仅是亚太经合组织经济体之间，也将是亚太经合组织经济体与非亚太经合组织经济体之间障碍的实际减少。"

尽管亚太经合组织成立的时间不长，但是发展十分迅速。2014年，成员经济体之间的相互贸易已经占该地区全部对外贸易的40％以上，其贸易额已占到世界贸易总额的46％，国内生产总值已占到世界总产值的55％。

➤ **本章小结**

本章介绍了经济一体化的概念及主要形式。重点分析了关税同盟的福利效应。从静态效应看，关税同盟能够带来贸易创造和贸易转移效应。从动态效应看，关税同盟有扩大出口规模，加剧成员国竞争，扩大市场及吸引外部投资等作用。最后，对当今世界主要的区域一体化组织进行介绍。

➤ **思考题**

1. 试比较各种经济一体化形式之间的差异。
2. 结合实际，试析区域一体化组织的建立通常需要具备哪些条件。
3. 共同对外关税的高低对关税同盟的福利效应有什么影响？
4. 既然区域一体化在消除贸易壁垒方面与贸易自由化是一致的，但为什么它并不一定能增进世界福利？
5. 新成员不断加入关税同盟对关税同盟的贸易转移效应有什么影响？
6. 组成关税同盟后，规模经济利益的实现对同盟内企业在同盟外市场上的竞争力有什么影响？

第九章

国际收支与国际收支平衡表

教学目标

1. 了解国际收支、国际收支平衡表的基本概念和内容。

2. 掌握国际收支平衡表的基本概念、内容及各项目之间的内在联系。

3. 掌握国际收支失衡的衡量标准、国际收支差额的指标、国际收支失衡的原因及类型等。

教学难点和重点

1. 国际收支平衡表账户分析。

2. 各账户间的内在联系。

导入案例

离开中国制造的一年：一个美国家庭的生活历险①

萨拉曾效力于加州和路易斯安那州的日报及地区性商业出版物，主攻国际贸易及其对地方经济的影响，2005 年后成为一名自由撰稿人。2004 年圣诞节刚过两天，萨拉在清理圣诞礼品的时候忽然发现，39 件圣诞礼物中，"中国制造"的有 25 件；而家里的 DVD、鞋、袜子、玩具、台灯……也统统来自中国。面对此情此景，她不禁自问：如果没有中国产品，美国人还能否活下去？全球化真的已经悄悄地进入了我们的生活吗？于是萨拉突发奇想，她说服了丈夫凯文，还拉进了两个懵懵懂懂的孩子，一个四岁，一个一岁，决定从 2005 年 1 月 1 日起，带领全家开始尝试一年不买中国货的"实验"，从而诞生了《离开中国制造的一年：一个美国家庭的生活历险》。

的确，没有"中国制造"的日子有很多烦恼。就像萨拉说的，以前再平常不过的购物在那一年里都变成了一种煎熬。没有中国的塑料轮子，凯文没有办法给儿子造一个漂亮的木头赛车。为了给孩子买鞋子，萨拉跑遍了商场，最后只好忍痛订购了一双价格 68 美元的意大利童鞋。孩子们眼巴巴地看着"鳄鱼医生"、充气游泳池、塑料光剑，

---

① 邦焦尔尼 . 离开中国制造的一年：一个美国家庭的生活历险 . 北京：机械工业出版社，2008

掰着手指头盼望这一年早点过去，他们就可以尽情地买中国的玩具了。凯文穿着一只深蓝、一只橙色的拖鞋，似乎在嘲笑萨拉的古怪念头。蜡烛、打印机墨盒、太阳镜、咖啡机、捕鼠器……所有这些购物，都让萨拉一家大伤脑筋。作者最后得出的结论是："我们最终决定，还是跟中国进口产品共存的好。发誓一辈子不用中国产品，貌似不太现实，……情愿不去知道，未来 10 年不靠中国产品过活，日子会有多难。"而且，随着中国国力的提升，中国正在向着"中国创造"稳步迈进。中国读者看到这里，可能会感到万分惊叹和自豪。在某种程度上，我们应该感谢作者做这个"实验"，毕竟普通老百姓很少有机会如此近距离地了解中国对美国乃至全世界不可低估的影响。

当前经济全球化已成大势所趋，世界经济将会越来越相互依赖。随着国际社会更加开放、联系更加广泛，不同国家、不同区域间相互依存度加深，国际合作机制也日益加强。在全球化的现实面前，不论什么信仰，不论什么肤色，谁也离不开谁。只有寻求相互间的共同利益，发展合作关系，才能实现共存共赢，促进全世界的普遍繁荣。正如巴斯夏所说："在当今社会，由于交换所形成的相互依存已经构成世界经济关系的核心，断绝天然的相互关系不是让自己走向独立，而是让自己彻底与世隔绝。"而萨拉全家这次"生活历险"，为未来做了一次宝贵的预演。

本章我们将进入国际经济学宏观部分——国际金融的学习，国际金融的研究内容之一是国家间的货币金融关系。本章重点介绍的国际收支和国际收支平衡表是国家间经济联系的账面表现，能帮助我们从一国视角理解国际货币金融运动的轨迹。因此，国际收支和国际收支平衡表是学习和研究国际金融的逻辑起点，也将为深入学习这一领域奠定重要基础。

第一节　国际收支

开放经济条件下，一国的商品市场、金融市场和要素市场不同程度地对外开放。而一国对外往来在产生货币支付的同时也会产生非货币支付，如外国以实物形式提供的无偿援助和投资等，而且这种不涉及货币支付的国际往来在当今社会还占据着很重要的地位。为了全面反映一国的对外往来状况，IMF 出版了《国际收支手册》，制定了国际收支平衡表的标准格式，对国际收支的概念、定义、分类和标准组成做了规定和说明。随着世界经济的发展和变化，2008 年 12 月 IMF 制定了第六版《国际收支和国际投资头寸手册》。IMF 规定各会员国必须定期(每月、每季度、每年)报送其国际收支平衡表，汇总后定期发表在《国际金融统计》上。这对包括中国在内的世界各国编制《国际收支平衡表》，以及相应的贸易、投资统计数据产生重要影响①。国际收支是我们学习

---

① IMF 于 1948 年首次颁布《国际收支手册》(*Balance of Payments Manual*)，阐释其编制《国际收支统计年鉴》(*Balance of Payments Statistics Yearbook*)的具体方法和依据，并对国际收支平衡表所采用的概念、准则、管理、分类方法及构成标准做了统一的说明。以后又分别于 1950 年、1961 年、1977 年和 1993 年颁布了补充修改后的第二至五版。2008 年，IMF 在颁布第六版手册时将其更名为《国际收支和国际投资头寸手册》(*Balance of Payments and International Investment Position Manual*)，即 BPM6。

国际金融的逻辑起点。国际收支平衡表是一定时期内国际收支活动的综合记录，是宏观经济决策的重要依据。

一、国际收支的概念

国际收支（balance of payment）是在一定时期内（通常为一年）一国居民与世界其他国家居民之间的全部经济交易的系统货币记录。进行国际收支统计的主要目的是使政府当局了解本国（地区）的对外经济交往状况，从而为制定相应的经济管理政策提供信息和依据。因此，国际收支是刻画国家或地区间经济、贸易往来全貌的重要会计工具。

二、定义的解释

正确掌握国际收支的概念，需要把握以下四个要点。

（一）国际收支反映的内容是经济交易

国际收支反映的内容以交易为基础，而不是以货币支付为基础。这些交易既涉及货币收支，也包括未涉及货币支付的对外往来，但未涉及货币收支的对外往来必须折成货币加以记录。

那么，何为经济交易呢？在经济学中，只要经济资源的所有权发生了转移，就认定发生了经济交易。即使是无偿转移，只要发生了所有权变更，就必须统计在内。例如，在美国工作的张三每月寄给母亲赡养费，他自己并不会认为他和自己的母亲之间有什么交易行为，但从经济学角度来说，这笔钱的所有权从张三手中转移到其母亲手中，而确实发生了交易。具体而言，经济交易包括五种所有权转移类型。

（1）金融资产与商品和劳务之间的交换，即商品劳务的买卖。例如，一位美国游客在芬兰购买了一条精致的 Lapponia 项链；中国游客花费 12 000 元购买旅行社的旅行服务（法国＋瑞士＋意大利＋俄罗斯 9 晚 11 日游）。

（2）商品和劳务与商品和劳务之间的交换，即物物交换。例如，伊朗和中国商谈建立一个物物交易系统，用伊朗的石油直接换取中国的商品和服务，以此应对由于美国对伊朗实施单边金融制裁所导致的中国无法对从伊朗进口的石油支付美元现金的问题。

（3）金融资产与金融资产之间的交换，如以货币购买股票、债券。例如，美国居民购买阿里巴巴公司在美上市的股票。

（4）无偿的单方面的商品劳务转移，如捐赠物资。例如，菲律宾遭受强台风袭击，遭受了重大人员伤亡和巨大财产损失，中国向菲律宾灾区的人民提供价值 1 000 万元，包括数千顶帐篷和数万条毛毯在内的人道主义救灾物资。

（5）无偿的、单向的金融资产转移。例如，华侨汇款是中国国际收支经常项目中一项重要收入。据估计，1864～1980 年，百余年间华侨汇款约合 108 亿美元，而其中大部分是中华人民共和国建立后 30 年间所汇的。

(二)国际收支所反映的经济交易发生在居民和非居民之间

判断一项经济交易是否应当包括在国际收支范围内，所依据的不是交易双方的国籍，而是依据交易双方是否有一方是该国的居民。在国际收支统计中，居民是指一个国家的经济领土内具有经济利益的经济单位。一国的经济领土，一般包括一个政府所管辖的地理领土，还包括该国的天空、水域和邻近水域下的大陆架，以及该国在世界其他地方的飞地，依据这一标准，一国的大使馆等驻外机构是所在国的非居民，而国际组织是任何一个国家的非居民。而在一国经济领土内具有一定的经济利益是指该单位在某国经济领土内已经有一年或一年以上的时间大规模地从事经济活动或交易，或计划如此行事。对于一个经济体来说，它的居民单位主要由两大类机构单位构成：①家庭和组成家庭的个人；②社会的实体和社会团体，如公司和准公司、非营利机构和该经济体中的政府。

(三)国际收支是一个流量概念

根据统计学的定义，流量是一定时期内发生的变量的变动值，是时期数，而非时点数。国际收支一般是对一年内发生的交易进行总结，因此是一个流量概念。

(四)国际收支是一个事后概念

国际收支定义中的"一定时期"一般是指过去一个会计年度，所以它是对已发生事实进行的记录。

第二节　国际收支平衡表

现代经济中，一国居民在一定时期内从事大量的国际经济交易，为了对这些数量巨大、形式多样的对外经济交易活动(一国的国际收支状况)及其变化有一个系统的了解，必须对这些经济交易进行系统的收集、整理，并编制国际收支平衡表(balance of payment account)。国际收支平衡表是指国际收支按照特定账户分类和复式记账原则表示的会计报表。下面从特定账户分类和复式记账原则两个角度对国际收支平衡表进行分析。

一、特定账户分类

依据 IMF 2008 年 12 月发布的《国际收支和国际投资头寸手册》(第六版)，在国际收支平衡表中，国际收支账户主要分为四大类，即经常账户、资本账户、金融账户和错误与遗漏账户，见图 9.1。

```
          ┌ 经常账户
          │     货物
          │     服务
          │     收入
          │     经常转移
国际收支账户 ┤ 资本和金融账户
          │     资本账户(资本转移、非生产非金融资产的收买与放弃)
          │     金融账户(直接投资、证券投资、其他投资、官方储备)
          └ 错误与遗漏账户
```

(a)《国际收支和国际投资头寸手册》第五版的规定

```
          ┌ 经常账户
          │     货物
          │     服务
          │     收入
          │     经常转移
国际收支账户 ┤ 资本账户(资本转移、非生产非金融资产的收买与放弃)
          │ 金融账户(直接投资、证券投资、其他投资、金融衍生品(除官方储备外)和员工股票期权、官方储备)
          └ 错误与遗漏账户
```

(b)《国际收支和国际投资头寸手册》第六版的规定

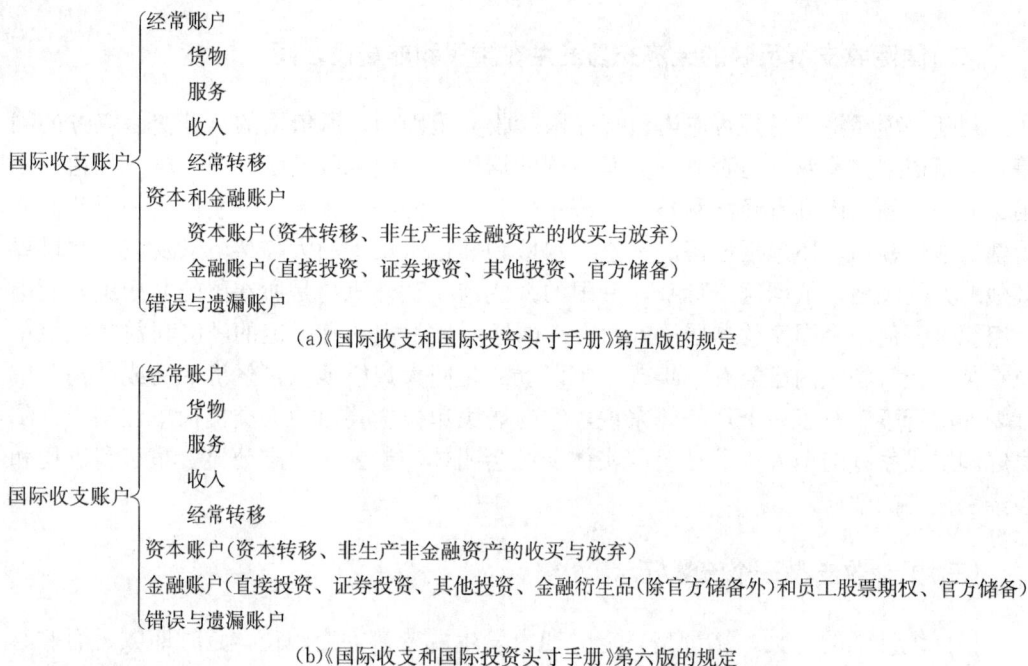

图 9.1 国际收支账户构成示意图

(一)经常账户

经常账户是指对实际资源在国际间的流动进行记录的账户，它的子项目包括货物(goods)、服务(services)、收入和经常转移。

1. 货物

货物包括一般商品、转口贸易商品和非货币黄金。

(1)一般商品是指居民和非居民之间发生所有权变更的商品，但不包括转口贸易商品、非货币黄金以及归入旅游、建筑和政府提供的商品和服务中的商品。

(2)转口贸易商品(re-export goods)是指居民从非居民处购进而又转售给其他非居民的商品。

(3)非货币黄金(non-monetary gold)包括所有官方作为储备资产持有的货币黄金之外的黄金。非货币黄金可以是金块、金条、金粉以及其他未加工的或半制成品的形式，但镶嵌的首饰、金表则不属于非货币黄金，而是属于一般商品。

2. 服务

服务项目比较复杂，主要包括加工贸易服务，维修保养服务，运输、旅游、建筑、保险、金融服务，通信、计算机和信息服务，其他商业服务，个人文化娱乐服务，政府服务等方面的内容。

(1)在加工贸易服务中，加工方不拥有原材料投入和制成品的所有权，只是对原材料投入进行加工、装配、包装、加贴标签。加工方收取的加工费计入该项目。加工费也包括加工方采购原材料的成本。

(2)维修和保养服务包括居民对非居民所拥有的商品或者非居民对居民所拥有的商品提供的维修和保养服务。对船舶、飞机及其他运输设备的维修保养计入该项目，但运输设备的保洁服务、建筑的维修保养以及计算机的维修保养属于运输服务和计算机服务，不包含在该项目中。

(3)运输服务包括居民与非居民间相互提供的货运和客运服务，以及其他支持性和辅助性服务，邮政和快递服务也包含在其中。

(4)旅游服务包括旅游者在其他国家或地区旅游期间，由于商业目的和个人使用目的在当地获得的商品和服务。不管滞留时间长短，留学生和国外就医者购买的商品和服务都包含在该项目中，但军事和使馆人员的开支则属于"政府服务"项目。

(5)建筑服务包括居民和非居民之间相互提供的建筑和安装获得，建筑项目的管理费也包括在内。

(6)保险服务是指居民与非居民之间相互提供的人身保险、财产保险、货运保险、再保险及养老金服务。

(7)金融服务是指居民与非居民间进行的金融中介服务和辅助性服务(不包括保险与养老金方面的服务)，这些服务通常由银行或其他金融机构提供，包括存贷款、信用证、信用卡、金融租赁等相关的佣金和费用、福费廷等服务，也包括金融咨询、金融资产管理、并购、风险评估、信用评级及信托等服务。

(8)知识产权使用费是指居民与非居民之间因使用知识产权而发生的费用，包括使用商标、版权、专利、工序设计等知识产权和经授权许可而复制或分销的书稿、计算机软件、电影胶片、唱片及相关权利而发生的费用。

(9)通信、计算机和信息服务是指居民和非居民之间发生的通过电话、电报、电传、卫星、电邮等传输的声音、图像、数据及其他信息的通信服务，与计算机硬件和软件相关的服务和数据处理服务，向媒体提供的新闻、照片、封面文章等新闻机构服务等。

(10)其他商业服务是指居民与非居民间相互提供的研发服务、专业和管理咨询服务、技术性服务以及与贸易有关的商业服务等。

(11)个人文化娱乐服务包括视听及相关服务、健康服务、教育服务及诸如与图书馆、展览馆及其他文体活动相关的个人、文化和娱乐服务。

(12)政府服务包括所有与政府部门(诸如使馆、领事馆、军事基地及相关人员)、国际组织有关的，不能列入上述其他项目的服务。

3. 收益账户

收益账户主要记录居民与非居民之间的收益状况，主要包括雇员报酬、投资收益及其他主要收益。

(1)雇员报酬是指居民与非居民间雇佣劳动力获取的现金或类似现金形式的工资、薪金和其他利得。

(2)投资收益包括直接投资、证券投资、其他投资及储备资产投资所获得的利息和收益。

（3）其他主要收益包括租金、产品和生产的税收及补贴。

4. 次要收益项目

次要收益项目主要记录居民与非居民之间的经常转移，包括收入和财富的税收、社会保障和福利、个人转让及政府间合作的转移支付等。

下面介绍资本和金融账户，这两个账户主要用来记录国际间金融资本和其他资产的流动状况。世界上大部分国家的资本账户微乎其微，金融账户才是最重要的，其原因主要是资本账户包括几类特定的资本转移，如债务赦免、移民个人资产转移、不动产和其他固定资产转移（如军事基地和大使馆）。在一年内，大部分国家此类资本流动都是很少的。

（二）资本账户

资本账户（capital account）记录居民与非居民之间非生产性和非金融资产的转移及资本转移，主要包括非生产性、非金融资产的获得与放弃和资本转移。

1. 非生产性、非金融资产的获得与放弃

非生产性、非金融资产的获得与放弃是指自然资源（土地、矿产、森林、水等）、无形资产（作为经济资产的契约、租约、许可协议、专利等）以及营销资产（商标、品牌、标志、域名等）的交易。

2. 资本转移

资本转移包括债务豁免、（数额特别巨大的）非寿险索赔、固定资产投资补贴、一次性无偿担保及资本转移税等。

（三）金融账户

金融账户（financial account）反映居民与非居民间金融资产和负债的变化，具体包括直接投资、证券投资、金融衍生品（除官方储备外）和员工股票期权、其他投资以及储备资产。

1. 直接投资

直接投资的主要特征是投资者对另一经济体的企业拥有永久利益。这一永久利益意味着直接投资者和企业间存在长期关系，并且投资者对企业的经营管理施加相当大的影响。直接投资可以采取在国外直接建立分支机构的形式，也可以采用购买国外企业一定比例以上的股票的形式。在第二种情形下，《国际收支手册》规定的这一比例最低为10%。

2. 证券投资

证券投资的主要对象是股本证券和债务证券。对于债务证券而言，其又可以细分为期限在一年以上的中长期债券、货币市场工具和其他派生金融工具。与直接投资不同，证券投资者对所投资的企业不能施加控制，没有企业管理决策权。

3. 金融衍生品和员工股票期权

金融衍生品和员工股票期权记录除官方储备外的金融衍生品(如远期合约、期权等)的交易。该项目以市场价值估值计入,若市值不可得,则用其他合理估值方法计入,如期权定价模型和现值法。

4. 其他投资

其他投资是指不包含在其他金融项目中的股票、货币存款、贷款(包括使用 IMF 信用,从 IMF 中获得贷款)、贸易信贷、特别提款权的分配及其他可收支项目。

5. 储备资产

储备资产是指一国货币当局拥有的可用于平衡国际收支、干预外汇市场或其他用途(如维护人们对货币和经济的信心)的资产,包括货币黄金、特别提款权、在 IMF 的储备头寸及其他外汇资产(如现金、存款、证券、金融衍生品和债权等)。

(四)错误与遗漏账户

按照国际收支平衡表的复式记账原则,国际收支平衡表的借贷双方净差额应为零。但在实际中并非如此,原因在于统计国际收支有关数据时会发生遗漏,存在走私商品、民间货币收付以及携带现钞入境等官方监控以外的国际交易,资料来源和口径不同造成的误差。例如,商品进出口的数据来源于海关过关的商品数额记录,而与之相对应的货币支付数据却很有可能与此不相对应,因为国际贸易中商品的预付款或延期付款的情况比较常见,如果出现货款预付款后,这笔交易在银行中就有了记录,由此增加了本期国际收支贷方数额,而海关要到下一时期商品入关时才能将它记录下来,从而增加了国际收支借方数额。为了解决这一问题,就人为设立了一个平衡项目——净误差与遗漏。当经常项目、资本项目、金融项目总计贷方数额大于借方数额,从而出现贷方余额时,则在错误与遗漏项下借方计入与该金额相同的数额,反之亦然,由此保证国际收支平衡表的账目平衡。

二、国际收支平衡表的记账原则

(一)复式记账法

编制国际收支平衡表的第一个基本原则就是采用标准的复式记账法。因此,一国居民的每一桩国际经济交易都会在国际收支记录上留下数额完全相等而符号完全相反的两笔记录,即在国际收支平衡表的贷方(＋)和借方(－)各记上数额相等、符号相反的一笔记录。这一会计原则使国际收支平衡表的借方总额必然等于贷方总额,即国际收支平衡表总是平衡的。

那么,一笔国际交易如何记入借方和贷方呢,必须遵循一定的原则,即不论是真实资产还是金融资产,正的数额(贷记)代表持有资产减少,而负的数额(借记)代表持有资产增加。相反,对于负债,正的数额代表负债增加,负的数额代表负债减少。而关于各种转移(经常转移和资本转移),当它要抵消的是借方分录时,即把这笔转移支付记入贷方,当它要抵消的是贷方分录时,就把这笔转移支付记入借方(参见手册)。

(二)关于记录时间的原则

在国际收支平衡表的编制过程中,第二个重要原则是如何确定交易发生的时间,从而进行恰当的记录。总体而言,有许多可能的原则。例如,可以以支付时间为基础来进行交易的记录;可以以签订合同或做出承诺的时间为基础(将该交易记录在签订合同期间所对应的国际收支平衡表上)来进行交易的记录;以交易对象所有权转移的时间为基础来进行交易的记录。IMF 在《国际收支和国际投资头寸手册》中建议采用的是所有权转移原则。

(三)进出口计价原则

编制国际收支平衡表的第三个基本原则是进出口计价标准的统一性。商品必须有一致的计价标准,由此引发的问题是,如果出口国以离岸价格为计价基础,而进口国对同一笔交易以到岸价格为计价基础,就不符合计价标准的一致的要求。IMF 建议所有的进出口都以离岸价格计价,从而来统一进出口的计价标准。

三、中国国际收支平衡表记账实例(以中国为分析视角)

(1)美国从中国进口 180 万美元的纺织品,中国将此笔存款存入美国联邦储备银行。

中国向美国出口 180 万美元的纺织品,表明中国由于出口而导致实际资源减少。故,

　　　　贷:纺织品出口　　　　　　　　　　　　　　　　　　　　　　1 800 000
同时,美国将这笔货款存入中国在美联储银行的账户,使中国金融资产增加。故,
　　　借:金融账户其他投资　　　　　　　　　　　　　　　　　　　　1 800 000
(2)中国从德国购入价值 3 600 万欧元的机器设备,由中国驻德国的银行机构以欧元支票付款。

中国从德国进口 3 600 万欧元的机器设备,表明中国由于进口而使实际资源增加。故,

　　借:进口机器设备　　　　　　　　　　　　　　　　　　　36 000 000
同时,中国将这笔货款由中国驻德国的银行机构以欧元支票付款,使中国金融资产减少。故,

　　　　贷:金融账户其他投资　　　　　　　　　　　　　　　　36 000 000
(3)中国向南非提供 8 万美元的工业品援助。

中国向南非无偿提供工业品援助,使中国实际资源减少,同时此交易使中国的无

偿转移增加，对应记录如下。

借：无偿转移支出	80 000	
贷：工业品贸易出口		80 000

（4）中国动用外汇储备 60 万美元，从法国进口小麦。

借：进口小麦	600 000	
贷：储备资产		600 000

分析：中国从法国进口小麦，使中国实际资源增加，应记入借方；同时，中国动用国际储备进行支付，表明中国的储备资产减少，应记入贷方。

（5）法国游客在中国旅游，收入为 15 万欧元。

借：金融账户其他投资	150 000	
贷：旅游服务		150 000

分析：法国游客在中国旅游，相当于来中国购买了旅游服务，可以理解为由于法国游客的购买活动，减少了中国的旅游资源（事实上并非如此），同时，法国游客旅游支付存入中国在海外的银行存款账户，导致中国金融资产增加。

（6）中国海外侨胞汇回本国 25 万美元。

借：储备资产	250 000	
贷：无偿转移收入		250 000

（7）德国在中国进行直接投资设备 1 500 万美元。

借：进口设备	15 000 000	
贷：金融账户直接投资		15 000 000

（8）中国向德国出口 25 万欧元商品，以清偿对德国银行的贷款。

借：金融账户其他投资	250 000	
贷：贸易出口		250 000

（9）中国向 IMF 借入短期资金 30 万美元，以增加外汇储备。

借：外汇储备	300 000	
贷：金融账户其他投资		300 000

通过上面的实例分析，我们对国际收支平衡表的记账原则进行如下总结。

第一，国际收支复式记账法的原则具有特殊性，无论是实际资源还是金融资产，只要是代表资产的增加或负债的减少，均应记入借方项目。因此，具体来说，记入借方的项目包括反映进口实际资源的经常项目和反映资产增加或负债减少的金融项目。记入贷方的项目包括反映出口实际资源的经常项目和反映资产减少或负债增加的金融项目。

第二，国际收支差额恒等于零。这是由复式记账法决定的，那么，既然国际收支的最终差额为零，我们通常所说的国际收支顺差或逆差此类术语又当如何解释呢？什么才叫国际收支差额或国际收支不平衡呢？本章第三节将对此进行解释。

第三，国际收支平衡表中的每项账户都反映一定性质的经济运行行为，不同账户间还存在密切关联，即不同的经济行为间存在密切联系。例如，上述实例中（7）既反映了商品的进口，又反映了外资的引入，前者属于经常项目，而后者则属于金融账户。

有时，一笔交易可能同时涉及三个或三个以上账户。

因此，国际收支平衡表是一种非常特殊的账户，通过对各国国际收支平衡表的分析，可以了解一个国家经济交往的概况，同时，国际收支平衡表也是各国政府重要的政策分析工具和制定国内外政策的基础。

第三节　国际收支平衡与失衡

国际收支失衡与国际收支调节是研究国际金融理论的起点，因此，在此非常有必要清楚阐述国际收支失衡与均衡的含义。

一、自主性交易和国际收支平衡

由于记录本国和外国居民间经济交往的国际收支平衡表采用的是复式记账法，因此，国际收支平衡表总是平衡的。而当谈到国际收支平衡与失衡，指的是经济意义上的平衡与否，而不是统计意义上的平衡。

在国际收支理论的研究中，所有交易都可以按照发生的动机分为自主性交易（autonomous transactions）和调整性交易（accommodating transactions）。自主性交易是指个人或企业为某种自主性目的（如追逐利润、旅游、汇款赡养亲友、国家间的无偿援助等）而从事的交易活动，国际收支平衡表中的经常项目、资本项目和金融项目一般都被视为自主性交易类型。调整性交易是指一国为弥补国际收支不平衡而发生的交易，如国际收支中的官方储备项目是主要的调整项目，当一国在一定时期内发生的自主性交易产生的外汇供给大于需求时，为平衡供求，本国中央银行就会通过本国银行体系、外国央行、国际金融机构等将供大于求部分的外汇形成国际储备，以弥补自主性交易带来的收支差额。同时，错误与遗漏项目也是调整项目，它可以使国际收支平衡表最终在账目上达到平衡。

国际收支平衡指的是国际收支平衡表中的自主性交易差额为零。当自主性交易差额为正时，就称为国际收支"顺差"，或国际收支"盈余"；而当这一差额为负时，就称为国际收支"逆差"，或国际收支"赤字"，国际收支无论是顺差还是逆差都统称为国际收支不平衡。由于国际收支不平衡代表的是一国对外经济活动的不平衡，因此又简称为"对外不平衡"、"外部不平衡"或"外部失衡"。但特别要注意的是用顺差和逆差来描述国际收支失衡的两种不均衡状态（这种说法来自重商主义），因为在重商主义那里，这种说法意味着两个恒等式，即顺差＝好事和逆差＝坏事。事实上，这种说法并非总是正确的，因此，用国际收支"盈余"或国际收支"赤字"来描述国际收支失衡的两种状态更为客观和妥当。下面的问题是，如何将国际收支平衡表中的各项进行分类，如何划定界线，这是关于国际收支均衡、盈余、赤字等定义在实践中有意义的关键所在。

二、国际收支不平衡的衡量口径

一般而言，各国政府和国际组织都将国际收支平衡作为国际金融运行良好的指标，而把国际收支失衡视为调整的重要对象。但是，我们仍需要对国际收支失衡加以定量分析，按照国际收支不平衡的口径进行政策决断。按照国际传统习惯和 IMF 的做法，国际收支不平衡的衡量口径可以分为以下几种。

(一)贸易收支差额

贸易收支差额，即有形商品进出口收支差额。这是传统上用的比较多的一个衡量口径，即使是在近代出现的许多新的国际收支调节理论中，也有几种将贸易收支作为国际收支的代表，但事实上，贸易收支账户仅仅是国际收支账户的一个组成部分，并不能代表全部整体。但对于某些国家而言，贸易收支如果占国际收支的比重较大，出于分析简便起见，就可以将贸易收支作为国际收支的代表。此外，贸易收支在国际收支中有其特殊性。商品的进出口情况综合反映一国产业结构、产品质量和劳动生产率状况，反映该国商品在国际市场上的比较优势。因此，即便是像美国这样的国家，也十分重视对贸易收支差额的分析。

(二)货物与服务贸易差额

除了有形贸易，货物与服务贸易差额也将无形贸易考虑进来，这一指标可以用来衡量一国与世界其他国家和地区间实际资源的转移。

(三)经常账户差额

经常账户差额包括贸易收支、无形收支(服务和收入)和经常转移收支，前两项构成经常项目的主体。这一指标综合反映一个国家的进出口状况(包括无形进出口，包括劳务、保险、运输、旅游等)，因而为各国所广泛使用，其经常用以表示一国持有外国金融资产存量的变化，并作为指定国际收支政策和产业政策的重要依据。同时，国际金融机构也常用这一指标对成员国的经济进行衡量，如 IMF 就非常重视各国的经常项目收支状况。

(四)资本和金融账户差额

通过资本和金融账户差额可以看出一个国家资本市场的开发程度和金融市场的发达程度，从而为一个货币政策和汇率政策调整提供有益的借鉴。一般而言，资本市场开放的国家资本和金融账户的流量额比较大。同时，要注意的是在金融账户和经常账户之间存在着融资关系，即金融、资本账户差额和经常项目差额一定是数值相等、符号相反的。如果我们已知一国经常账户余额为 200 亿美元逆差，则该国资本和金融账户就一定为 200 亿美元顺差。这是由于每一笔记录在经常账户的交易都会包含一笔相应的用于偿付商品或服务的资本流动。因此，通过资本和金融账户可以折射出一国经常账户的融资能力。

(五)综合账户差额或总差额

综合账户差额是由经常账户，资本账户，金融账户中的直接投资、证券投资、金融衍生品(除官方储备外)和员工股票期权及其他投资，错误与遗漏账户余额之和所构成的，也就是将国际收支账户中官方储备账户剔除后的差额。由于总差额必然导致官方储备的反方向变动(即总差额 ＝－官方储备)，所以可以用它来衡量国际收支对一国储备造成的压力。

当一国实行固定汇率制度(即本币与某一外币保持固定比价)时，总差额的分析就非常重要。因为国际收支各账户的变动均会导致外国货币与本国货币在外汇市场上的供求变动，影响两个比值的稳定性，为了保持外汇市场价格不发生变动，政府必须利用官方储备介入市场以实现供求平衡。所以，总差额在政府有义务维持固定汇率制度时是极其重要的。如果一国实行的是浮动汇率制度，原则上政府可以不动用官方储备而任由汇率变动，所以这一差额在牙买加体系后分析意义有所弱化。但由于这一指标综合反映一国自主性国际收支的状况，是全面衡量和分析国际收支状况的指标，因而具有重大意义。

综合上述分析可以看出，衡量国际收支不平衡的衡量口径有多种，运用哪个标准去衡量国际收支状态，还要由具体分析的问题来决定。不同的国家会根据自身的实际情况选择一种或若干种，来判断自己在国际交往中的地位和状况，并采取相应对策。那么，一国一旦出现了国际收支不平衡，就需要加以纠正，这就需要在定量分析的基础上进行定性分析，知道不平衡的原因是什么才能做到标本兼治。

三、国际收支不平衡的类型

国际收支失衡的产生有不同的原因，可以将国际收支不平衡分为如下几种类型。

(一)临时性不平衡

临时性不平衡是由短期的、非确定性或偶然因素引起的。一般来说由这种原因引起的失衡程度较轻、持续时间不长、带有可逆性，是一种正常现象，一般不需要政策调节。浮动汇率制度下，市场汇率的波动就能将其纠正；在固定汇率制度下，一般仅动用官方储备即可克服，而不需要采取政策措施。

(二)结构性不平衡

结构性不平衡是指由于国内经济和产业结构不能适应世界市场变化而发生的国际收支失衡，结构性失衡通常反映在贸易账户或经常账户上。

结构性失衡有两层含义：一层是指由于一国经济和产业结构变动的滞后性所引发

的国际收支失衡；另一层是指一国产业结构单一，或产品出口需求收入弹性低，或虽然出口需求的价格弹性高，但进口需求的价格弹性低所引发的国际收支失衡，这种含义的结构性失衡在发展中国家尤为突出。例如，一些发展中国家出口以初级产品为主，进口以制成品为主，由于初级产品收入需求弹性低，因此，随着世界经济发展和各国收入水平的提高，这些国家的贸易条件可能恶化，从而导致国际收支上的困难。

(三)周期性不平衡

一国经济周期对国际收支状况有着重要影响。在经济衰退阶段，收入减少，有效需求下降，导致进口需求下降，由此会引发贸易收支顺差。但经济衰退可能造成资本外逃，从而引发资本项目逆差。相反，在经济景气阶段，收入上升，有效需求增加，导致进口需求增加，同时部分产品内销，由此引发贸易收支逆差。但经济景气阶段也会吸引外资流入，从而引起资本金融项目的顺差。在全球化的今天，国际收支周期性不平衡会随着各国经济周期的波动而相互传递和影响。

(四)货币性不平衡

货币性不平衡是指在一定汇率水平下，国内货币成本与一般物价上升而引起的出口货物价格相对高昂、进口货物价格相对便宜，从而导致的国际收支失衡。而国内物价相对上涨是货币供应量过分增加导致的，因此，国际收支失衡的原因就被视为货币性失衡，货币失衡可以是长期的，也可以是短期的。

(五)收入性不平衡

收入性不平衡概念较为笼统，其表现为一国国民收入快速增长，导致进口需求增长超过出口增长从而引发国际收支失衡，其可以是一国经济周期造成的，也可以是扩张性货币政策造成的。

总之，当一个国家国际收支处于失衡状态，一国将对其进行调节。调节的目的，简单地讲就是要追求国际收支平衡。那么就需要一国决策者认清国际收支不平衡的原因和数量，从而采取相应对策，实现这一目标。本书在第十章中将研究国际收支不平衡的调节，并学习经典国际收支调节理论。

> **本章小结**

1. 国际收支是指一国在一定时期内全部对外往来的系统的货币记录。国际收支体现了一国对外经济交往，其是货币的、事后的、流量的记录。

2. 国际收支平衡表是将国际收支根据复式记账原则和特定账户分类原则编制的会计报表。目前国际通用的国际收支平衡表的标准模式是 IMF 组织出版的第六版《国际收支和国际投资头寸手册》。

3. 复式记账法是指每笔交易都由两笔价值相等、方向相反的账目表示，记入借方的项目反映实际资源、金融资产的增加或负债的减少；记入贷方的是实际资源、金融资产的减少或负债的增加。

4. 国际收支不平衡的衡量口径有贸易收支差额、经常账户差额、资本和金融账户差额及综合账户差额等，它们都具有不同的统计含义和分析意义，各国一般根据自己的情况采取不同的衡量口径对国际收支状况进行分析。

5. 国际收支衡量口径是量的衡量，按照国际收支不平衡的性质分，有临时性、结构性、收入性、货币性和周期性不平衡。

> **思考题**

1. 国际收支平衡表的编制原则是什么？
2. 国际收支不平衡的衡量标准和口径是什么？
3. 国际收支平衡表的各账户之间有什么联系？
4. 简述国际收支不平衡的几种类型。
5. 哪些因素导致国际收支不平衡？
6. 案例分析：2012 年中国国际收支状况分析。

2012 年中国国际收支平衡表(简表)(单位：亿美元)

项目	行次	差额	贷方	借方
一、经常项目	1	2 154	24 665	22 511
A. 货物和服务	2	2 318	22 483	20 165
a. 货物	3	3 216	20 569	17 353
b. 服务	4	−897	1 914	2 812
B. 收益	18	−199	1 670	1 869
C. 经常转移	21	34	512	477
二、资本和金融项目	24	−318	13 520	13 838
A. 资本项目	25	43	45	3
B. 金融项目	26	−360	13 475	13 835
1. 直接投资	27	1 763	2 956	1 194
2. 证券投资	30	478	829	352
3. 其他投资	41	−2 601	9 689	12 290
三、储备资产	64	−966	136	1 101
四、净误差与遗漏	70	−871	0	871

资料来源：根据国家外汇管理局提供的资料整理

(1)根据 2012 年中国国际收支平衡表中的各项计算总差额的方法是( )。

A. 将经常账户净额＋资本金融账户净额

B. 再加上净差错与遗漏

C. 再减去净差错与遗漏

D. 得出总差额金额

(2)国际收支不平衡是指( )的不平衡。

A. 经常项目   B. 资本项目

C. 自主性交易   D. 调节性交易

(3) 2012年度中国国际收支状况为(　)。

A. 总差额为顺差,储备与相关项目的储备资产增加或对外负债减少

B. 总差额为逆差,储备与相关项目的储备资产减少或对外负债增加

C. 总差额为顺差,储备与相关项目净增加966亿美元

D. 总差额为逆差,储备与相关项目净减少966亿美元

(4) 平衡表中贷方记录的内容有(　)。

A. 对外资产的减少,对外负债的增加

B. 对外资产的增加,对外负债的减少

C. 对本国的商品服务进口支出

D. 本国的商品服务出口收入

(5) 中国国际收支平衡表中货物和服务差额是(　)亿美元。

A. 2 318   B. 2 154

C. 3 216   D. −897

(6) 中国的利息和股利收支属于国际收支平衡表中的(　)。

A. 经常账户   B. 收益账户

C. 经常转移账户   D. 资本账户

(7) 中国2012年资本流入是(　)亿美元。

A. 13 520   B. 13 838

C. −318   D. 45

(8) 根据2012年中国国际收支平衡表的相关数据,可以得知2012年中国经常项目(　),资本金融项目(　),2012年资本净(　)。

A. 顺差,逆差,流出   B. 顺差,顺差,流入

C. 逆差,逆差,流出   D. 逆差,顺差,流出

(9) 动用国际储备的方法主要用来弥补(　)国际收支逆差。

A. 长期   B. 短期

C. 官方   D. 公共

(10) 其他条件不变,按照中国2012年国际收支的具体情况(　)。

A. 人民币对外汇率将上升   B. 人民币对外汇率将贬值

C. 中国的官方对外债权将增加   D. 中国的官方对外债务将增加

第十章

国际收支调整理论

教学目的

掌握弹性论、乘数论、吸收论、货币分析法的基本原理及其相互关系。

教学难点和重点

弹性论、吸收论、货币分析法。

📖 **导入案例**

广场协议

1979～1980 年，世界第二次石油危机爆发。第二次石油危机导致美国能源价格大幅上升，消费物价指数随之高攀，美国出现严重的通货膨胀，通货膨胀率超过两位数。1980 年年初把钱存到银行里去，到年末的实际收益率是－12.4％。1979 年夏天，保罗·沃尔克（Paul A. Volcker）就任美国联邦储备委员会主席。为整治严重的通货膨胀，他连续三次提高官方利率，实施紧缩的货币政策。这一政策的结果是美国出现高达两位数的官方利率和 20％的市场利率，短期实际利率（扣除通货膨胀后的实际收益率）从1954 年到 1978 年平均接近零的水平，上升到 1980～1984 年的 3％～5％。高利率吸引了大量的海外资金流入美国，导致美元飙升，从 1979 年年底到 1984 年年底，美元汇率上涨了近 60％，美元对主要工业国家的汇率超过了布雷顿森林体系瓦解前所达到的水平。美元大幅度升值导致美国的贸易逆差快速扩大，到 1984 年，美国的经常项目赤字达到创历史纪录的 1 000 亿美元。

1985 年 9 月 22 日，美国、日本、联邦德国、法国及英国的财政部长和中央银行行长（以下简称 G5）在纽约广场饭店举行会议，达成五国政府联合干预外汇市场，诱导美元对主要货币的汇率有秩序地贬值，以解决美国巨额贸易赤字问题的协议。因协议在广场饭店签署，故该协议又被称为"广场协议"。"广场协议"签订后，上述五国开始联合干预外汇市场，在国际外汇市场大量抛售美元，继而形成市场投资者的抛售狂潮，导致美元持续大幅度贬值。1985 年 9 月，美元兑日元在 1 美元兑 250 日元上下波动，在协议签订后不到 3 个月的时间里，美元迅速下跌到 1 美元兑 200 日元左右，跌幅 25%。

在"广场协议"之后相当长一段时间内，日本对美国的贸易顺差不但没有减少，反而大幅增加了。日元升值并没有为美国商品打开广阔的日本市场，因为日本产品与美国本土产品有很强的结构性差异，形不成价格竞争。即使在泡沫经济崩溃后，日本经济最悲惨的时代，也没有任何证据证明日本产品，无论是电器、汽车，还是中间机械产品，失去了国际竞争力。因此，就减少美国对日的贸易赤字这一目标来说，"广场协议"是彻底失败的。

与此同时，"广场协议"对日本经济产生了难以估量的影响。在 1985 年"广场协议"签订后的 10 年间，日元币值平均每年上升 5%以上，对日本以出口为主导的产业产生相当大的影响。为了达到经济成长的目的，日本政府便以调降利率等宽松的货币政策来维持国内经济的景气。从 1986 年起，日本的基准利率大幅下降，这使国内剩余资金大量投入股市及房地产等非生产工具上，从而形成了 1980 年代中后期著名的日本泡沫经济。这个经济泡沫在 1991 年破灭之后，日本经济便陷入第二次世界大战后最大的不景气状态，一直持续了十几年仍然没有复苏迹象。

1987 年，G5 在法国卢浮宫聚会，检讨"广场协议"以来对美元不正常贬值对国际经济环境的影响，以及以汇率调整来降低美国贸易赤字的优劣性，结果是此期间美国出口贸易并没有成长，而美国经济问题的症结在于国内巨大的财政赤字。于是卢浮宫协议要美国不再强迫日元与马克升值，改以降低政府预算等国内经济政策来挽救美国经济。也就是说，"广场协议"并没有找到当时美国经济疲软的症结，而日元与马克升值对其经济疲软的状况根本于事无补。

国际收支调节理论是国际金融学的重要组成部分。在经济全球化的背景下，国际收支失衡常常出现，而且很难自动恢复平衡。需要借助外部干预恢复平衡，那么国际收支通过何种渠道恢复平衡，其调整机制如何？最早的国际收支调整理论，可以追溯到 18 世纪休谟的物价—现金流动机制。到了 20 世纪，随着微观经济学和宏观经济学的发展，出现了众多的国际收支调整理论。

本章将主要介绍三种国际收支调整理论，即弹性分析法、吸收分析法和货币分析法。其中，弹性分析法和吸收分析法是较为早期的国际收支调整理论，在当时的历史条件下，资本的跨境流动并不重要，经常项目是国际收支的主要构成部分。因此，这两种理论忽略了资本跨国流动对国际收支的影响，而仅以经常项目为对象，讨论国际收支调整问题。货币分析法则讨论了包括资本金融项目在内的国际收支调整问题。

第一节　国际收支调整的弹性分析法

国际收支调整的弹性分析法是指在收入不变的情况下，运用汇率和价格的变动对经常项目失衡进行调节，由于这一调整机制与进出口商品的供求弹性密切相关，因而被称为弹性分析法。

这一理论主要由英国经济学家琼·罗宾逊在马歇尔微观经济学和局部均衡分析方

法的基础上发展起来的,后来经过马克鲁普(Machlup)和勒纳(Lerner)等的进一步发展。弹性分析法被称为国际收支调整理论中的重要理论之一,它着重考察货币贬值取得成功的条件及其对贸易收支和贸易条件的影响。

一、关于弹性的基本概念

价格变动会影响需求和供给数量的变动。需求量变动的百分比与价格变动的百分比之比,称为需求对价格的弹性,简称需求弹性。供给量变动的百分比与价格变动的百分比之比,称为供给对价格的弹性,简称供给弹性。当一国发生对外贸易时,就会出现以下四个弹性。

(1)进口商品的需求弹性(E_{MD}),其公式为

E_{MD}= 进口商品需求量变动的百分比/进口商品价格变动的百分比

(2)进口商品的供给弹性(E_{MS}),其公式为

E_{MS}=进口商品供给量变动的百分比/进口商品价格变动的百分比

(3)出口商品的需求弹性(E_{XD}),其公式为

E_{XD}=出口商品需求量的变动率/出口商品价格的变动率

(4)出口商品的需求弹性(E_{XS}),其公式为

E_{XS}=出口商品供给量的变动率/出口商品价格的变动率

事实上,弹性是一种比例关系,是一个百分比。这个比值越高,弹性越高,反之,比值越低,弹性越低。

二、马歇尔-勒纳条件

货币贬值会引起价格效应和贸易量效应两个重要效应,即货币贬值后将引起进出口商品的价格变动,进而引起进出口商品数量发生变动,最终引起贸易收支变动。马歇尔-勒纳条件研究的是:在什么情况下,贬值才能导致贸易收支的改善?

下面举例说明:在下面的例子中,我们假定中国为本国,美国为外国,人民币汇率从1美元=6元贬值到1美元=7元,由此引起出口商品美元价格和出口数量的变动的一组数据,见表10.1。

表 10.1　不同弹性条件下贬值对出口收入的影响

情形	出口商品的国内单价/元	汇率(美元兑人民币)	出口商品的美元单价/美元	出口数量/个	出口的外币收入/美元	价格变动率/%	出口数量变动率/%
0	6	6	1	100 000	100 000		
1	6	7	0.857	110 000	94 286	14	6
2	6	7	0.857	140 000	120 000	14	20

从表10.1中可以看出,在第1种情况下,人民币从1美元=6元贬值到1美元=7元,因此,折成美元的出口商品单价从1美元下降到0.857美元。由于价格下降,假

定出口数量从 100 000 增加到 11 000，但美元总收入非但没有增加，反而从 100 000 美元下降到 94 286 美元。只有在第二种情况下，出口数量从 100 000 增加到 140 000，出口的美元收入才从 100 000 美元增加到 120 000 美元。

通过这个例子说明，当出口数量的变动率小于贬值引起的价格变动率时（出口需求弹性小于 1），出口美元总收入不但不能增加，反而减少。只有当出口数量变动率大于因贬值引起的出口商品价格变动率（出口需求弹性大于 1，表 10.1 中第 2 种情况），出口的美元总收入才会因本币贬值而增加。因此，货币贬值后，贸易收支的改善，是有条件的。

因此，马歇尔-勒纳条件指出：假设本国出口商品供给和外国出口商品供给都是在供给价格弹性为无穷大且贸易最初是均衡的条件下，如果进出口商品需求弹性绝对值之和大于 1，则本国货币贬值就能发挥扭转贸易状况，改善国际收支的作用。

马歇尔-勒纳条件的推导过程如下：

$$CA = X(Y^*，\varepsilon) - \varepsilon M(Y，\varepsilon) = 0$$

$$\varepsilon = \frac{EP^*}{P}X = \varepsilon M（国际收支初始均衡条件）$$

$$\frac{\partial CA}{\partial \varepsilon} = \frac{\partial X}{\partial \varepsilon} - M - \varepsilon\frac{\partial M}{\partial \varepsilon} = \frac{X}{\varepsilon}\left[\frac{\partial X}{\partial \varepsilon}\frac{\varepsilon}{X} - M\frac{\varepsilon}{X} - \varepsilon\frac{\partial M}{\partial \varepsilon}\frac{\varepsilon}{X}\right] = \frac{X}{\varepsilon}[E_{XD} + E_{MD} - 1]$$

式中，CA 代表贸易收支；X 代表出口；M 代表进口；Y 代表国内产出/收入；Y^* 代表国外产出/收入；E 代表直接标价法下的汇率；ε 代表直接标价法下的实际汇率。

马歇尔-勒纳条件是指，货币贬值后，只有进口商品的需求弹性和出口商品的需求弹性之和大于 1，贸易收支才能得到改善，即贬值取得成功的必要条件是 $E_{XD} + E_{MD} > 1$。

三、货币贬值与时滞效应——J 曲线效应

在实际生活当中，当汇率发生变化时，即使在马歇尔-勒纳条件得到满足的情况下，贬值也不能立即改善国际收支。相反，在货币贬值后的头一段时间内，贸易收支还可能会恶化。贬值后贸易量调整存在的这种时滞效应可以用著名的 J 曲线来描述。如果用横轴代表时间，用纵轴代表贸易收支，那么贸易收支对货币贬值的反应轨迹可以表示为图 10.1。

该曲线形状类似大写英文字母 J，故取名为 J 曲线，本币贬值后，国际收支呈现先降后升的趋势。

那么为什么贬值对贸易收支的有利影响需要经过一段时滞才能反映出来呢[①]？主要是因为从货币贬值到国际收支状况改善之间，存在以下几种时滞。

（1）认识时滞。货币贬值后，本国出口商品的新价格信息还不能马上为需求方所了解，存在认识时滞。

---

① 当一国的货币当局采取使本币贬值的调整政策后，相关贸易部门贸易量的调整不会同步进行，而是需要一个过程。从而在本国货币汇率变动的瞬间到实际部门进出口数量的调整与随之而来的国际收支的均衡的恢复之间产生一个时间上的延滞。

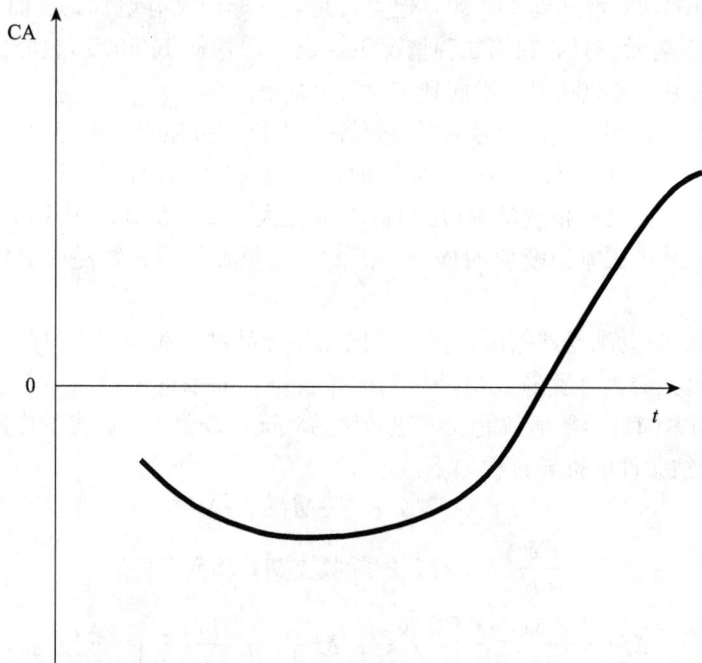

图 10.1　J 曲线效应

（2）决策时滞。供求双方都需要一定时间判断价格变化的重要性，即存在决策时滞。

（3）生产时滞。供给方国内对商品和劳务供应不能立即增加，即存在生产时滞。

（4）取代时滞。供给方和需求方都需要一定时间处理好，即存在取代时滞。

（5）交货时滞。把商品、劳务运往国际市场需要一段时间，即存在交货时滞。

针对货币贬值的时滞效应，美国经济学家克鲁格曼曾经做过研究，他根据美国 6 个独立的经济模型得出以下结论。从汇率变动到贸易量最初做出反应的时滞，进口约需 7 个月，出口约需 10 个月。而贸易收支得到改善则需更长时间。一般而言，发达国家货币对外贬值并稳定下来 1~2 年后，贸易收支才会得到明显改变。例如，1967 年，英镑贬值后的最初两年，英国出口量虽有所增加，出口净收入却未增长，两年后贸易收入才得到明显改善；1985 年，美元贬值达 20％以上，但 1986 年和 1987 年逆差却进一步扩大，1987 年后的几年内贸易逆差则连续大幅缩减；1995 年日元虽大幅升值，但当年日本却出现 1 865 亿美元巨额的贸易顺差，第二年贸易顺差开始下降，从反面对 J 曲线效应做了验证。发展中国家贸易收支对货币贬值的反应更为灵敏，时滞较短，一般货币贬值 6 个月到 1 年便有效果。

四、对弹性分析法的评价

以上我们介绍了国际收支调节的弹性分析法的主要内容，国际收支弹性论产生于 20 世纪 30 年代大萧条与金本位制度崩溃时期。它在西方经济学界长期流行，一方面是因为它适合当时西方各国政府制定政策的需要，另一方面是因为它在理论上弥补了古典国际收支调节理论失效后西方国际收支调节理论上的空白。国际收支弹性论曾在许多国家应用，并在国际收支调节方面取得了一定的效果，但布雷顿森林体系崩溃后，货币贬值只能在一定条件下缓和国际收支危机，而不能消除这种危机。对该理论的批评主要集中在以下几点。

（1）弹性论把国际收支仅局限于贸易收支，未考虑到劳务进出口与国际间的资本移动。同时，它是局部均衡分析，只考虑汇率变动对进出口贸易的影响，忽略了其他重要的经济变量对国际收支的影响以及其他一些相互关系。

（2）弹性论在分析时，假设货币贬值前贸易收支处于平衡状态，这一假设不符合实际情况。因为货币贬值的目的不在于创造国际收支顺差，而在于消除已有的逆差，然而，国际收支已经处于平衡，那还有什么必要进行货币贬值呢？这是弹性论无法回答的问题。

（3）弹性论以小于"充分就业"为条件，做出供给具有完全的弹性的假定，而这不适用于经济周期的复苏与高涨阶段。

（4）弹性系数在弹性论中是一个最重要的参数，但如何确定，是一个极为复杂和困难的问题。

（5）弹性论在分析时，忽视了作为贬值过程中供给条件和成本的变化。

（6）弹性论忽视了汇率变化引起的收入效应和支出效应。

总之，要正确分析货币贬值的效应，就要考察国际收支与整个经济的关系，国际收支调节的弹性分析法被认为是比较肤浅的。这一研究的深入，成为国际收支调节的吸收分析法的出发点。

第二节　国际收支调整的吸收分析法

弹性分析方法是在大萧条条件下产生的，它不能适应第二次世界大战后的充分就业和经济增长条件。一方面从纯理论方面考虑，弹性论仅考虑了贬值对 CA 的直接影响，是一个微观并且是局部均衡分析，并没有考虑贬值不仅影响 CA，同时 CA 还是国民收入的一部分，即贬值还影响国民收入，而收入的变化又会进一步影响 CA。另外，从各国国际收支失衡调节实践来看，既然一国可以通过贬值来解决国际收支失衡问题，而且很多国家都符合马歇尔-勒纳条件，这就使大多数国家在出现国际收支逆差的时候，都竞相使用货币贬值来改善国际收支，这种以邻为壑的政策，在 20 世纪确实被很多国家采用，也给各国经济和贸易的发展带来了严重的负面影响。到了 20 世纪 50 年代，货币主义兴起，凯恩斯主义逐渐退出历史舞台。从理论上探索各国的国际收支失衡问题不仅能通过贬值来解决，还有其他的方法和途径。1952 年，在 IMF 工作的西德尼·亚历山大在凯恩斯宏观经济学基础上提出了吸收分析法，又称支出分析法。他全面考察贬值对国民收入和 CA 的综合影响（即贬值即会产生价格效应），也会产生收入效应，从宏观经济学中的国民收入恒等式入手，把贸易差额作为国民收入和国民支出差额展开分析，并在此基础上提出国际收支调节的政策主张。从理论发展来看，吸收分析法既吸收了凯恩斯宏观经济学流派的分析方法，同时也包含了货币主义分析法的内核，是后来货币主义学派发展的重要衔接。直到今天，IMF 仍然沿用货币主义学派的分析方法来指导各国的政策实践。

一、基本理论

根据凯恩斯宏观经济模型，一国的贸易差额可以表示为一国收入与支出之间的差额。

按照宏观经济学理论，国民收入与国民支出间的关系为

$$国民收入(Y) = 国民支出(E)$$

封闭经济条件下，其公式为

$$国民支出(E) = 消费(C) + 投资(I) + 政府购买(G) = 国民收入(Y)$$

开放经济条件下，把对外贸易也考虑进去，则

$$国民收入(Y) = 消费(C) + 投资(I) + 政府购买(G) + [出口(X) - 进口(M)]$$

移动恒等式两边，得

$$X - M = Y - C - I - G = Y - (C + I + G)$$

式中，$X - M$ 为贸易差额，代表国际收支差额；$(C + I + G)$ 为国内总支出，即国民收入中被国内吸收的部分，用 A 来表示。故国际收支差额就可以由国民收入 Y 与国内吸收 A 之间的差额来表示，设国际收支差额为 $B = X - M$，则有 $B = Y - A$。

当国民收入大于总支出时，国际收支为顺差；当国民收入小于总吸收时，国际收支为逆差；当国民收入等于总吸收时，国民收支为平衡。

下面将 A 的组成加以分解

$$
\begin{aligned}
A &= C_0 + C_1(Y - T) + (b_0 + b_1 Y - b_2 r) + G \\
&= (C_1 + b_1)Y + (C_0 - C_1 T + b_0 - b_2 r + G) \\
&= \alpha Y + Ad
\end{aligned}
$$

式中，C_0 代表自发消费；C_1 代表边际消费倾向，$0 < C_1 < 1$；b_1 代表边际投资倾向，$0 < b_1 < 1$；r 代表实际利率；T 代表政府收入；G 代表政府支出；αY 代表引致吸收；Ad 代表直接吸收。

$$CA = Y - \alpha Y - Ad = (1 - \alpha)Y - Ad$$

这是吸收分析法一个很简单的恒等式。由此可以看出，CA 的变动，一部分是 Y 的变动，一部分是 Ad 直接吸收的变动。

$$\Delta CA = (1 - \alpha)\Delta Y - \Delta Ad$$

由此可知，贬值对贸易差额的影响包括两部分，即贬值产生收入效应 $(1 - \alpha)\Delta Y$，以及贬值对吸收的直接影响效应 ΔAd，只有当 $(1 - \alpha)\Delta Y > \Delta Ad$ 时，货币贬值才能使国际收支得到改善。以下将对这两种情况分别加以讨论。

(一)货币贬值对国民收入的影响效应

1. 闲置资源效应

当一国处于非充分就业状态时,货币贬值引起的出口需求上升就可以进而引发产量和就业的扩大,使国民收入增加。此时,货币贬值能否改善贸易收支,取决于贬值的收入效应$(1-\alpha)\Delta Y$是正还是负,而这又取决于边际吸收倾向α的大小。如果$\alpha<1$,则$(1-\alpha)\Delta Y>0$,贸易收支得到改善;反之,贸易收支进一步恶化;若$\alpha=1$,货币贬值不产生收入效应,从而不影响贸易收支。

2. 贸易条件效应

如果货币贬值导致贸易条件恶化,将会导致国民收入下降,此时贬值能否改善贸易收支仍取决于边际吸收倾向的大小。如果$\alpha<1$,则$(1-\alpha)\Delta Y<0$,贸易收支恶化;若$\alpha>1$,则$(1-\alpha)\Delta Y>0$,贸易收支改善;若$\alpha=1$,$(1-\alpha)\Delta Y=0$,则贸易收支不受影响。

(二)货币贬值对吸收的直接影响效应

总的来看,贬值导致进口产品价格上扬,如果进口产品在国内商品市场占一定份额的话,对整个国内商品市场价格就有影响,使国内商品市场价格上扬。因此,贬值后会产生通货膨胀效应,即价格效应,通货膨胀效应会对国内支出/吸收产生什么影响呢?

货币贬值对吸收的直接影响从理论上主要有以下几个方面。

1. 实际货币余额效应

人们将收入或者财富的一部分以货币形式保存在手中,这就是货币余额,用物价水平去除货币余额得到的就是实际货币余额,即货币余额的真实价值。物价水平的变动会引起实际货币余额的变动,从而给消费者的消费、储蓄、投资带来影响。当物价上涨后,消费者的实际货币余额下降,即消费者持有货币的购买力下降,从而减少消费。或者,为了保持原有实际货币余额,会抛售证券,持有货币,从而使利率上升,抑制投资,降低支出水平,即国内吸收下降,从而改善国际收支状况。

2. 收入再分配效应

通货膨胀会产生社会财富的再分配,如果工资调整滞后,会出现财富从雇工向企业家的转移。$P=(1+u)W$,如果W滞后,P上升,利润上升,出现社会财富从雇工向资本家的转移。一般认为劳动者的边际消费倾向更高,出现国内支出的下降,从而改善国际收支。

但如果把国内群体按另外一种方法划分的话,如划分为债务人和债权人,那么,通货膨胀对债务人是有利的,会使他的支出增加;对债权人则是不利的,会使他的支出减少。而一般来说,企业资本所有者和政府往往是债务人,普通消费者往往是债权人,这样分析,通货膨胀出现收入向政府的转移。而各国政府的支出倾向是不同的,所以很难说贬值对政府支出的影响是怎样的，因而按照这种划分方法，货币贬值最终对国内吸收的影响是很难确定的。

3. 货币幻觉效应

当贬值引发国内通货膨胀后，消费者由于存在货币幻觉，仍购买与货币贬值前相同的商品数量，这会导致支出增加，吸收水平上升。当然也可能出现相反的情况，当货币贬值，物价上涨时，人们也会因物价水平上升而减少支出，使吸收水平下降。这种由货币幻觉所产生的吸收水平变化会进而影响国际收支。

二、对吸收分析法的评析

从上面的分析中可以将吸收论归纳为以下几点。

第一，吸收论是从总收入与总吸收（总支出/总需求）的相对关系中考察国际收支失衡的原因并提出国际收支的调节政策的，而不是从相对价格关系出发，这是它与弹性论的重大差别。就理论基础和分析方法而言，吸收论建立在宏观经济学基础之上，采用的是一般均衡分析方法；而弹性论则建立在微观经济学基础之上，采用的是局部均衡分析方法。

第二，就货币贬值的效应来讲，吸收论是从贬值对国民收入和吸收的影响中来考察贬值对国际收支的影响的，而弹性论则是从价格与需求的相对关系中来考察贬值对国际收支的影响的。

第三，吸收论含有强烈的政策搭配取向。当国际收支逆差时，在采用贬值政策的同时，若国内存在闲置资源（衰退和非充分就业时），应采取扩张性财政政策来增加收入（扩大生产和出口）；若国内各项资源已经达到充分就业，经济处于通货膨胀时，应采取紧缩性货币和财政政策来减少吸收（需求），从而使内外经济同时达到均衡。但吸收论调节国际收支逆差的政策主张是降低国内支出，采取紧缩性货币政策和财政政策。这又与充分就业目标相冲突，这也是吸收论的一个局限所在。

第四，吸收论的主要缺点在于假定贬值是增加出口的唯一原因，并以贸易收支代替国际收支。因此，从宏观角度看，它不够全面，但吸收论在国际收支调节理论的发展过程中，起到了承前启后的作用。吸收论的分析起点基于凯恩斯分析框架，即基本的宏观经济恒等式，但它同时又超越了凯恩斯的分析框架。其一，吸收论放弃了凯恩斯的非充分就业假设；其二，吸收论纳入货币分析，其中包含了货币余额分析和通货膨胀分析，具备了货币主义分析的特征。因此，吸收论成为20世纪70年出现的国际收支调节货币分析法的先驱。

第三节　国际收支调整的货币分析法

前面介绍的两种国际收支调整分析方法实质上强调贸易收支的调整而忽略了国际收支中的资本和金融项目。随着国际经济的进一步融合，资本流动和金融资产的交易及其重要性越来越不能忽视，其重要性甚至有超过经常项目的趋势。正是在这一历史背景下，国际收支调节的货币分析法自 20 世纪 70 年代起逐渐成为国际收支调节理论的主流，直至今天，仍是 IMF 指导各国国际收支调整的重要理论。

国际收支调整的货币分析法源于英国古典学派经济学家大卫·休谟的物价—现金流动机制的自动调节理论。这一机制是在金本位制度下，通过货币或贵金属的自由流入和流出来对贸易收支实现自动调节的机制。具体而言，当一国出现贸易收支逆差时，黄金外流，本国货币供应量减少，商品价格下降，导致本国商品国际竞争力上升，增加出口，减少进口，从而恢复贸易收支均衡；反之亦然。

货币分析法的现代复兴始于英国经济学家米德(James Meade)在 20 世纪 50 年代初期的研究。而现代货币论的创始者主要是美国芝加哥大学和伦敦经济学院的哈里·约翰逊(Harry Johnson)和他的学生雅各布·弗兰科(Jacob Frenkel)。货币分析法的出现同 20 世纪 70 年代在美国兴起的货币主义学说有关系，是建立在货币主义学说基础上的。它是从货币角度而不是从商品角度，来考察国际收支失衡的原因并提出相应政策主张的。

一、货币分析法的理论内涵

(一)假设前提

(1)在充分就业的均衡状态下，一国的实际货币需求是收入和利率等变量的稳定函数。

(2)从长期看，货币需求是稳定的，货币供给变动不能影响实际产出。

(3)贸易品的价格是由世界市场决定的，从长期来看，一国的价格和利率水平接近世界市场水平。

(二)基本理论

根据上述假设，货币分析法的基本理论可以用下面的公式来表述。

$$M_d = M_s$$

式中，M_s 表示名义货币供应量；M_d 表示名义货币需求量。从长期看，可以假定名义货币供给量等于名义货币需求量。此式代表货币市场均衡。

$$M_d = Pf(Y, i)$$

式中，P 为本国价格水平；f 为函数关系；Y 为国民收入；i 为利率水平(持有货币的机会成本)；$f(Y, i)$ 表示实际货币存量(余额)的需求；$Pf(Y, i)$ 表示对名义货币余额的需求。

一个国家的货币供应量是由基础货币 H 和货币乘数 m 的乘积共同决定的，即

$$M_s = mH$$

但是，在开放经济条件下，一国基础货币的构成发生了变化，基础货币由两部分构成：一部分是国内银行体系创造的国内名义货币供应量 D；另外一部分 R 是一国的

国际储备，它的增加和减少代表一国国际收支赤字或盈余。

$$M_s = R + D$$

货币市场均衡时，即 $M_s = M_d$，为了便于分析，假设 $m = 1$，则

$$R + D = M_d$$

$$R = M_d - D$$

上式是货币分析法的最基本方程式，其告诉我们以下几点。

（1）国际收支是一种货币现象。

（2）国际收支逆差实际上就是一国国内的名义货币供应量（D）超过了名义需求量，其机制是由于货币供应量并不影响实物产量，在价格不变的情况下，多余的货币就要寻找出路。对个人和企业来说，就会增加货币支出，以重新调整他们的实际货币余额；对整个国家来说，实际货币余额的调整就会表现为减少外汇储备，购买国外商品，从而使国际收支顺差减少或出现国际收支逆差现象。

（3）国际收支顺差实际上是一国国内的名义货币供应量小于名义货币需求量，其机制是，在价格不变的情况下，货币供应的缺口就要寻找弥补。对个人和企业来说，就要减少货币支出，以使实际货币余额维持在希望的水平；对整个国家来说，实际货币余额的调整就会表现为向国外出口商品，表现为货币内流，国际收支盈余。

（4）国际收支问题实际上反映的是实际货币余额对名义货币供应量的调整过程。当国内货币供应量与实际经济变量（国民产出）所决定的实际货币余额需求相一致时，国际收支便处于均衡状态。

二、货币分析法对贬值的分析

货币分析法一个重要的贡献就是从开放经济角度把货币供应的来源区分为国内和国外两部分。这个原理，在后续章节中还会反复用到。另外，货币分析法的基本原理后来成为汇率决定的货币供求说的基础。货币分析法在考察贬值对国际收支的影响时，假设一价定律[①]成立。

$$M_d = EP^*(Y, i)$$

式中，E 为本币衡量的外币价格（直接标价法）；P 为国外价格水平。当本币贬值时，E 值上升，由此引起国内价格 $P = EP^*$ 上升，则 M_d 相应上升，从而使国际收支发生顺差或逆差减少。由此，货币贬值若要改善国际收支，则在贬值时，国内名义货币供应量不能增加。因为 $R = M_d - D$，若 D 与 M_d 同时增加，并且 D 的增加甚至大于 M_d 的增加，则贬值不能改善国际收支，甚至会恶化国际收支。

三、货币分析法的政策主张

（1）在固定汇率制度下，货币当局可以通过控制本国货币供应量来达到控制国际收

---

① 一价定律：当贸易开放且交易费用为零时，同样的货物无论在何地销售，用同一种货币表示的货物价格都相同，这揭示了国内商品价格和汇率之间的基本联系。

支的目的。从另外一个角度看，即使没有货币当局的主动调整，市场自身也会实现国际收支的平衡。当一国由于出现超额货币供给而导致国际收支恶化或出现赤字后，R就会自动减少，该国货币供应量会随之减少，这样的调整一直持续到货币供给等于货币需求时为止。

（2）在浮动汇率制度下，国际收支失衡可以通过汇率的变化来自动调整。在浮动汇率制度下，如果国际收支失衡，会反映在汇率水平上，这样货币供给和需求就会存在另外一条调整渠道，即汇率。假设国际收支出现逆差，这意味着货币市场中货币供给大于货币需求。如果汇率可以灵活调整，国际收支逆差出现后，本币将出现贬值，价格水平上升，在实际国民产出水平不变的情况下，货币需求将增加，直至名义货币供给与名义货币需求的失衡消失；相反，当国际收支出现顺差，那么本币将出现升值，结果导致本国国内价格水平下降，名义货币需求就会减少，直至货币市场出现平衡。

四、对货币论的评价

相比其他国际收支调节理论，货币分析法从一个全新的角度把国际收支浓缩为一个简单的货币供给和货币需求的问题。这是在资本流动日益重要、资本和金融账户在国际收支中影响越来越大的背景下出现的一种方法，它更好地从总体上分析了国际收支问题，为政府制定国际收支政策提供了新的思路，大大简化了政策执行的操作难度。

货币论的不足之处在于以下几个方面。

（1）货币论只强调货币因素的作用，对于国民收入变化、相对价格变化等因素如何影响国际收支不予考虑，走向了两分法的另一个极端。

（2）货币分析法得出的结论实际上是长期均衡的结果，对于短期国际收支失衡可能并不适应。

（3）国内信贷扩张和外汇储备变化之间的此高彼低的单向因果关系不一定成立。例如，为了消除外汇储备增加对货币供给的影响，一个国家货币当局可以采取其他手段。

（4）货币分析法假设中的几点，在现实中一般较难实现。

五、几种理论的比较

国际收支理论讨论的是国际收支的影响因素及其如何实现或保持国际收支平衡的政策如何选择，下面将上述几种理论进行简单的比较。

（1）从分析范围看。弹性论可以归纳为局部均衡分析，它只关注了进出口商品本身的相对价格调整，而吸收论把分析的视角放在了宏观经济整体，特别是实体经济总体，货币论则进一步把国际收支调整从商品市场扩展到货币市场。

（2）从分析的时间视角看。弹性论和吸收论关注短期调整，而货币分析法则看重长期调整。

（3）从政策主张看。这三种理论对国际收支失衡的成因解释不同，所以调节国际收支的政策也就不同。弹性论更重视汇率贬值，吸收论看重宏观经济政策中的需求管理政策，而货币分析法注重的则是货币供给的控制。

➤ 本章小结

国际收支的调整在一国宏观经济运行中是一个举足轻重的问题。本章分析了国际收支的价格调整机制与收入调整机制。西方具有代表性的国际收支调节理论包括弹性论、吸收论、货币分析法等。其中，弹性论认为货币贬值可以提高国外产品相对国内产品的价格，但贬值能否改善贸易收支取决于进出口商品的供求弹性。在进出口商品供给弹性无穷大的前提下，当一国的出口商品需求弹性和进口商品需求弹性满足马歇尔-勒纳条件时，本币贬值可以起到改善贸易收支的作用，但由于存在调整时滞，因此常常伴随国际收支调整的 J 曲线效应。吸收论则从宏观经济整体角度来考察贬值对国际收支的影响。货币分析法的核心是将国际收支与货币供求联系在一起，国际收支发生逆差是因为国内名义货币供应超过了名义货币需求，反之亦然，因而在固定汇率制度下，国际收支失衡可以通过货币供给的自动调整来适应货币需求，而在浮动汇率制度下，国际收支失衡可以通过汇率变动来自动调整。

➤ 思考题

1. 什么是 J 曲线效应，造成货币贬值反应时滞的原因主要有哪些？

2. 货币贬值的效应主要受到哪些因素的影响？

3. 根据国际收支调整的吸收分析法，简要分析货币贬值对国民收入的影响。

4. 简要评析货币分析法。

5. 根据货币分析法的相关理论，试论述在固定汇率制度下，国际收支的调整过程。

6. 如果一个小国实行浮动汇率，那么货币需求会通过汇率的变化来适应货币供给，因此国际收支失衡是通过汇率变化来消除的，这一过程是如何实现的呢？

第十一章

开放经济条件下的宏观经济政策

教学目标

1. 掌握资本完全流动下宏观经济政策的有效性——蒙代尔-弗莱明模型，即 IS-LM-BP 模型。

2. 固定汇率与浮动汇率之争。

教学难点和重点

1. 固定汇率制下，影响国内宏观经济政策的因素。

2. 浮动汇率制下，制定宏观经济政策的特点。

导入案例

中国开放经济条件下的财政与货币政策的协调配合①

开放经济条件下，国际经济波动存在明显溢出效应。从次贷危机到欧债危机，世界主要经济体都受到不同程度的波及。为了减轻这种影响，必须更好地将财政和货币政策协调配合起来。2008 年以来的经济危机在一定程度上降低了我国高速增长的贸易和资本"双顺差"，我们可以通过政策间的双向协调、利率市场化、国债买卖和一揽子汇率制度等政策来调控宏观经济，进而达到稳定经济增长的目标。

开放经济条件下的宏观经济政策目标一般分为内部和外部均衡目标，前者要求达到一国资源的充分利用(特别是充分就业)和国内物价水平的稳定，而后者则要求一国国际收支的基本平衡。20 世纪 50 年代，米德最早提出开放经济条件下的政策搭配思想，丁伯根法则则确立了达到一个经济目标，政府至少需要运用一种有效的政策工具，推而广之，要实现 N 个经济目标，则至少需要相互独立的 N 种有效的政策工具。这一结论对开放经济而言具有鲜明的政策含义，但该原则在实践中却存在很大的局限性。为此，蒙代尔提出了"有效市场分类原则"。蒙代尔主张在内外失衡同时存在的条件下，将实现内部均衡的目标指派给货币政策，而将实现外部均衡的目标任务指派给货币政

---

① 张鹤，姚远．中国开放经济条件下的财政与货币政策的协调配合．工业技术经济，2012：92-96

策，即蒙代尔指派法则。这一原则也成为后续理论研究和政策运用的基本准则。

　　蒙代尔和弗莱明提出在国际资本完全流动条件下将标准的 IS-LM 模型扩展到开放经济系统分析的"蒙代尔-弗莱明模型（以下简称 M-F 模型）"。他们的研究为不同汇率制度下的政策效果评价提供了一个非常有用的分析框架。M-F 模型的一个重要结论是：对于开放经济体而言，在资本高度流动的情况下，如果采取固定汇率制度，那么货币政策是无效的；如果采取浮动汇率制度，则货币政策是有效的。在 M-F 模型的基础上，Krugman 进一步提出了所谓的"三元悖论"，即在开放经济条件下，货币政策的独立性、汇率的稳定性和资本自由流动三个目标是不可能同时实现的，各国只能选择其中对自己有利的两个目标。开放经济条件下，资本流动程度日益加深，已经成为经济全球化的一种必然结果。Krugman 的"三元悖论"指出为了维持一国货币政策的独立性和资本的完全流动性，就必须牺牲汇率的稳定性而实行浮动汇率制；或者为了保持本国货币政策的独立性和汇率稳定性就必须牺牲资本的完全流动性，实行资本管制；再者为了维持资本的完全流动和汇率的稳定性，就必须放弃本国货币政策的独立性。

　　尽管 2005 年 7 月 1 日，我国结束了单一盯住美元的制度安排，实行以市场供求为基础，参考一揽子货币进行调节，有管理的浮动汇率制，但本质上这还是一种固定汇率制度。因此，在我国资本市场尚未开放的情况下，中国中央银行的独立性必然受到一定程度的限制，进而影响货币政策的选择及其执行效果。

　　从我国的货币政策实践来看，传统的占主导地位的直接信贷控制手段已经不能适应开放经济的需要，资本流动性增强、货币供给渠道增多、外汇占款的增加使中国中央银行在运用货币政策工具时常力不从心。长期以来，我国将汇率稳定与货币政策独立作为目标，并对国际资本流动实施较为严格的控制，以此作为开放经济条件下的政策组合。但是如果中国继续维持这种制度安排，不但面临着运行成本和风险递增约束，而且货币政策的有效性也会不断降低，宏观均衡遭到破坏，影响经济的稳定发展。所以，进一步完善资本市场，同时实行资本账户自由化或者资本自由流动成为大势所趋。

　　从两大政策的协调配合上看，政策工具的配合主要表现为财政投资项目中的银行配套贷款与发行国债以及中国中央银行公开市场的反向操作相结合；从时间的协调性上看，货币政策在启动经济增长方面明显滞后，但在防止经济某段时间内过热、通货膨胀率过高方面具有长期效果，而财政政策的作用体现于短期内开展投资活动进而达到在短期内促进经济增长的作用。

　　以 2008 年的美国次贷危机为例，次贷危机在全球范围内蔓延，全球经济都受到不同程度的影响和破坏。例如，2008 年，主要发达国家地区的 GDP 平均增速只有—0.2%，2009 年更是降低到—4.0%；主要发展中国家经济增长速度均有所下降，2008 年的平均增速为 4.7%，2009 年骤降到 0.3%。但在这次全球性金融危机中，我国可以说是一枝独秀，始终将经济增长速度保持在 8% 以上，对世界经济的复苏起到了重要作用。危机过后，积极财政政策与宽松货币政策一起，共同对经济产生正面的推动作用。此次经济危机对我国实体经济造成了很大的负面影响，特别是对很多出口企业造成了很大的冲击，国家在进一步增加出口退税率、努力稳定出口的同时，出台了一揽子刺激经济措施，包括 2008～2010 年安排 4 万亿资金强力启动内需。这次和 2007

年金融危机相比，我国政府加大了对民生项目的投资，同时投资范围更宽，力度更大，以解决收入不平衡问题，更多向弱势群体，如农民和农民工倾斜，希望通过扩大内需，以确保解决保持一定的增长率。货币政策上，国家努力提高银行体系的流动性，以保持货币信用以比较合理的增速增长，同时进一步加大金融对经济增长促进作用。从一系列的刺激经济的举措中，我们可以看到财政的资本性支出带动作用本身就非常大，政府资金对其他资本具有非常强的引导效应，如果能够与货币政策配合，这种政府投资、银行跟进可以产生巨大的投资效应和规模，其拉动效应也是非常显著的。

但是在我国资本项目有限管制和管理浮动汇率制度背景下，我国的财政政策有效而货币政策弱有效。特别是我们相对固定的汇率制度，当国内需求过度扩张时，可使我国进口大幅增加，贸易出现逆差，此时会对人民币产生贬值压力，若支持汇率稳定，外汇市场干预所导致的外汇储备数量减少，货币投放量的收缩将对内需的扩张起到抵消作用。因此，扩张内需与维持人民币汇率稳定是相互冲突的，扩张内需虽然可以抵消外部需求的降低，但是以牺牲汇率稳定为代价的。另外，扩大内需还会带来我国经济结构上的变化，它使内需所拉动的部门生产上升，出口部门则因稳定的汇率政策而受到负面影响。因为在汇率稳定的条件下实行扩大内需的政策，不能充分运用汇率手段调整扩大内需可能导致的国际收支逆差，并且通过动用外汇储备弥补国际收支逆差会使本币投入量减少，从而对经济产生紧缩效应。

总之，改革开放30年来，我国政府始终在财政货币政策的协调与配合方式上、方法上不断摸索前行。为了进一步保持经济稳定持续增长，还有以下需要注意的地方。

（1）应对财政与货币政策对宏观经济的调控作用有正确认识，在此基础上以合理分工为前提力争实现财政与货币政策的协调运作。

经济总量和经济结构是一个经济体协调发展必须考虑的两个关键因素。货币政策的优势在于对总量进行调节，而财政政策更适用于对结构进行调整，无论哪方面缺少或弱化，都会导致经济失衡并造成严重后果。自20世纪80年代以来，我国经济的总量失衡问题尤为突出。如果使用货币政策对货币供给和需求进行调节，虽然可以达到控制经济总量的目的，但随之带来的是贷款迅速增加，有些年份甚至超过了当期财政收入的总和，这种失衡状态会带来财政弱化，使国家财政政策的宏观调控能力降低，进而逐步丧失对经济结构的调整能力。

（2）对财政和货币政策的工具、手段及应用范围做适当调整。

货币政策对总需求的调整应尽量降低行政干预，并采取多样化的市场手段和工具，如利率、再贴现率、存款准备金率等，并遵循商业银行市场经营原则，减少政策调节给商业银行带来的政策性风险，促使其发挥稳定的调节作用。财政政策的作用范围应以基础性和公益性投资性项目为主，明确政府在公共投资领域的主导作用。财政政策不宜参与竞争性投资项目，该领域的投资应以货币政策为主，充分利用市场的调节功能以防止盲目投资达到节省社会资源的可持续发展目标。实现财政政策的多层次调节，以预算、税率等宏观调控手段对宏观经济总量进行调节进而影响社会总供求关系；以财政的投资性支出等手段对产业结构及区域经济结构进行调节；财政补贴和转移性支付手段可以对微观的居民及企业形成影响，进而实现财政政策的微观调节功能。

前面几章我们已分别介绍了汇率和国际收支及其调整问题，这一章我们介绍开放经济条件下对应不同的汇率制度的宏观经济政策。市场的自动调节机制虽然有其优点，但也存在着严重的意想不到的负面影响。市场会失灵，因此，政府根据经济运行的要求，采取适当的调整政策是非常必要的。在开放经济中，一国采取的经济政策会受其贸易伙伴行为的影响，也会影响贸易伙伴国的经济。此时的宏观经济政策不再是单纯的国内政策，它会产生"溢出效应"，因此，国家间的宏观经济政策是互动的。经济越开放，溢出效应和互动性就越强烈，在这种情况下，国家间的经济政策协调成为国际经济生活中不可缺少的、经常性的行为。

■第一节　内外平衡与政策工具

与封闭经济条件下的宏观经济政策不同，开放条件下宏观经济政策的制定需要考虑更多的因素，政策环境和政策目标也更加复杂。概括而言，在开放经济条件下，宏观经济政策的主要目标包括经济增长、充分就业、物价稳定和国际收支平衡四个方面，其中，经济增长的目标是长期的。从短期来看，一国宏观经济政策的目标就是充分就业、物价稳定和国际收支平衡。这三大目标从内外经济的角度看就是内部平衡和外部平衡，一国宏观经济政策手段的运用就是为了实现内外经济的同时平衡。

一、内部平衡与外部平衡的含义

1951 年，英国经济学家、1972 年诺贝尔经济学奖获得者詹姆士·米德在其重要著作《国际收支》中提出了内部平衡和外部平衡的概念，专门探讨了一国同时实现内部平衡和外部平衡的政策选择和配合问题。此后，不少经济学家对此进行了进一步的探讨，但经济学家对内部平衡和外部平衡概念有不同的解释。

最初，内部平衡概念被说成是实现没有通货膨胀的充分就业。米德指出："内部平衡的目标仅仅是保持足够高的对各国国内产品的总需求水平，以维持充分就业，但总需求水平又不致高到使货币价格和成本出现持续的膨胀。"此后，出现了表达通货膨胀与失业交替关系的菲利普斯曲线，人们又把内部平衡概念解释为菲利普斯曲线上的一个最优点，在这一点上，进一步降低失业的边际收益将被随之引起的通货膨胀上升的边际成本所超过。米尔顿·弗里德曼提出自然失业率假说后，内部平衡就在一定程度上成了与自然失业率意义相同的概念。总之，内部平衡可以一般地定义为一国内部经济保持充分就业和物价稳定的状态。

外部平衡是指一国的国际收支处于平衡状态，既无国际收支逆差，也无国际收支顺差。但是对于国际收支平衡，不同的经济学家有不同的解释。米德的分析主要限于经常项目，因此，外部平衡主要指经常项目不发生盈余，也不发生赤字的状态。以后的经济学家注意到了国际资本流动的重要性，因此国际收支平衡或外部平衡是指经常项目与资本项目一起的总平衡，我们这里讲的外部平衡就是在这一意义上使用的。现代政策制定者充分注意到了国际收支状况的重要性，并致力于外部平衡的实现。若国际收支逆差太多，该国则难以支付国外债务；若顺差太多，又使外国难以支付该国债务。尽管一般情况下多数国家都优先考虑内部平衡，其次才是外部平衡，但当一国政府面临持续的、严重的外部不平衡时，也不得不改变轻重缓急的顺序，优先考虑外部平衡问题。

二、政府实现宏观经济内外平衡的政策手段

同时实现对内经济平衡和对外经济平衡，将使一国经济处于最适宜的发展状态。但这种状态在现实中是很难达到的，一国经济往往是在失衡—调整—平衡—再失衡的循环往复中，以及国内外经济的相互矛盾和制约中发展的。为达到内部和外部平衡的目标，政策制定者会采取相应的政策，一国政府可采用的宏观经济政策手段从结构上看，分为支出—改变政策、支出—转换政策、直接控制。

支出—改变政策是指政府通过改变社会支出对总需求加以调节的一种需求管理手段，它包括财政政策和货币政策。财政政策指的是调整政府支出或税收，或者两者同时改变。当政府扩大支出和减少税收时，财政政策就是扩张性的。这些行为通过乘数效应导致国内产出和收入的增加并且导致进口的增加（增加量取决于该国的边际进口倾向）。紧缩的财政政策是指减少政府支出或增加税收，这二者都会减少国内产值和收入并导致进口减少。货币政策涉及国家货币供给的变化，这将影响国内的利率。如果国家增加货币供给，利率会下降，则货币政策是宽松的。在宽松的货币政策下，投资增加并通过乘数效应使收入水平上升，并进而使进口增加。与此同时，利率的降低还会导致短期资本外流或短期资本流入减少。反之，如果政府减少货币供给，利率将上升，货币政策是紧缩的。这将阻碍投资收入和进口增长，并且将引起短期资本流入或流出减少。

支出—转换政策是一种通过改变汇率（货币贬值或升值）来调整国内需求结构，以实现经济均衡的政策，因而支出—转换政策是与对外经济目标直接联系的政策。货币贬值可使国外产品对国内产品的相对价格提高，从而使需求转向国内产品，并刺激国内出口行业的发展，使国际收支逆差得以改善。但这也会使国内产值增长并由此引起进口增加，这将抵消一部分贸易收支的改善效果。货币升值则会引起相反的效果。货币升值使国内产品相对于国外产品的相对价格提高，从而会使需求转向国外产品，并使国内出口行业减缩生产，这可用于调整国际收支的盈余。同时，这也将减少国内产值，相应地减少进口，因此会抵消一部分货币升值对国际收支盈余的影响。

直接控制是指政府对市场进行约束。在国内经济方面，具体的政策措施包括行政条例、物价管制、法律限制等。当其他政策失效时，直接控制中的价格和工资控制可用以缓解国内的通货膨胀。在国际经济方面，则包括关税、非关税措施，外汇管制以及其他限制国际贸易和国际资本流动的做法。直接控制的目的也是要改变国内的需求结构，以实现对内对外经济的平衡。但直接控制一般会导致低效率，因为它们经常干扰市场机制的运行。例如，外汇管制是一个比较严厉的政策措施，尽管它能起到维持

汇率稳定的作用，但是它带来的损失也是比较大的，正常的国际经济交易可能会受到干扰。因此，除非在十分困难的时期，该国一般不会采用该方法。此外，为了使直接控制有效，必须要有很好的国际合作关系，否则会招致报复，使政策失效。

面对着多重目标和多种政策工具，政府必须选择合适的政策来完成它的每一个目标。根据丁伯根(Tinbergen，1969 年诺贝尔奖获得者)的理论，政府需要的有效政策工具的数目通常与它独立目标的数目大体相同，即如果政府有两个目标，它就需要两个政策工具；如果它有三个目标，就需要三个政策工具；依此类推。有时一个政策工具应用于一个特别的目标时可能会帮助政府接近另一个目标，当然，它也可能更远地偏离第二个目标。例如，为削减国内失业率而采取扩张的财政政策可以减少国际收支的盈余，但它将增加赤字。

三、支出—改变和支出—转换政策下的内外部平衡：斯旺曲线

一国要达到内外经济全面均衡的状态是比较困难的，各国往往处在未达到全面平衡的某种状态上。面对多重经济目标和多种政策手段，政府面临一个选择的问题。运用哪一种或哪几种手段才能实现主要经济目标，而又不至于产生太大的副作用呢？这里首先要搞清一国处在哪种不均衡状态上，才好决定具体采取那一种或哪几种政策手段。下面我们用斯旺曲线分析采用不同的经济政策实现经济内外部平衡的机制。斯旺曲线因由澳大利亚经济学家特雷佛·斯旺(Trevor Swan)首创而得名。

在图 11.1 中，横轴 D 表示国内总支出，包括消费、投资、和政府支出等。纵轴 R 表示汇率，汇率提高意味着本国货币贬值，反之则意味着本币升值。

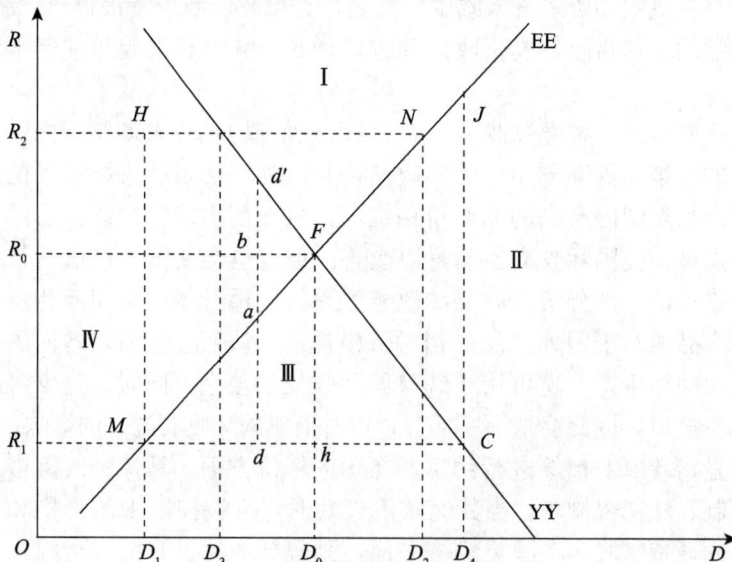

图 11.1　斯旺曲线

EE 线上的任何一点都代表一定的汇率和国内支出相配合所取得的外部平衡状态。

它由左下方向右上方倾斜，斜率为正。这是因为汇率的提高(本币贬值)会刺激出口增加，使国际收支得到改善，为了要保持国际收支平衡，就必须同时增加国内支出，即推动国内经济扩张，以便吸引较多的进口，不致使国际收支出现顺差。如图 11.1 所示，当汇率为 R_1 时，国内支出应为 D_1，它们的交点 M 位于 EE 线之上，国际收支处于平衡状态。若汇率从 R_1 上升到 R_2，国内支出保持不变，仍为 D_1，二者的交点为 H，国际收支失衡，有若干顺差出现。这时只有将国内支出从 D_1 增加到 D_2，双方相交于 N 点，国际收支方可达到新的平衡。EE 线左上方的任意一点，都意味着国际收支存在顺差，EE 线右下方的任意一点都意味着对外收支存在逆差。

YY 线上的任意一点都代表一定的汇率水平和国内支出相结合所决定的国内均衡状态。YY 线从左上方向右下方倾斜，斜率为负。这是因为汇率和国内支出必须呈反方向运动才能保持国内均衡状态，由于降低汇率(本币升值)将导致出口减少和进口增加，必然伴随着一个更大的国内消费才不致使国内出现失业。例如，汇率从 R_2 降低到 R_1，为使国家内部保持平衡，国内支出必须由 D_3 增加到 D_4(当汇率为 R_2 时，国内支出为 D_3 国内才能保持平衡状态)，如果国内支出不变或增长过小将导致失业，而增长过大超过 D_4，将使需求过大，出现超额需求，并导致通货膨胀。YY 线右上方任意一点，都意味着国内出现了超额需求，有通货膨胀存在；在 YY 线左下方的任意一点，都意味着需求不足，有失业存在。

只有在 EE 线和 YY 线的交点 F，对内均衡与对外均衡才能同时实现。而在这两条线之间则形成四个处于不同内外均衡状态的区域，它们是区域 Ⅰ 外部顺差与内部通货膨胀、区域 Ⅱ 外部逆差与内部通货膨胀、区域 Ⅲ 外部逆差与内部失业、区域 Ⅳ 外部顺差与内部失业。

从图 11.1 中我们现在可以确定，为了同时实现对内对外经济均衡，即达到 F 点，必须合理地配合使用支出—改变和支出—转换政策，但为了使这些政策更有针对性，必须首先弄清一国经济是处于哪种不均衡状态。例如，在 d 点，经济处于对外逆差与内部失业并存的失衡状态，为实现全面均衡，必须同时采取货币贬值和扩大支出的政策。如果仅采取货币贬值的政策，而未采取扩大支出的政策，虽可实现国际收支平衡(到达 a 点)，但国内失业仍存在，若汇率进一步增长则可达到 d' 点，但外部又出现了顺差，仍不能同时达到内外部平衡；相反，若只采取扩大支出的政策而未采取货币贬值的政策，那么国内充分就业虽可实现，但国际收支逆差仍然存在。

值得注意的是，尽管 d 点和 h 点都在区域 Ⅲ，d 点需要国内支出增加，而 h 点则需减少国内支出以达到 F 点。另外，如果政府已经处于内部平衡状态，如 C 点，仅仅通过货币贬值就可以达到 EE 线上的 J 点，但这样会造成严重的通货膨胀，因此，为达到两个目标，通常需要两个政策。只有当政府恰巧处在 F 点的垂直或水平方向上，就可以只通过单一的政策工具就能达到 F 点。例如，在 b 点时政府可以仅仅通过增加国内支出，就可以达到 F 点，但这是比较特殊的情况。

一般来说，必须配合使用支出—改变和支出—转换政策，才能使全面均衡最后得以实现，至于在什么样的情况下，如何配合使用这两方面的政策，怎样才能使政策运用更为有效和合理，这是我们下面要解决的问题。由于不同的汇率制度对宏观经济政策的效果有着不同的影响，因而在实施财政政策和货币政策时不得不考虑汇率的影响。

第二节 固定汇率下的宏观经济政策

尽管当今很多国家，尤其是一些主要发达国家往往采用浮动汇率制度，但他们往往还是将其汇率钉住某一主要货币的汇率，尤其是许多发展中国家都实行相对固定的汇率制度，因而在实施财政政策和货币政策时不得不考虑固定汇率的影响。在固定汇率制度下，政府只能通过使用支出—改变政策来实现内外部平衡。美国经济学家蒙代尔提出了一个模型，指出使用财政政策实现内部平衡，使用货币政策实现外部平衡。因此，政府只使用财政政策和货币政策（支出—改变政策）也可以同时实现内外部平衡。

一、商品市场、货币市场和国际收支的平衡：蒙代尔模型

蒙代尔模型放松了前面没有资本流动的假设，资本的国际流动在现实生活中受到利率变动的影响。为了便于分析，假设在经济达到充分就业之前，价格水平不变，并假设利率不变。蒙代尔模型的分析工具是三条曲线，即 IS、LM、BP 曲线。该模型实际上是 IS-LM 模型在开放经济中的状况。IS 曲线表示商品市场的均衡，即 $I+G+X=S+T+M$。式中，I 为国内私人投资；G 为政府支出；S 为储蓄；T 为税收；M 和 X 分别为进口和出口。LM 曲线表示货币市场均衡，即货币供给等于货币需求。在利率—收入坐标中，IS、LM 曲线的交叉点表示商品市场和货币市场同时实现了均衡。关于 IS-LM 模型我们已经在宏观经济学中学过，这里不再重复其推导过程，下面我们介绍一下 BP 曲线的推导过程。图 11.2 表示的是 BP 曲线的推导过程。

在图 11.2 中，图 11.2(a) 显示了本国利率与短期资本净流出呈反比，r 下降资本流出增加，r 上升资本流出减少。图 11.2(b) 显示，若有资本净流出（使国际收支逆差）一定要有一等额的贸易差额的增加和为保持国际收支平衡需要更低的利率和更大的资本流出（或更小的资本流入）。另一方面，货币升值会使 BP 曲线向左移动。在这里，我们假设汇率不变，BP 曲线就不会移动。现在我们将 IS、LM、BP 曲线放在同一坐标里进行分析，即描述商品市场、货币市场和国际收支同时处于平衡时的情况，从而形成一个开放的宏观经济模型，如图 11.3 所示。

当 IS 曲线、LM 曲线和 BP 曲线恰好交于 E 点的时候，便会有唯一的一组利率 r_E 和实际国民收入 Y_E，使得商品市场均衡、货币市场均衡及国际收支均衡同时实现。三条曲线的共同交点 E 是此 r-Y 平面上的唯一一个三重均衡点。而 r-Y 平面的其他任何点都是非三重均衡点。例如，如果 BP 曲线位于 IS 与 LM 的交点 E 的左方，如 BP′ 所示，由于表示 r_E 与 Y_E 的组合点 E 位于 BP′ 线的右边，因此在商品市场与货币市场共同达到均衡时存在着国际收支逆差；如果 BP 曲线低于 E 点，如 BP″ 所示，则意味着商品市场与货币市场同时达到均衡时存在着国际收支顺差。

下面我们将用蒙代尔模型分析在固定汇率制度下宏观经济政策的运用及效果。

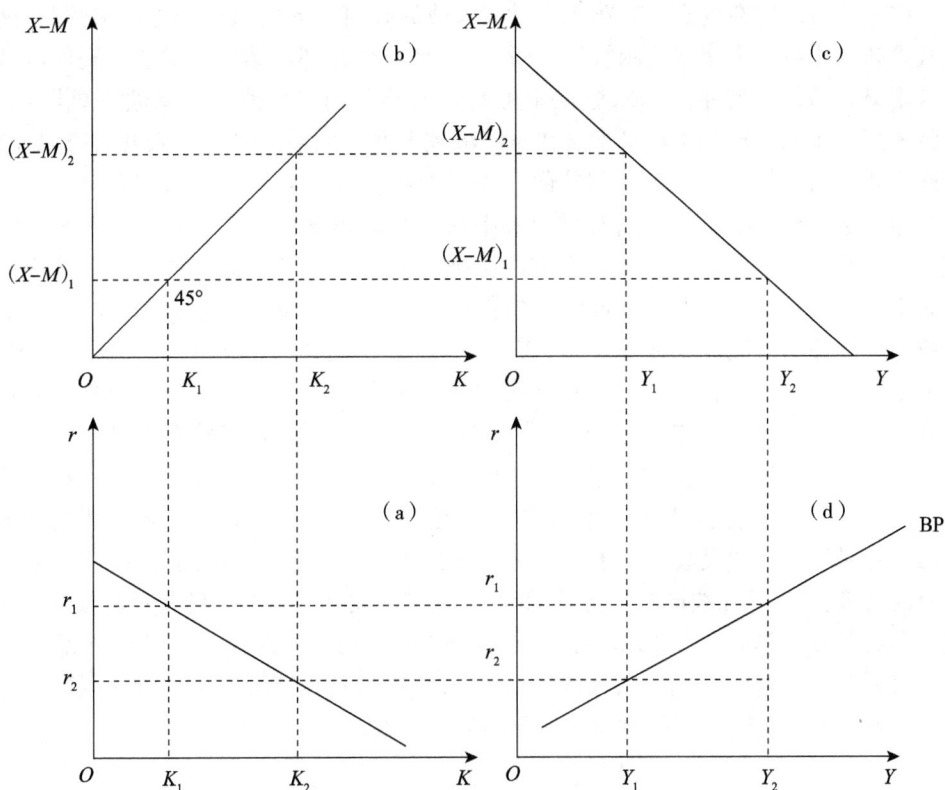

图 11.2　BP 曲线的推导

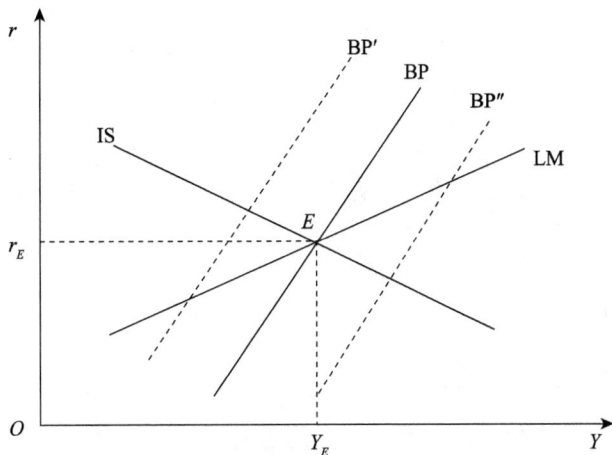

图 11.3　蒙代尔模型

二、固定汇率制度下实现内外部平衡的财政政策和货币政策

在固定汇率制度下，政府面临内外平衡两个目标，根据丁伯根法则，政府至少需

要两个政策工具。但在现实中,第二次世界大战后政府当局仅仅使用总需求政策(通过财政政策和货币政策来实现需求管理)一种方式来干预经济,结果形成了宏观经济政策的两难困境,即仅仅使用总需求政策不可能既改善国内需求水平,又改善国际收支。罗伯特·蒙代尔和其他几位经济学家在对需求政策两难困境进行更深入的研究时发现,财政政策和货币政策对内部平衡和外部平衡有相对不同的影响,它们实际上是两个政策工具而不是一种。财政政策通常对内部平衡的影响程度比较大,且方向明确;而货币政策对外部平衡的影响比较大,且方向明确。因此,可以将这两种经济政策作为两个政策工具搭配使用,将平衡内部经济的任务交给财政政策,将外部平衡的任务交给货币政策,以便同时实现内部和外部平衡。这样就解决了总需求政策解决不了的问题。

就拿高失业与国际收支赤字同时存在的情况来说,如果政府配合使用紧缩的货币政策和扩张的财政政策,如图 11.4 所示,当政策强度适当时,经济会刚好处于充分就业的国民收入水平(Y_F),同时也达到了国际收支平衡。图 11.4 中 E 点是国内均衡点,因该点在 BP 曲线的右边,因此,存在国际收支逆差。E 点只是国内均衡并非内部平衡点,因为此时均衡的国民收入小于充分就业的国民收入,即 $Y_E < Y_F$。此时应采取扩张性的财政政策,使 IS 曲线向右上方移动到 IS',同时要采取紧缩性的货币政策,使 LM 曲线左移到 LM'。这样 IS'和 LM'在 E' 点与 BP 曲线相交,从而实现了内外部同时平衡。这时利率提高到 r_2,国民收入增加到 Y_F。蒙代尔模型还可用于分析一国经济处于各种内外不平衡情况时的调整过程,在此不再一一叙述。

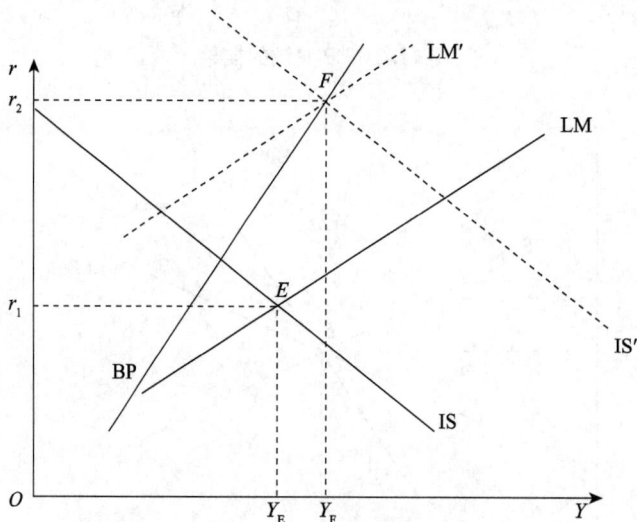

图 11.4　固定汇率下的财政政策和货币政策

三、资本完全流动下宏观经济政策的有效性——蒙代尔-弗莱明模型

蒙代尔-弗莱明模型是以资本具有完全流动性为假设前提的开放经济模型,它是一

类特殊的 IS-LM-BP 模型，其特殊性表现在 BP 曲线由于资本的完全流动性而成为一条水平线，这时资本流动对于利率的变动具有完全的弹性。此模型是在 20 世纪 60 年代浮动汇率盛行前，由美国哥伦比亚大学经济学教授蒙代尔和 IMF 研究员弗莱明创立的。尽管其分析后来被不断地修正，但最初的蒙代尔-弗莱明模型有关解释在资本具有高度流动性情况下政策如何发挥作用的部分均被完整地保留下来。

在资本具有完全流动性的情况下，利率的微小变化都会引发资本的无限量流动，即任何高于国外利率水平的国内利率都会导致巨额资本流入，使国际收支处于顺差。同样，任何低于国外利率水平的国内利率都会导致巨额资本流出，使国际收支处于逆差。因此在固定汇率制度下，各国利率均与世界均衡利率水平保持一致，任何国家的中央银行均不可能独立地操纵货币政策。假设一国货币当局希望提高利率，因而采取紧缩性货币政策使利率上升，很快世界各国的投资者为了享有这一更高的利率而将其资金转入该国。结果由于巨额资本流入，该国的国际收支出现大量顺差，从而使该国货币面临巨大的升值压力。由于是固定汇率，该国中央银行有责任干预外汇市场以保持汇率的稳定，因此中央银行在外汇市场上抛售本币、买进外国货币。结果该国的货币供应量增加，抵消了最初紧缩货币政策的影响，最终国内利率退回到最初水平。

上述过程可用图 11.5 来说明。图 11.5 中假设经济的初始状态处于 E 点。这时国内利率水平 r 与国际均衡利率水平 r_E 一致，国际收支达到平衡，即 BP＝0。由于资本具有完全流动性，所以 BP 曲线为一条水平线。现在假设中央银行使用扩张性货币政策，LM 曲线右移到 LM′，经济处于 E′ 点。但在 E′ 点由于资本大量外流存在国际收支逆差，对国内货币产生贬值压力，中央银行必须干预市场，抛售外汇，收回本币，使汇率保持稳定。与此同时，国内货币供应减少，LM′ 曲线又向左移，这一过程将一直持续到重新回到均衡点 E 点为止。实际上，在资本完全流动的情况下，国民收入水平不会达到 E′ 点对应的水平。因为资本流动数量巨大且非常迅速，在经济达到 E′ 点之前中央银行就已经被迫取消扩张货币的措施了。

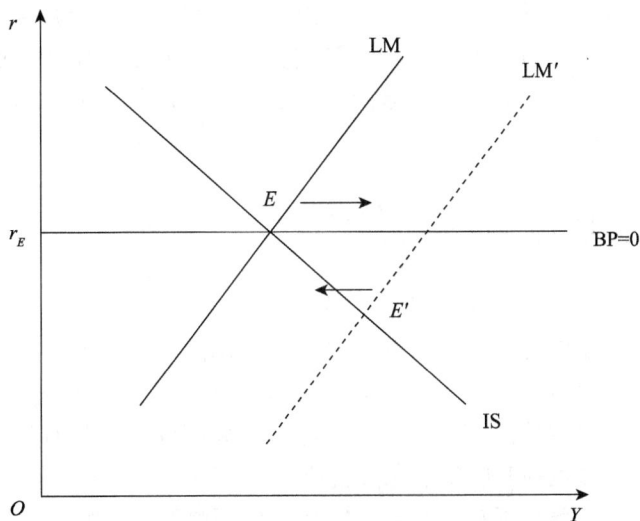

图 11.5 完全弹性资本劳动下的货币政策

现在我们再来看资本完全流动下扩张性财政政策的效果，如图 11.6 所示。我们仍然假定经济最初处于均衡点 E 点。在货币供给不变的情况下，执行扩张的财政政策会使 IS 曲线右移至 IS'，经济达到 E' 点，利率 r 与国民收入 Y 都有所增加。这时利率高于国际均衡水平 r_E，吸引大量的国际资本流入本国，造成巨额国际收支逆差，本国货币面临升值的压力。为保持固定汇率，中央银行必须在外汇市场上买进外汇，卖出本币。结果本国货币供给增加，LM 曲线发生右移。这一过程将一直持续到经济达到新的均衡点 E''，使利率恢复到原来的水平，国际收支恢复平衡为止。但这时收入进一步增加了，由 Y' 上升到 Y''。这说明在固定汇率和资本完全流动情况下，财政政策是有效的，一国只通过财政政策而不需任何货币政策就可以实现内外部平衡。

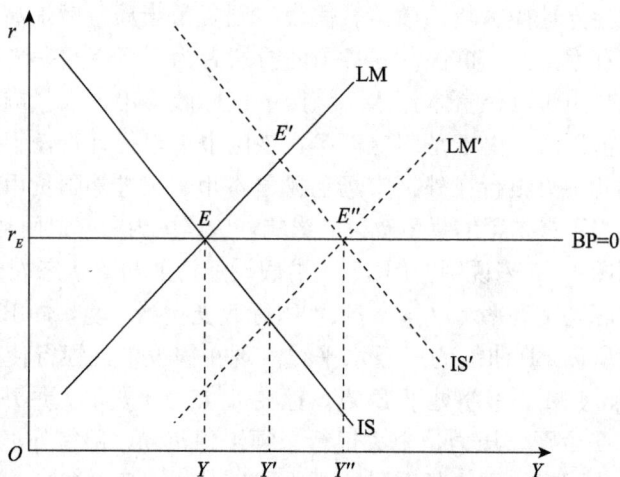

图 11.6　完全弹性资本流动下的财政政策

综上所述，在固定汇率制度下，如果资本具有完全的流动性，任何国家都不可能独立地执行货币政策，不可能偏离世界市场通行的利率水平。任何独立执行货币政策的企图都将引起资本的大量流入或流出，并迫使货币当局增加或减少货币供给，从而迫使利率回到世界市场上通行的水平，经济重新恢复到原来的状态。而财政政策则会收到意想不到的效果，由于上述相同原因而使国际收支恢复均衡，但对国民收入的影响却进一步扩大了。

▌第三节　浮动汇率下的宏观经济政策

自 1973 年布雷顿森林体系崩溃后，许多国家相继采取了自由浮动或有管理的浮动汇率制度。由于浮动汇率可通过汇率变动自动调节国际收支，使一国经济达到对外平衡，因此在浮动汇率制度下，一国宏观经济政策只需着眼于实现内部平衡就可以了，外部平衡的实现可以留给外汇市场。所以在浮动汇率制度下，政府的政策目标只有一个，即通过宏观经济政策的实施实现充分就业和物价稳定。下面我们仍使用蒙代尔-弗莱明模型来探讨浮动汇率与资本完全流动情形下财政政策与货币政策是如何起作用的。

一、浮动汇率下的货币政策

浮动汇率下的货币政策在刺激国内经济作用方面,与固定汇率下的效果截然不同。在浮动汇率制度下,不管各国间是否存在完全的资本流动,货币政策对内部平衡都具有很强的影响。

当政府采取扩张性的货币政策时,即通过扩大货币供应量刺激经济时,利率会下降,国内需求水平上升,进而国民收入水平提高,同时由于需求增加,对进口产品的需求也会增加,结果贸易收支恶化。另一方面,利率降低将导致资本外流,因而引起资本项目恶化。所以,当采取一个扩张性的货币政策以后,在刺激国民收入水平提高的同时短期内会使国际收支恶化。然而,如果该国实行的是浮动汇率,这种外部的失衡可以留给外汇市场来调节。因为当一国国际收支恶化时,外汇的供给小于需求的情况不能持久,外汇市场上本国货币会贬值,进而刺激本国的出口,抑制进口,贸易收支因而会改善。同时国际收支恶化及因此引起的本国货币贬值导致本国的货币供给量减少,从而会使利率上升,利率上升资本将回流,该国的国际收支逐步恢复平衡。外部平衡的恢复完全是汇率的自由浮动带来的。下面我们用图 11.7 来说明浮动汇率下的扩张性货币政策的作用。

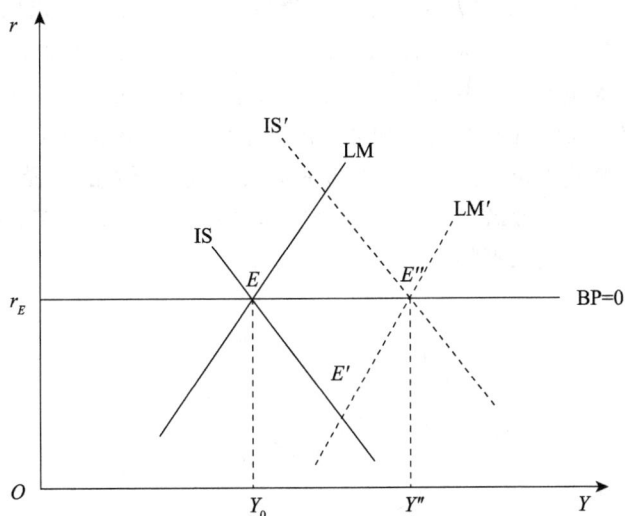

图 11.7　浮动汇率下的扩张性货币政策

假设最初的均衡点为 E 点,当货币当局增加货币供给量时,LM 曲线右移至 LM′。因货币供给量增加,利率下降,刺激了国内需求,从而提高国民收入水平,所以国内均衡点移至 E' 点,但国民收入水平的提高也会使进口增加,因此贸易收支会恶化。在 E' 点,由于国内利率低于国际均衡利率水平,导致大量资本流出,从而出现国际收支逆差,于是本国货币贬值。本国货币贬值后,本国出口增加,进口减少,于是 IS 曲线向右移动,直至国际收支恢复平衡为止。最终,均衡点移至 E'' 点,在这一点上,国内收入水平提高了,利率也提高了,重新与国际均衡利率相等。结果扩张性的货币政策导致产量、就业的提高和汇率的上升。这一分析提出了一个有趣的命题，即扩张性货币政策将有助于通过本币贬值改善经常项目的收支状况。

如果实行紧缩性的货币政策，则结果正相反。短期内，紧缩性货币政策会提高利率，降低国民收入水平，并导致资本大量流入，国际收支出现顺差。于是本币升值，净进口增加，IS 曲线左移，直至国际收支恢复平衡，达到更低收入水平的均衡点。

在固定汇率制度下，中央银行必须对外汇市场进行干预，货币当局实际上不能控制货币存量。因为当它扩张货币存量时，外汇储备的损失将会抵消国内货币存量的增长。而在浮动汇率制度下，中央银行不必干预外汇市场，所以货币存量的增加就不会构成对外汇市场的干预的抵消作用。在浮动汇率下，中央银行可以控制货币存量是上述分析的一个重要结论。这一政策也被看做是在国内减少失业的同时向国外转移国内的失业，或将国内失业向国外出口的一种政策。

二、浮动汇率下的财政政策

在浮动汇率制度下，一国的财政政策对外部平衡的影响比较复杂，它的作用方向是不明确的。如图 11.8 所示，假设最初的均衡点为 E 点，当政府采取扩张性的财政政策时，如减税或增加政府开支，会导致 IS 曲线右移至 IS′，国内经济均衡点也由 E 点移至 E' 点（短期均衡点）。此时需求扩张，产量提高，对货币的需求增加，导致利率上升。国内利率上升会造成资本大量流入国内，从而国际收支出现顺差。反映在外汇市场上，对本币的需求超过了本币的供给，由于采用的是浮动汇率，于是本币升值。本币升值后，本国出口受到抑制而进口则会增加。这时 IS 曲线将往回移动直到净进口的增加抵消国际收支顺差为止。图 11.8 中 IS 曲线又回到了原来的位置，这意味着合理的自由浮动机制对扩张性财政政策产生了一个完全的挤出效应，致使扩张性财政政策达不到降低失业、提高收入水平的目的。

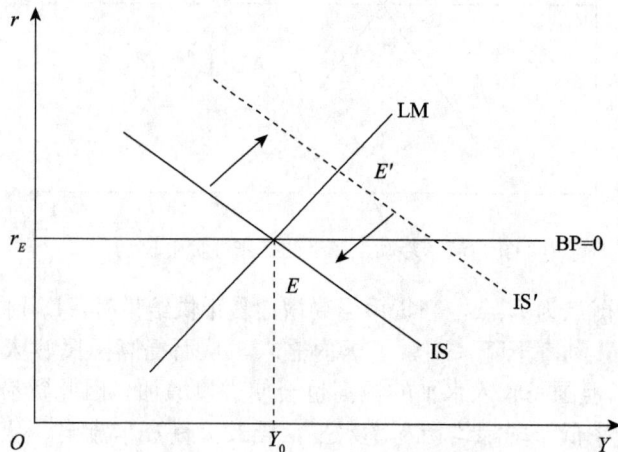

图 11.8　浮动汇率下的财政政策

上述分析表明，在浮动汇率制度下，如果资本具有完全的流动性，通过财政政策刺激总需求不会实现影响均衡收入的目的。

值得注意的是，以上对浮动汇率制度下货币政策和财政政策调整作用的分析只是一个概要的和粗略的分析，其具体的调整过程因众多变量之间相互交错的关系比我们的分析要复杂得多。

三、固定汇率与浮动汇率之争

经济学家们关于开放经济条件下的宏观经济政策的争议主要集中在两个方面：一是关于汇率制度的优劣的争议；二是关于国际宏观经济政策协调之利弊的争议。这里我们主要介绍一下关于固定汇率与浮动汇率孰优孰劣之争的一些主要观点。

早期对这一问题的争论主要集中在以下三个方面。

首先，从汇率波动对国际贸易和投资的影响看。赞成固定汇率制的人认为，浮动汇率易导致汇率的不确定性和不稳定性，这会阻碍国际贸易和国际投资的发展。例如，如果国际贸易合同规定用他国货币作为结算单位，那么出口商就要承担本国货币未来汇率变动带来的风险。虽然出口商可以采取套期保值的方式来降低风险，但这又会增加国际贸易成本。对进口商来说，也同样存在着这样的问题，这种观点实际上强调的是短期因素。购买力平价理论告诉我们，从长期看，浮动汇率可降低国际贸易和投资中的风险。例如，假设一名美国出口商在英国市场上销售其产品，价格为 100 英镑，美元和英镑之间的汇率为 1 英镑兑换 2 美元。现在假设美国物价水平相对英国上涨了 50%，如果是固定汇率制，美国的出口商出口 1 单位产品收入是 200 美元。但若换成浮动汇率制，由于通货膨胀的差异，长期内美元汇率将变为 1 英镑兑换 3 美元，于是美国出口商出口单位产品的收入将增加到 300 美元，即其出口收益与美国物价水平保持同步变化，从而减少了出口收益的风险。汇率变化对国际贸易和投资究竟有何影响的问题在理论界一直争论不休。然而，大量的经验研究表明，浮动汇率增加了汇率的不确定性，对国际贸易规模和增长速度多少有些不利影响。

其次，从对外汇市场投机的影响看。一种比较流行的观点认为，浮动汇率制容易引发投机活动，导致汇率的不稳定。对此，最早提出批评意见的美国经济学家弗里德曼认为，投机只是一种非理性的行为，不会长久持续。但现在越来越多的学者认为，投机活动是一种长期性活动，它完全有可能使得汇率长期偏离其均衡水平。

最后，从宏观经济政策的运用来看，有很多理由支持浮动汇率制。例如，从政策目标来看，在固定汇率下，政府在运用宏观经济政策实现国内目标的同时，还要对外汇市场进行干预。这必然加大政府制定政策的代价，突出表现在政策的配套和干预程度很难正确确定上。而在浮动汇率下，政府无须干预外汇市场，只需关注国内经济目标即可。从货币政策的独立性看，在浮动汇率下，政府可实行独立的货币政策。从国际传递机制看，固定汇率易在国际上传递通货膨胀。

随着时间的推移，特别是在布雷顿森林体系崩溃后，争论的焦点转移到当一国经济受到冲击时，是固定汇率制还是浮动汇率制更能起到"自动稳定器"的作用。对于这个问题的回答决定于冲击的类型。根据前面的分析，我们知道财政政策和货币政策对国内收入的作用效果取决于汇率制度和国际资本的流动性。同样，内外冲击对国内经济的影响也取决于货币制度和资本的国际流动性。

如果冲击来自内部。例如，假设由于某种原因国内投资突然自主减少（或增加），我们可以想象一下，在 r-Y 坐标平面中 IS 曲线将向左（右）移动，但后续的变化过程将取决于汇率制度和资本的流动性。在资本完全不能流动的情况下，收入水平减少（增加）后，进口也随之减少（增加），国际收支出现盈余（逆差）。但汇率的变化可自行恢复国际收支平衡，不影响国内收入水平，因此冲击之后浮动汇率会导致国内收入水平的降低（提高）。但固定汇率不会引起收入水平的变化，这是因为国际收支出现盈余（逆差）后，货币当局为维持汇率的稳定不得不增加（降低）货币供给量，于是抵消了收入水平的变动，维持原来的均衡水平。在资本完全流动的情况下，结果则正相反，即浮动汇率将保持收入稳定，而固定汇率则引起收入水平的变化。

如果冲击来自外部。例如，当一国面临出口需求的冲击时，国际收支会出现逆差（盈余），那么该国所采取的汇率制度，决定了该国经济可能受冲击的程度。在固定汇率制度下，本国的货币供给将不可避免的减少（增加），于是国内收入水平将成倍的减少（增加）。可见在固定汇率制度下，出口需求冲击对一国经济的影响是比较大的。相反，在浮动汇率制度下，汇率的自由调整可消除这一影响，使国内收入水平保持不变，浮动汇率有助于缓解出口需求的冲击。在现实中，许多国家经常受到国际市场对其出口需求的冲击，特别是一些生产和出口原材料的国家。1997 年，发生在东南亚的金融危机一定程度上就是这些国家出口连续出现收支逆差，而又不愿意放弃可调整的钉住汇率制度带来的。当然那次危机还有其他方面的原因，但是其重要的原因之一是出口需求的减少所引起的贸易收支恶化，进而是国民收入水平的下降，使投资者损失了信心。危机发生后，经济的被迫紧缩带来了经济的全面衰退。假设如果这些国家当时采取的是浮动汇率制度，也许出口需求减少不会形成累计，从而对国民经济的冲击力也不会这样大。由此可以推论，对于那些对国际市场依赖比较强的国家，采取浮动汇率可能是比较好的。

总的来说，如果冲击来自外部，浮动汇率比固定汇率更能稳定经济；如果冲击来自内部，固定汇率比浮动汇率更能稳定经济。随着一国经济对外依赖性的增强，来自外部的冲击可能会逐步增大，该国经济受外部影响的概率加大，所以一国的汇率制度的选择似乎应该逐步由相对固定的汇率制度过渡到相对浮动的汇率制度，或者应逐步加强其汇率制度的灵活性。

➤ 本章小结

本章阐述了开放经济条件下的宏观经济内外均衡的理论，在开放经济中，一国宏观经济政策需要兼顾内外平衡两个目标。内外均衡冲突的根源在于经济的开放性，包括经济条件的变化、国际上经济波动的传递、与基本经济因素无关的国际资金投机性冲击等。政策搭配原理是建立在关于政策协调的丁伯根法则与关于政策指派的有效市场分类原则基础上的。在运用政策搭配以实现内外均衡的方案中，蒙代尔提出的财政政策与货币政策搭配和斯旺提出的支出政策与汇率政策的搭配最有影响。

同时，本章还探讨了开放条件下的宏观经济模型(IS-LM-BP模型)，讨论了固定汇率制和浮动汇率制下财政政策和货币政策的作用效果。在固定汇率制度下，资本完全流动情况下，扩张性财政政策对提高国民收入的作用效果非常明显。而在浮动汇率制度下，资本完全流动状态下，扩张性的货币政策对提高国民收入的效果非常明显。

> **思考题**

1. 比较在资本完全不流动、资本不完全流动和资本完全流动三种情况下的货币政策的效果。

2. 在资本完全流动的情况下，政府实行扩张性货币政策的同时，配合以货币贬值的汇率政策，那么货币政策的效果将如何。

3. 浮动汇率制下的政策环境和目标与固定汇率之下的有何区别。

4. 分析在资本完全不流动下的财政政策和货币政策的作用。

5. 国家A实行浮动汇率，资本高度流动。该国开始有通货膨胀的压力，当局者认为应实行紧缩的宏观经济政策。现有三个政策组合，要求对收入的总体影响要最小组合如下。

政策组合1：紧缩的财政政策，中立的货币政策。

政策组合2：紧缩的货币政策，中立的财政政策。

政策组合3：紧缩的财政政策与货币政策，汇率保持不变。

(1)假设你拥有一家住宅建筑公司。请解释在三种政策组合中你偏好哪种。

(2)假设你拥有一个产大豆的农场，收获的产品主要出口。请解释在三种政策组合中你偏好哪种。

(3)假设你拥有一家小型零售商店，出售从发展中国家进口的手工艺品。请解释在三种政策组合中你偏好哪种。

参考文献

陈冬.2014.东亚区域经济一体化的新思路——论中韩东盟自由贸易区的建立.云南财经大学硕士学位论文

冯德连.2006.国际经济学.北京：中国人民大学出版社

冯跃，夏辉.2012.国际贸易理论、政策与案例分析.北京：北京大学出版社

何成杰，朱小明.2014.中国—东盟自由贸易区现状及对策研究，现代商贸工业，（5）：29-31

赫斯特德 S，梅尔文 M.2011.国际经济学.黄春媛译.北京：机械工业出版社

华民.1998.国际经济学.上海：复旦大学出版社

黄卫平，彭刚.2004.国际经济学.北京：中国人民大学出版社

姜波克.2001.国际金融新编.上海：复旦大学出版社

克鲁格曼 P R，奥伯斯法尔德 M.1998.国际经济学.黄卫平等译.北京：中国人民大学出版社

李坤望，张伯伟.2010.国际经济学.第三版.北京：高等教育出版社

李明明.2012.论欧洲一体化的政治化进程.社会科学，（11）：31-38

陆前进，谢玲玲.2003.国际经济学教程.上海：立信会计出版社

萨尔瓦多 D.2007.国际经济学基础.高峰译.北京：清华大学出版社

孙睦优，冯萍.2012.国际贸易.北京：清华大学出版社

索耶 W C，斯普林克 R L.2010.国际经济学.第三版.刘春生译.北京：中国人民大学出版社

薛敬孝，李坤望.2011.国际经济学.北京：高等教育出版社

张伯伟.2006.国际经济学学习与习题指南.北京：高等教育出版社

张国旺.2013.中国—东盟自由贸易区：进程与动因.经济研究导刊，（22）：265-267

赵伯英.2012.欧债危机蔓延，欧洲一体化加速.当代世界，（11）：22-26

Feenstra R C. 2003. Advanced International Trade：Theory and Evidence. Princeton：Princeton University Press